目次

【論説】

国境と知的財産権保護をめぐる諸問題

知的財産制度の国際的調和の必要性とその限界……………鈴 木 將 文… 1
　　──序論として──
著作権外人法の発展と今後の課題……………………………駒 田 泰 土… 14
税関における知的財産侵害物品の水際取締り………………南 埜 耕 司… 38
音楽CD還流防止措置導入と競争政策との調整……………稗 貫 俊 文… 62

国際投資紛争の解決と仲裁

ICSID仲裁における国際法と国内法の関係…………………森 川 俊 孝… 85
投資協定仲裁の法的性質………………………………………小 寺　　 彰…101
　　──投資協定における投資家の地位──
投資協定仲裁の実務……………………………………………手 塚 裕 之…118
　　──具体的紛争事例の紹介──
投資協定・経済連携協定における我が国の取り組み………三 宅 保次郎…135
国際投資仲裁の論点と課題……………………………………森 下 哲 朗…153

自由論題

GATT第18条Cの援用可能性に関する考察………………児 玉 みさき…175
　　──ドーハ開発アジェンダにおけるS&D交渉を題材に──

【文献紹介】

Sharif Bhuiyan, *National Law in WTO Law: Effectiveness and Good Governance in the World Trading System* ………小 林 友 彦…209

Camilla Baasch Andersen, *Uniform Application of the International Sales Law: Understanding Uniformity, the Global Jurisconsultorium and Examination and Notification Provisions of the CISG* ……………………曽 野 裕 夫…213

Takashi Kubota (ed.), *Cyberlaw for Global E-Business: Finance, Payment and Dispute Resolution* ………………………富 澤 敏 勝…216

Carole Murray, David Holloway and Daren Timson-Hunt, *Schmitthoff's Export Trade, 11th ed.* …………………柏 木 昇…220

Asif H. Qureshi, *Interpreting WTO Agreements: Problems and Perspectives* …………………………………………………小 寺 智 史…223

藤岡典夫(著)『食品安全性をめぐる WTO 通商紛争
──ホルモン牛肉事件から GMO 事件まで』および
山下一仁(編著)『食の安全と貿易── WTO・SPS 協定の法と経済分析』
…………………………………………………川 島 富士雄…228

山根裕子(著)『知的財産権のグローバル化──医薬品アクセスと TRIPS 協定』
…………………………………………………泉 克 幸…231

学 会 会 報 ……………………………………………………237
編 集 後 記 ……………………………………………………243

論 説　国境と知的財産権保護をめぐる諸問題

知的財産制度の国際的調和の必要性とその限界
―― 序論として ――

鈴 木 將 文

I　はじめに
II　知的財産制度の国際的調和
　1　国内政策としての知的財産制度
　2　国際的調和の必要性
　3　国際的調和に対する懐疑論
III　「国境と知的財産制度をめぐる諸問題」の概観
　1　実体面の国際ルールの動向
　2　知的財産権のエンフォースメント関係の動向
　3　国際的側面を持つ知的財産権侵害関係の動向
IV　終わりに

I　はじめに

　本学会第17回研究大会の午前の部では，「国境と知的財産保護をめぐる諸問題」という共通課題のもと，3つの報告が行われた。
　本稿では，最近の具体的問題を対象とする各論としての3つの報告に対し，総論ないし序論として，知的財産制度における国境の意義について簡単に論じておくこととしたい。知的財産制度と国境について総論的に論じる場合にも種々の切り口があり得るところ，ここでは，知的財産制度が国境で画された国内政策であるとともに，国際的な調和が強く求められてきたことについての，理論的な意義と最近の動向を概観する。

また，上記と併せて，最近の知的財産制度をめぐる国際的な問題について，主要項目ごとに鳥瞰をしておくこととする[1]。

II 知的財産制度の国際的調和[2]

1 国内政策としての知的財産制度

今日，知的財産制度の存在理由については，一定の政策目的（例えば，発明の奨励を通じた産業の発達）を実現するために，本来自由に利用可能である情報（財産的価値のある情報）に対する特定人の独占的利用を認める政策的制度と捉える考え方が支配的である[3]。

また，周知のとおり，知的財産制度については属地主義及び権利独立の原則が適用される[4]。そこで，知的財産制度は，各国の国内政策の一つであり，国境はその政策の及ぶ地理的範囲を画するものということができる[5]。

このように知的財産制度が各国単位の制度とされている理由としては，第一に，知的財産制度が各国の種々の政策（産業政策，技術政策，文化政策等）と密接に結び付いており，各国は主権に基づきその内容を決定できると認識されていることにあると思われる。

第二に，第一の理由を実質的に支える事情として，知的財産制度の内容（保護の対象，水準等）は，各国の実状（経済水準，技術水準，産業構造，文化的特性等）に対応して，少なくとも一定の範囲内で柔軟に定められるべきものであるとの認識もあると思われる（かかる認識に合理性がある旨の指摘が近年多くなされていることにつき，後述する）。

2 国際的調和の必要性

歴史的に見て，各国知的財産制度の構成には古くから国際的な観点が織り込まれていた。例えば，「特許法のマグナ・カルタ」と呼ばれる英国の専売条例（1624年）では，外国（フランスとオランダ）に比した技術水準の劣位性を克服

する意図が窺われる。⁽⁶⁾

　さらに19世紀以降，外国人に対する知的財産の保護や知的財産制度の国際的調和が，法的根拠をもって推進されるようになった⁽⁷⁾。そして，19世紀末に，それぞれ産業財産権と著作権の分野における最初の多国間条約である，パリ条約及びベルヌ条約が締結されたことは周知のとおりである。

　今日，知的財産制度に関する国際的な制度（国際調和の成果）としては，①国際的に統一された制度の構築に関するもの（出願手続の統一に係る特許協力条約やマドリッド・プロトコル等），②実体ルールの調和に関するもの（TRIPS協定，パリ条約，ベルヌ条約，WIPO著作権条約等），③手続面の規律に関するもの（特許法条約等），④権利行使（enforcement）についての規律に関するもの（TRIPS協定等），⑤審査機関相互間の協力に関するものなどがある。

　知的財産制度について，このような国際的制度を設けることの意義は何であろうか。特許制度の骨格に関する調和と内国民待遇の義務を定める条約を例として，その意義を整理する。⁽⁸⁾

　第一は，フリーライド（ただ乗り）の防止という意義である。この点は，知的財産制度の保護対象である情報は無体物であって消費の排他性がなく，フリーライドが容易にできるということと関連する。国際的な特許保護に関する古典的文献が挙げる例を示せば⁽⁹⁾，ある発明（例えば，ある製品自体又はその製造方法）をA国では特許で保護するが，B国では保護しない場合，A国特許権者以外のA国事業者は，特許権者に対して競争上不利になるのみならず，他国の事業者との関係においても競争上不利な立場に置かれることになる。これらのうち前者の効果（A国における特許権を持たない事業者が特許権者よりも不利になること）は特許制度の当然の帰結であるが，後者の効果（A国における特許権を持たない事業者が他国の事業者よりも不利になること）は特許制度が本来意図しないものである。また，A国特許権者は外国市場において他国の事業者に対する優位性を持たないことにもなってしまう。このように，特許保護を一国のみに限定

することは，特許制度がもたらす費用と便益のうち前者を増大させる一方，後者を減少させる結果となり，同制度の意義を損なうことになる。従って，特許による発明の保護は国際的に行うことが望ましいと言える。因みに，TRIPS協定は，上述の問題が貿易に与える影響を「貿易の歪み」と捉え，自由貿易促進のために知的財産の保護が必要であるという帰結を導いている。

　第二に，知的財産権制度の運営コストの削減という意義である。具体的には，国際調和によって，出願・審査その他の制度の運用に係る行政庁のコスト，及び出願人等の取引費用を削減することが期待できる。

　ところで，上記の第一及び第二の意義に照らすと，特許制度は自国の産業が特許による保護を受ける可能性がある国においてのみ導入すれば足りるのではないかという議論もあり得る。[10]

　しかし，国際的な特許保護については，第三に，経済開発の観点から導かれる意義もある。すなわち途上国に知的財産制度を普及することは，当該国の自国内での研究開発及び外国からの技術移転を促進し，技術水準の向上に資する効果を持つ。これはまた，当該国への投資を増進する効果ももたらしうる。このような開発への効果を重視すれば，開発途上国においても特許制度を積極的に導入，整備することが基本的には望ましいことになり，現に，国際交渉において知的財産制度の整備を促す際に，開発への効果が強調されてきた。

3　国際的調和に対する懐疑論

　知的財産制度の国際的調和は，上記のような論拠に基づき（ただし，それらの論拠が十分実証されているか否かは別論である），強力に進められてきた。特に，TRIPS協定が，その内容の包括性やWTO紛争解決制度等を背景として義務履行を監視するシステムを有することなどから，国際的調和の水準を飛躍的に高めたことは，改めて言うまでもない。そして，日本を含む先進国は，TRIPS協定の発効後も，さらに一層の国際的調和を目指し，例えば，実体特

許法条約の交渉を進めようとしている。

　しかし，近年の動向としては，WTO や WIPO のような多国間のフォーラムで知的財産制度の国際的調和を進めることが非常に難しくなっている。他方で，FTA 等の二国間又は少数国間の協定において知的財産制度に関する詳細な規定が置かれる例が多くなっており[11]，また，ルールのレベルではなく制度運用のレベルでの政府間協力が主として一部先進国間で活発化している[12]。

　このような，多国間ベースでの国際的調和の動きの停滞と代替的なアプローチの活発化の背景として，いわゆる南北対立があることは事実である。しかし，背景にあるのは南北対立だけではなく，先進国の多くの有識者からも，国際調和の進展に対して消極的な意見が提起されていることに留意する必要がある。

　国際的調和について消極的な意見は，種々の論拠からなされているが，大雑把に整理すると（無理解や感情論に基づくものを別とすれば）少なくとも以下の3つの観点からなされている，又はなされ得ると思われる。

　第一に，知的財産制度は各国ごとの事情を踏まえて構築されることが望ましいという観点である。すなわち，適正な知的財産の保護水準は，国ごとの実情（特許制度を例にとれば，どれだけの発明が生み出されているか，産業構造はどうか，技術開発についてどのような政策をとるか，制度の運営コストに見合うメリットを得られるか等）に応じて異なるという基本認識に立って，国際的調和には一定の限界がある（保護水準に係る国際的規律はある程度の柔軟性を持つべきである）とする主張がある。このような意見は，知的財産制度が経済厚生を高める有効な政策手段であることを原則的に認める経済学者等からも，出されている[13]。

　第二に，知的財産制度に係る政策決定が権利者側に有利になされがちであるとする観点である。すなわち，知的財産制度についての政策判断は，権利保護に重大な関心を持つ権利者側の影響を受けやすく，その結果，適正な水準を超えて保護水準が設定される傾向にあり，国際的調和についても必要以上の保護を国際的に強要するものとして問題視する見解がある[14]。

第三に，知的財産制度の設計を，従来想定されているよりも一層きめ細かなものにすべきとの観点がある。特に特許制度について，技術分野に応じて制度自体又は制度の運用面のルールに差異を設けるべしとの議論が有力になされており[15]，かかる議論は先進国の知的財産制度を対象とするものであるが，その主張を敷衍すれば，国ごとの産業構造や技術の発展度合いの特徴に応じた制度ないし運用が望ましいということになると考えられる。また，かかる主張は，先進国の知的財産制度を一層効果的なものにしようとすると現行の国際ルール（特許について技術分野間の差別を禁じる TRIPS 協定27条1項等）と不整合な制度になりかねないことも示している。

　以上のような論拠については，それぞれ説得的な面を持つと思われる。知的財産制度の国際的調和は，一切留保のない，所与の政策目標とは言い難くなっている。今後は，知的財産制度の経済効果の実証分析を踏まえ，かつ，(技術分野に応じた特許制度の設計のような) 一層きめ細かな制度の構築の可能性も視野に入れて，国際的調和の必要性について検証する作業が不可欠と思われる。

　ところで，我が国は，2002年以降，「我が国産業の国際競争力の強化」及び「我が国産業の持続的な発展に寄与することを旨として」(知的財産基本法4条)，すなわち国内産業政策として「知的財産戦略」を推進することを高らかに宣言している。他方で，我が国は，知的財産制度の国際的調和の究極的な姿ともいえる「世界特許システム」の構築を提唱している[16]。かかる立場が，どのような理論的及び実証的根拠に支えられて一貫性・正当性を持つのかについて，今一度検討が必要であると思われる。

Ⅲ　「国境と知的財産制度をめぐる諸問題」の概観

　次に「国境と知的財産制度をめぐる諸問題」(特に，我が国が密接に関係する問題) について，簡潔に概観しておくこととしたい。

1 実体面の国際ルールの動向

まず,知的財産制度の実体面に関する国際ルールをめぐる最近の動きとしては,WTOのドーハ閣僚宣言を受けたものとして,①公衆衛生とTRIPSの関係についてTRIPS 31条の2等に係る協定改正の採択(2005年12月WTO一般理事会)と各国の国内手続きの進行,②地理的表示に係る多国間通報登録制度,TRIPSと生物多様性条約(CBD)との関係,伝統的知識・フォークロアの保護に関する検討等がある。

また,WIPO(世界知的所有権機関)において,実体特許法条約(SPLT),視聴覚実演の保護や放送機関の保護に関する条約の交渉が行われているが,いずれも難航している実情にある。また,WIPOでは,「開発アジェンダ」への取組みが開始しており,今後の展開が注目される。

さらに,前述のとおり,近年はWTOやWIPOのような多国間のフォーラムよりも,二国間ないし複数国間のFTAや投資協定等において知的財産制度に関する国際的合意が形成されることが活発であり,我が国もEPA(経済連携協定)等に知的財産関係の条項を設けることにつき積極的である。

2 知的財産権のエンフォースメント関係の動向

まず,中国の知的財産権保護関連措置に関して米国により提起されたWTO紛争解決案件は,TRIPS協定のエンフォースメント関係の規定の意義が正面から問われる可能性があり,その帰趨が大いに注目される。

模倣品・海賊版の問題は,経済問題であるのみならず,国際犯罪組織の資金源となるなど社会的な問題でもあり,国際的に取組み強化の必要性が叫ばれている。その対策である水際措置に係る国際動向としては,特に「模倣品・海賊版拡散防止条約」(Anti-Counterfeiting Trade Agreement)の締結に向けた交渉が行われていることが注目される。また,我が国の水際措置については,本研究大会の南埜報告が詳しいが,法学的観点からあえて付言しておけば,なお詰め

るべき法的問題（例えば，特許権被疑侵害物品に係る措置における無効理由の主張の扱い，制度全体の TRIPS 協定整合性）が存在する。

3 国際的側面を持つ知的財産権侵害関係の動向

まず，国境を越える知的財産権の侵害に関する実体法上の問題について，議論が国内外で活発化している。具体的に問題となっているのは，特許権に関する例を挙げれば，①特許（方法の発明やシステムの発明に係る特許）のクレームの構成要件の一部に対応する行為が外国で行われた場合の侵害の成否，②直接侵害に当たる行為が外国で行われる場合において，当該行為に用いられる部品等を輸出する行為の間接侵害該当性である。[21] 産業活動の国際分業の進展，コンピュータ・ネットワークを活用した取引活動等の活発化などに伴い，上記のような問題について立法論及び解釈論の両面で対応する必要性が今後一層高まると思われる。[22]

また，いわゆる真正品の並行輸入による知的財産権侵害の成否の問題に関して，我が国では，特許法，商標法等については判例により[23]，また著作権法については立法により，判断基準が示されてきたのは周知のとおりである。本研究大会の稗貫報告は，流通に係る権利である譲渡権について，著作権法がいわゆる国際消尽の規定（著作権法26条の2第2項4号，95条の2第3項3号，97条の2第2項3号）を置いたこととの関係で，音楽レコードの国内還流防止の特則が設けられた経緯を分析したものである。並行輸入の問題は，国際的にもなおホットな問題である。[24]

さらに，知的財産権に関連する外人法については，最近，具体的事例に伴って関心を集めている。[25] 本研究大会の駒田報告は，このテーマについての数少ない理論的検討として，貴重なものである。

次に，手続法の面でも，知的財産権侵害をめぐる国際裁判管轄や準拠法等について，近年我が国でも重要判決が出され議論が活発化しているが，国際裁判

管轄等に関するアメリカ法律協会（ALI）が検討していたルールがとりまとめられたこと（2007年5月）[26]，欧州においていわゆるクロスボーダー・インジャンクションを否定する欧州司法裁判所の判決が出される一方[27]，「欧州特許裁判所」（European Patent Court）の創設等を内容とする「欧州特許訴訟協定」（European Patent Litigation Agreement）の検討が進められていること[28]等に注目する必要があろう[29]。

Ⅳ　終わりに

今回の研究大会の午前の部では，筆者は座長を務めたものの，総括的あるいは補足的な発言をする時間的余裕がなかったことから，以上の総論的記述をもって座長としての責めを塞ぐこととしたい。

最後に付言すれば，本稿で見たように，知的財産制度については，各国が自国の国益に資する制度を構築しようとする意識が過去に比べて飛躍的に高まっていることを背景として，国際的利害関係は極めて複雑化し，多くの分野で合意形成が難しい混迷状態にある。このような時期に特に求められているのは，第一に，知的財産の保護がどのような影響をもたらすかについての実証的な分析，第二に，知的財産制度に関する適切な（国内及び国際的）政策決定プロセスはどうあるべきかの検討とその実現であると思われる。

(1)　筆者は最近，鈴木將文「最近の知的財産制度を巡る国際動向について」知的財産法政策学研究20号169頁（2008年）において，開発と知的財産制度，多層的なアプローチ等の観点から知的財産制度に関する国際的動向を概観した。本稿と併せて参照いただければ幸いである。
(2)　本章では，鈴木將文「地域貿易協定（RTAs）における知的財産条項の評価と展望」経済産業省ディスカッションペーパー08-J-005（2008年）（〈http://www.rieti.go.jpp/publications/summary/08030005.html〉から入手可能）の一部を用いている。
(3)　中山信弘『工業所有権法（上・特許法）〔第2版増補版〕』5-8頁（弘文堂，2000年）。知的財産制度の正当化根拠について正面から論じた最近の論考として，田村善之「知的財産法政策学の試み」知的財産法政策学研究20号1頁（2008年）参照。なお，法的には，

知的財産権を物権と同視して，物権類似の保護をすることが当然視されがちであるが，知的財産制度が政策的目的から設けられていることを踏まえると，このような理解は当然の帰結とはいえない。例えば米国では，知的財産を不動産類似のものと見るよりも，むしろ政府補助金 (government subsidy) の一形態と捉えた方が，それを巡る利害調整の必要性を理解しやすくなるであろうし，また知的財産制度を一種の福祉制度 (welfare system) と見ることもできると指摘されている。また，情報の利用者に対する効果に着目すれば，知的財産制度とは，情報の利用に関する広い意味の政府規制の一種と捉えることも可能とされる。See, Mark A. Lemley, *Property, Intellectual Property, and Free Riding*, 83 TEX. L. REV. 1031, 1032, 1072-1074（2005）。ただしLemley教授自身は，知的財産制度を福祉制度や政府規制になぞらえることについては，人々の知的財産制度に対する考え方にバイアスをもたらす恐れがあるとして，結論としては (propertyになぞらえる考え方に対すると同様に) 消極的な立場をとっている。

(4) 属地主義とは，各国の知的財産権が，その成立，移転，効力等につき当該国の法律によって定められ，その効力が当該国の領域内においてのみ認められることを意味する (最判平成9年7月17日民集51巻6号2714頁参照)。また，権利独立の原則とは，各国の知的財産権が，その発生，変動，消滅に関して相互に独立であること，すなわち，権利自体の存立が，他国における権利の無効，消滅，存続期間等により影響を受けないという原則であり (上記最判参照)，例えば特許権についてはパリ条約4条の2がこれを定めている。属地主義の法的根拠に関し見解が分かれている状況について，石黒一憲「知的財産権と属地主義—特許独立の原則の再評価」中山信弘先生還暦記念『知的財産法の理論と現代的課題』511頁 (弘文堂，2005年) 及び同論文に引用された文献を参照。

(5) 厳密には，これは原則であり，例外もある (例えば，特許法69条2項1号，不正競争防止法21条4項参照。また，国際的には，欧州における共同体商標制度や共同体意匠制度のような超国家的制度も例外的に存在する)。

(6) WILLIAM CORNISH & DAVID LLEWELYN, INTELLECTUAL PROPERTY: PATENTS, COPYRIGHT, TRADE MARKS AND ALLIED RIGHTS 115 (6th ed. 2007).

(7) STEPHEN P. LADAS, PATENTS, TRADEMARKS, AND RELATED RIGHTS: NATIONAL AND INTERNATIONAL PROTECTION 43 (1975) は，外国人の産業財産権の保護を定める二国間の協定等が18世紀に次々と締結され，パリ条約が成立した1883年時点で少なくとも69存在していたことを紹介している。また，SAM RICKETSON & JANE C. GINSBURG, INTERNATIONAL COPYRIGHT AND NEIGHBOURING RIGHTS: THE BERNE CONVENTION AND BEYOND 23 (2007) は，19世紀に国内法 (フランス，ベルギー) 又は二国間条約により，外国人の著作物の保護等が定められていった経緯を紹介している。

(8) 例えば，Scotchmer教授も，知的財産制度に係る条約の本質的な要素として，外国人投資家の内国民待遇 (national treatment of foreign investors) と制度調和 (harmonization) を挙げている。Suzanne Scotchmer, *The Political Economy of Intellectual Property Treaties*, 20 J. L. ECON. & ORG. 415, 416 (2004).

(9) EDITH TILTON PENROSE, THE ECONOMICS OF THE INTERNATIONAL PATENT SYSTEM 132-35 (1951).
(10) 現に, Penrose は, 途上国（ただしそこにおける輸出企業を除く）については国際的な特許制度に係る義務を課さないことを提唱していた。*Id.* at 220-22.
(11) かかる傾向とその問題点について, 鈴木・注(2)を参照。
(12) 高倉成男「特許の国際的保護のための政府間協力について」知的財産法政策学研究20号153頁（2008年）参照。
(13) 例えば経済学者による文献として, Scotchmer, *supra* note 8, at 417, 435-36（知的財産制度に関する内国民待遇と国際調和を内容とする条約は, 最適水準を超える保護を招くことを指摘）; Ha-Joon Chang, Intellectual Property Rights and Economic Development: Historical Lessons and Emerging Issues, 2 J. HUMAN DEVELOPMENT 287 (2001)（現在の先進国も過去においては知的財産の保護を限定的に行う政策をとっていたことを指摘）; Gene M. Grossman & Edwin L.-C. Lai, *International Protection of Intellectual Property*, 94 AM. ECON. REV. 1635, 1649-50（2004）（TRIPS協定のような知的財産制度の一律の調和を求める条約は南（途上国）の費用で北（先進国）に利益をもたらすものと指摘）; CARSTEN FINK & KEITH E. MASKUS, *WHY WE STUDY INTELLECTUAL PROPERTY RIGHTS AND WHAT WE HAVE LEARNED, in* INTELLECTUAL PROPERTY AND DEVELOPMENT: LESSONS FROM RECENT ECONOMIC RESEARCH (Carsten Fink & Keith E. Maskus eds., 2005) 1, 13; Joseph E. Stiglitz, *Towards a Pro-Development and Balanced Intellectual Property Regime* 2 (2004), *available at* 〈http://www2.gsb.columbia.edu/faculty/jstiglitz/download/2004_TOWARDS_A_PRO_DEVELOPMENT.htm〉等。法学者による文献として, John Duffy, *Harmony and Diversity in Global Patent Law*, 17 BERKELEY TECH. L.J. 685 (2002)（制度間競争の有用性を根拠として制度の国際的統一につき消極論を説く）; Views on the Future of the Intellectual Property System: ICTSD Selected Issue Briefs No. 1 (Int'l Centre for Trade and Sustainable Dev. ed., 2007); Christopher Heath, *Harmonization of International Patent Law? - A Reply to Straus and Klunker*, 2008 IIC 210 (2008); Jerome H. Reichman & Rochelle Cooper Dreyfuss, *Harmonization Without Consensus: Critical Reflections on Drafting A Substantive Patent Law Treaty*, 57 DUKE L.J. 85 (2007) 等。
(14) 例えば, SUSAN K.SELL, PRIVATE POWER, PUBLIC LAW: GLOBALIZATION OF INTELLECTUAL PROPERTY RIGHTS (2003). また, 第1の観点からなされる見解の多くは, 第2の観点からの主張も含んでいる。
(15) Dan L. Burk & Mark A. Lemley, *Is Patent Law Technology-Specific?*, 17 BERKELEY TECH. L.J. 1155 (2002); Dan L. Burk & Mark A. Lemley, *Policy Levers in Patent Law*, 89 VA. L. REV. 1575 (2003)（翻訳として, BURK and LEMLEY（山崎昇訳）「特許法における政策レバー(1)(2・完)」知的財産法政策学研究14号45頁・15号53頁

(2007年))(産業別の異なる特許制度の導入を主張する論説を紹介しつつ、TRIPS協定との関係等から特許法自体の細分化は現実には困難であるとし、法解釈・制度運用のレベルでの「政策レバー」を技術分野の特性に応じて機能させることを提案する)参照。

(16) 「世界特許システム」の構築を目指すとの方針は、2003年以来毎年知的財産戦略本部が策定している「知的財産推進計画」に盛り込まれている(2007年版では48頁)。ただし、そこに挙げられた具体的政策課題は、「世界特許システム」自体に直接的に関係するものではない。

(17) 当初は改正に係る議定書の受諾手続きの期限が2007年12月1日とされていたが、2009年12月31日に延期されている。なお、我が国は2007年6月に国会で承認し、同年8月に受諾書を寄託している。公衆衛生とTRIPS協定については、極めて多数の文献があるが、Frederick M. Abbott & Jerome H. Reichman, *The Doha Round's Public Health legacy: Strategies for the Production and Diffusion of Patented Medicines Under the Amended TRIPS Provisions*, 10 J. INT'L ECON. L. 921(2007)を挙げておく。

(18) 知的財産制度をめぐる国際的議論における、開発との関係の位置付けは変化してきており、かつては、特許制度等の既存の知的財産保護のスキームの導入・整備が開発に資するという主張が国際的調和を進めるために用いられていたのが、近年は、開発段階に応じた保護水準とすべきである旨の主張が力を得ており、さらには知的財産制度の内容も開発に資するようなものに変更していくべきである旨の主張も強まっている。この点については、鈴木・注(1)参照。「開発アジェンダ」はこの第三段階の主張が集中的に提起される場となる可能性がある。

(19) WT/DS362. 因みに、中国の関係では、同国の金融サービス関連措置についてECが協議要請をした事件(DS372)においてもTRIPS協定(非開示情報の保護に関する39条)違反の論点が含まれている。

(20) 鈴木將文「模倣品・海賊版対策」ジュリスト1326号114頁(2007年)参照。

(21) ①については、松本直樹「ビジネス方法特許と国際的な特許侵害」竹田稔ほか編『ビジネス方法特許』490頁(弘文堂、2004年)、潮見久輝「分担された実施行為に対する特許間接侵害規定の適用と問題点」特許研究41号5頁(2006年)等、②については、鈴木將文「未完成品の輸出による特許権侵害、権利行使制限の抗弁に対する再抗弁が問題となった事例」Law & Technology 39号 39頁(2008年)参照。同様の問題についての米国の動向について、鈴木將文「米国特許法271条の立法経緯と『共同侵害』に関する米国の判例動向」日本弁理士会中央知的財産研究所研究報告第22号『複数人が関与する知的財産権侵害について』31頁(2008年)参照。

(22) なお、平成18年法改正により、特許法、商標法等において、「実施」や「使用」の概念に「輸出」が追加され、これに併せて水際措置についても輸出に係る措置が導入されている。

(23) 特許権については、最判平成9年7月1日民集51巻6号2299頁(BBS事件)、商標権については最判平成15年2月27日民集57巻2号125号(フレッドペリー事件)、意匠権及

び実用新案権については東京地判平成12年8月31日平成8年（ワ）第16782号（写ルンです事件）等。なお，社会的に注目を集めた最判平成19年11月8日裁判所時報1447号8頁（インクタンク事件）も，並行輸入に係る特許権侵害を争点の一つとしている。

(24) 特に開発途上国では特許権等につき国際消尽を定める立法例も多く，その取扱いがFTA等の交渉で問題となることも多い。また，EUでは，加盟国の拡大もあり，並行輸入の問題は実務上も理論的にもなお強い関心を集めている（最近の代表的文献として，THOMAS HAYS, PARALLEL IMPORTATION UNDER EUROPEAN UNION LAW (2003); CHRISTOPHER STOTHERS, PARALLEL TRADE IN EUROPE: INTELLECTUAL PROPERTY, COMPETITION AND REGULATORY LAW (2007) 参照）。

(25) 東京地判平成19年12月14日平成18年（ワ）5640号，同平成18年（ワ）6062号。

(26) THE AMERICAN LAW INSTITUTE, INTELLECTUAL PROPERTY: PRINCIPLES GOVERNING JURISDICTION, CHOICE OF LAW, AND JUDGMENTS IN TRANSNATIONAL DISPUTES (2007).

(27) Case C-4/03 GAT v LuK [2006] F.S.R. 967; Case C-559/03 Roche v Primus [2006] F.S.R. 106.これらの判決を受けて，マックスプランク研究所（MPI）に組織された研究者グループはブラッセル規則の改正を提案している。See, CLIP, *Exclusive Jurisdiction and Cross-border IP (Patent) Infringement: Suggestions for Amendment of the Brussels I Regulation*, [2007] E.I.P.R. 195. ALIとMPIのプロジェクトについて，木棚照一「知的財産紛争に関する国際私法規則の調整と調和の試み」高林龍編『知的財産法制の再構築』283頁（日本評論社，2008年）参照。

(28) 前注の判決が出されたことは，欧州特許訴訟協定の検討を加速化する要因になるとの評価があった。See, e.g., Steven Warner and Susie Middlemiss, *Patent Litigation in Multiple Jurisdictions: An End to Cross-border Relief in Europe?*, [2006] E.I.P.R. 580, 585.しかし，EUメンバー国が同協定を締結することはEC条約違反となる可能性が指摘されたこと等から，その検討は停滞しているようである。See, Anthony Arnull & Robin Jacob, *European Patent Litigation: Out of the Impasse?*, [2007] E.I.P.R. 209.

(29) 我が国の最近の動きとして，法務省の委託により設置された「国際裁判管轄研究会」が2008年4月にとりまとめた報告書において，知的財産権関係の訴えについての国際裁判管轄に係る立法案が示されている（国際裁判管轄研究会）「国際裁判管轄研究会報告書(4)」NBL886号81頁（2008年）参照。

（名古屋大学大学院法学研究科教授）

論　説　　国境と知的財産権保護をめぐる諸問題

著作権外人法の発展と今後の課題

駒 田 泰 土

I　はじめに
II　著作権外人法の史的展開
　1　フランス外人法の展開（18〜19世紀）
　2　著作権条約の生成と発展（19世紀）
　3　フランス外人法の展開（20世紀）
　4　著作権条約の生成と発展（20世紀〜）
　5　小　　括
III　現行著作権外人法の内在的諸問題
　1　著作権の私法における立ち位置の微妙さ
　2　著作権外人法をめぐる国際法上の課題
　3　著作権外人法をめぐる国内法上の課題
IV　おわりに

　　基本的な問題は……21世紀初頭において，われわれは創作者たちにどのような場所を用意することを望むかということである。次のように言い換えることもできよう。著作者を「コンテンツ」の提供者くらいにみなして，著作者の権利が情報産業の単なる戦略的1要素，単なる投機の対象になるがままにしておく必要があるのか……それともわれわれは……著作者に次のような固有の論理，すなわち，著作物は商品ではないのであり，われわれの想像界を充たす著作者は法的規律の中心にとどまらねばならないという論理を刻印しつづけなければならないのか。
　　　――A. Lucas / H. -J. Lucas『著作権法概説〔第3版〕』no. 35――

I　はじめに

　本稿は，著作権外人法に関するものである。そもそも外人法とは外国人の権利義務について定めた法のことである。ゆえに著作権外人法とは，外国人が国内法上の著作権を享有できるか否かについて，また，内国民と比較した場合に外国人の著作権には何らかの追加的制限が加えられるか否かについての法だということになる。

　著作物に関する貿易が健全に行われるためには，各国で著作権について内外人平等の原則がとられること（すなわち内国民待遇）が望ましい。およそ私法上の権利一般に関していえば，同原則はすでに国際法上の原則になったという見解もある[1]（19世紀には各国で行われていた）。しかし著作権に関しては，後述するように，少なくとも国内法レベルでは内外人平等は「原則」になっていない。

　もう少し正確にいうならば，著作権に関する外人法は，歴史的に「著作物の本国（pays d'origine de l'œuvre）」を基準として形成されてきた。著作物の本国とは，通常は第一発行国をいい，未発行の場合に限り著作者の本国とされる[2]。したがって，ここで第一義的に問題となっているのは，著作物の国籍であって[3]著作者の国籍ではない[4]。実際，国内法によっては，自国民が著作者であっても，著作物が外国で発行された場合にはそれについての著作権が制限されることがある。ゆえに，著作権外人法，あるいは著作権に関する外国人の地位（condition des auteurs étrangers）というよりは，「外国著作物法（condition des œuvres étrangères）」とでもいったほうが本来は適切だということになる。しかし著作権の分野では，このような規律も慣例的に外人法の問題とされてきた[5]。

　著作権に関する国内外人法が内外人平等を基調としていないとしても，今日では，多くの締約国を抱える条約の発展によって，ほぼ世界的に内外人平等原則が実現されている。しかし，条約は一定の範囲では内外人平等ではなく相互主義を許容しているので，わが国を含む締約国の国内法上も，外国著作物に相

互主義を適用する国が少なくない。また，しばしば国益の観点から，内外人平等を逸脱する条約の解釈が主張されることがある。

本稿は，形式上，二部に分かれる。まず，著作権外人法の史的展開を大まかにたどることにする。その方法としては，比較的長い著作権法史を有し，理想の下に普遍主義を目指しては挫折したフランスの著作権外人法を素材としてとりあげる。また，併せて条約の発展をたどることにする。次に，現行の諸条約ないし国際法における著作権外人法の内在的論点について触れるほか，わが国の現行著作権法における外人法規定について考察を加えることにする。著作権外人法は，条約上のものであれ，国内法上のものであれ，これまで議論の対象とされることが少なかったように思われるが，さしあたり本稿では，解決を要する問題として目下このような問題が存在しているということを指摘しておきたい。そして，知的財産法学に限らず，法分野をまたいだ議論の展開を促したいというのが筆者の希望である。

II　著作権外人法の史的展開

1　フランス外人法の展開（18～19世紀）

著作権が今日のような制定法上の権利として確立されたのは，世界史的にみれば比較的最近のことである。18世紀が分岐点となっているが，それ以前は，著作権は国王や領主が恩典的に与える特権（privilège）であり，この特権は著作者よりもしばしば出版者に与えられた。特権の時代は，外国を本国とする著作物に対する敵意（hostilité）が支配していた時代であった。どの国も自国の出版者を保護することを第一の目的としており，自国の文化のみが発展すればよいと考えられていたからである。17世紀のフランスも例外ではなく，たとえばDarrasは，フランス国外で発行された書籍については特権を取得しえない旨を定めた公的な規則があったと報告している。[6]

1789年にフランス革命が起きるが，革命は三つの精神を基礎として国家を構

築することを目標としていた。すなわち，「自由」「平等」「博愛」である。博愛——fraternité——は「友愛」と訳されることもある（周知のようにフランス国旗の三色は，これら三つの精神を象徴したものである）。ゆえに革命後は，友愛の原則に忠実に，外国人に対して差別的な法令の廃止が相次ぐことになった。そしてそのような中，フランスで初めて近代的な著作権法が制定された。1791年と1793年のデクレ（décret）がそれである（1791年1月13-19日法及び1793年7月19-24日法）。これら革命法の時期においては，著作権は，最も神聖で不可侵な所有権であると考えられていた。ここにわれわれは，自然権（droit naturel）としての知的所有権という考え方——その後の世界に多大な影響を与えた考え方——の源泉を見出すことができる。

　さてフランスでは，革命後，普遍主義が強く推進されたわけであるが，まもなくそのゆり戻しが生じることになる。すなわち，1804年に民法典が成立し，その11条は，「私法上の権利（droits civils）」に関して条約に基づく外国人の内国民待遇を規定していた。しかし，外国人に対してリベラルであろうとする法思潮が残存していたためか，著作権はここでいう私法上の権利には当たらず，ゆえに条約上の根拠を必要としない普遍的な権利であると解する見解もあったようである。

　それから6年後に成立した1810年のデクレ（1810年2月5日法）は，フランス人も外国人もともに著作権を第三者に譲渡することができる旨を規定していた。この規定は，外国人であってもフランス人と同じように著作権を取得しうることを間接的に意味しており，一見すると普遍主義的なもののようにみえる。しかし，この普遍主義は見かけ上のものであった。なぜなら，1810年デクレは外国を発行地とする著作物の翻訳や再製を侵害としていないので，フランス国内で著作物を発行する外国人のみが，同法の便益を享受できたからである。つまり，フランス国外で著作物を発行する一般的な外国人著作者にとってみれば，同法が無条件で適用されたとしても，何もありがたいことはなかったのである。

さらにくだって1839年に，著作権法の草案が国会に提出される。この法案は外国を発行地とする著作物について，相互主義を条件として保護を認める旨の提案を含んでおり，1810年デクレよりもリベラルなものであった。しかし，喧々諤々の議論の末，この提案は却下されている[12]。

このように，外国著作物について相互主義すら認めないという狭量な態度が示されていたが，まもなく事態は大幅に改善された。1852年のデクレ（1852年3月28-30日法）は，外国を発行地とする著作物の無許諾複製について，無条件で刑事罰を与えるという内容のものだったからである。これは相互主義を超えた無条件の内外人平等原則を採用したものであるから，普遍主義に大幅に接近した立法と評価することができるだろう。

しかし，同法が無許諾「複製」についてのみ規定していたことから，フランスの裁判所はこれを逆手にとって再び狭量な態度を示すようになる。その象徴的な例が，1857年12月14日の破毀院判決[13]（*Verdi* 事件）であった。この判決は，外国を最初の公演地とするオペラについて，その無断「上演」は合法であると判示している[14]。

2 著作権条約の生成と発展（19世紀）

19世紀後半における著作権条約の生成状況もみておこう。この時期においては，外国を本国とする著作物について保護を与えるとしても，相互主義を要求する国が一般的であった。1828年から1879年までのスパンにおける諸国の立法例をみると，デンマーク，英国，ギリシア，バヴァリア，サクソン，スウェーデン，オーストリア，ポルトガル，スペインが相互主義を採用していたようである[15]。相互主義を確実なものとするために，二国間条約が次々と締結されたのも大体この時期である。ベルヌ条約創設時までに約90もの二国間条約が締結されていたといわれている[16]。それらは内国民待遇と保護期間に関する相互主義の例外を定めた規定を有するのが典型的であった。また多くが著作権だけを目的

とした条約ではなく，通商条約の一部として著作権の問題が規定されていたので，そのような条約に依拠した外国著作物の保護は著しく不安定なものであった。

増殖する二国間条約によってその適用関係がわずらわしいものになったので，やがて多数国間条約を創設しようという動きが生じることになる。1884年には，作家や美術家の団体が中心となって，ベルヌ条約創設のための準備作業が開始された。(17) 当初，内国民待遇と「権利の存続期間（pendant l'existence de leurs droits）」に関する相互主義の例外を定めた規定が草案に盛り込まれたが，1885年には存続期間を「保護期間（la durée de la protection）」に変更する修正がなされた。これは，"権利が存続している間"という表現を採用すると，保護期間だけでなく保護範囲についても相互主義が働くと解釈されるのを防ぐためであった。つまり，内国民待遇をきちんと保障するために，このような修正がなされたといえる。(18)

ともあれ1886年にベルヌ条約（「文学的及び美術的著作物の保護に関するベルヌ条約」）が成立する。このベルヌ［原始］条約は，各締約国において内国民待遇が保障される条件として，著作物の本国法が定める方式の履行を要求していた（2条）。さらにこの条件も撤廃されることになるが，それは約20年後に行われた同条約のベルリン改正（1908年）に際してである。

3 フランス外人法の展開（20世紀）

再びフランス法に戻ろう。1920年に「追及権（droit de suite）」に関するデクレが制定された（1920年5月20日法）。追及権とは，絵画の売買のたびに，その売上げの何％かを著作者が請求しうるとする報酬請求権である。追及権に関する立法は，世界的にみて，このフランスの1920年デクレが初例であるという。国によっては，作家の原稿などにも追及権を認めている。フランスはこの追及権を創設するさい，その国際的な保護の方法として相互主義を採用した。(19)

1948年には世界人権宣言が採択されるが，その27条2項は，創作物に関する創作者の人権について定めている。その文言上，この人権には著作者の財産権も含まれている。

　1957年に，フランス現行著作権法の基本的な骨組みに当たる法律が制定された（1957年3月11日法）。上記の世界人権宣言の影響を受けたためであろうか，フランスの論者によると，この法律は外国人著作者にも無条件に適用されるものとして運用されたようである[20]。

　そのことが明確になるのは，破毀院の1948年7月27日判決及び1959年12月22日判決である[21][22]。これらの判決は，民法11条を，明文の規定により否定されない限り，外国人はフランスにおいてあらゆる私権を享有する旨を定めた規定であると解釈した。これは，同条の文言に照らすと相当に無理な解釈であるが，その分，普遍主義への熱意にあふれた解釈であると評価できよう。中でも1959年判決（*Rideau du fer*事件）は，著作権を自然権であると解し，外国人著作者も無条件でフランス法上の保護を受けることができると判示した。

　ただし，同判決は，著作物の公表国がフランスでない場合には，当該国法上の「私権（droit privatif）」がフランスにおいて承認されるのであって，当該権利にフランス法上の保護が与えられるというスタンスをとった。この判決の論理の下では，著作物の公表国で保護されていない著作者は，フランスでも保護されないことになる。ゆえに同判決については――外人法から抵触法の次元に移行しつつも――なお公表国の法制度を考慮することによって，再び差別的な待遇を正当化しているという批判がしばしばなされている[23]。とはいえ，相互主義の考え方が微塵も示されていない点は，やはり注目に値しよう。この判決によれば，フランスの著作物が当該外国でどのように扱われるかは，フランスにおける当該外国の著作物の保護には影響しないのである。

　しかし，判例が示した普遍主義への傾向は，まもなく立法によって押し戻されることになる。1964年7月8日法及び1985年7月3日法は，相互主義を一般

的な形でフランス著作権法の中に導入することになった。相互主義の規整は，現行法である知的所有権法典においても受け継がれている[24]（L. 111-4条1項CPI）。ただし，著作者人格権（droit moral）については，明文で完全な内外人平等が維持されている（同条2項）。有力な学説によれば，フランス法上の著作者人格権に関する規定は，単に相互主義から免れるだけではなく，絶対的強行法規（lois de police）でもある[25]。つまりこの見解によると，フランスで著作物が利用される限り，準拠法の如何を問わず，外国人著作者にはフランス法上の著作者人格権が帰属することになる[26]。

4 著作権条約の生成と発展（20世紀～）

既述のように，1908年には，ベルヌ条約ベルリン改正条約が成立する。このときに，ベルヌ原始条約が求めていた本国法上の方式の履行を内国民待遇の条件から外し，本国以外の同盟国が方式要件を課すことを禁止する大改正がなされた。ただし，保護期間についての相互主義はそのままに残され，この規整は最新のパリ改正条約（1971年）に至るまで残存している（7条8項）。

20世紀後半における著作権条約の歴史はどうだろうか。この時期における条約の発展は，じつに華々しい。1952年には，方式主義国と無方式主義国を架橋する万国著作権条約（UCC）が成立した。ベルヌ条約は，1971年のパリ改正条約を最後に改正が行われなくなったが，1994年にTRIPs協定[27]，1996年に著作権に関する世界知的所有権機関条約（WCT）が成立して，実質的にはベルヌ条約の改正が達成されることになる。

ベルヌ条約は2008年4月現在，164の締約国を有している。現在では，地球上のほとんどの国が，ベルヌ条約その他の著作権条約に加入しているといってよい。ただし，著作権的には空白の地域もまだわずかながら存在している[28]。この限りにおいて，国内著作権外人法が（わが国においても）なお重要性を維持することになる。

ベルヌ条約をはじめとする著作権条約は，拡大型の内国民待遇を規定している。つまり，条約上の権利に限定されない内国民待遇である。ゆえに，締約国の国内法が条約上の保護を超える保護を自国民に認めていれば，外国を本国とする著作物の著作者にも同様の保護を与えなければならない。しかし，近時の議論として，著作者の権利と呼べない権利には内国民待遇を与えなくてもよいという見解もある。たとえば，私的録音録画に関する補償金請求権は，排他的な権利ではなく，（複製者ではない）複製機器や媒体のメーカーに対して集中管理団体が行使する権利なので，これは伝統的な著作者の権利に含まれないとする見解がある。わが国は，私的録音録画補償金請求権にも内国民待遇が適用されると解し，実際上もそのように運用されているが，共通目的に供される分（著作権法104条の8）は例外的な扱いをしており，内国民待遇原則との関係が理論上問題となっている。また，同原則が適用されるとの見解をとらず，相互主義を採用したり，事実上，自国民にしか当該請求権を与えない国も少なくない。

5　小　括

　駆け足で著作権外人法の歴史的展開を振り返ってきたが，要点として次のようなことを指摘できよう。第一に，自然権理論を著作権に応用したフランスは，たびたび無条件の外国人保護という普遍主義的な立場をとろうとしてきたが，そのたびにゆり戻しがあり，現在は相互主義に落ち着いているということである。すなわち，理想と現実の間で何度も動揺があったという点で，きわだった特徴をもっている（このような振幅をみせた国は，かなり珍しいのではないかと思われる）。現在，フランスに限らず，国内著作権外人法において相互主義を採用している国はきわめて多い。一説によると，今日ではルクセンブルクのみが無条件の内国民待遇を保障しているという。

　第二に，多数国間条約の著しい発展によって，外国を本国とする著作物の保

護が先進各国でさしたる障害もなく実現しているということである。もちろん，この条約を介した内国民待遇も，お互いが締約国であって一定の保護を与え合うことを前提として付与するものであるから，相互主義の一つの現れであるといえる。しかし，条約上保護される著作物であれば（その本国における具体の法執行状況を問わず）自動的に内国民待遇を与えるという解釈が支配的であるため，事実上，多くの国で相互主義を撤廃したのと同じ効果が生じている。ただし，この点について議論がないわけではなく，他の締約国が自国を本国とする著作物にきちんと内国民待遇を与えていない場合は，報復として当該締約国の著作物の著作者に内国民待遇を与えないという解釈も許されると主張する見解がある。また，ベルヌ条約上の著作者の権利と同質の権利にのみ内国民待遇を与えればよいというように，内国民待遇の適用範囲を限定的に解釈しようとする傾向もみられる。いわば，条約上の内国民待遇の精神も，国益に基づく実質的な相互主義の要求から超絶しているわけではなく，国際経済の現実の下で常に攻撃にさらされているといえる。

Ⅲ　現行著作権外人法の内在的諸問題

1　著作権の私法における立ち位置の微妙さ

著作権は，わが国をはじめ多くの国において，私法上の権利とされている（TRIPs協定前文を参照）。とくに欧州大陸法系の諸国では，これを自然権又は人権（droit de l'homme）であると捉える考え方が根強い[34]。しかし実際上の著作権の法的取扱いは経済的発展段階や文化産業の成熟度と結びついた国益と無縁ではなく，私法の中でのその立ち位置は相当に微妙である。ある権利なり法制度なりの「本当の性質」は，国際的法律関係のレンズを通して眺めてみると一層明確化することが多い。抵触法学上，著作権法を公法的法規と性質決定する見解がわが国でもみられること[35]，また本稿で述べてきた私法上の平等原則を著作権に適用することに対する各国のためらいというものが，まさに著作権の立

ち位置の微妙さというものを裏書している(36)。

　果たして著作権は自然権なのか。世界人権宣言に規定されるとおりの人権なのか。わが国の知的財産法学においては，どちらかといえば著作権の自然権性を否定する見解が優勢である。すなわち，専ら政策的な観点から，創作にインセンティブを与えるため特別に創設された権利という見方が強いようである(37)。しかし英米独仏における主要論者の議論を眺めてみた場合には，自然権的な構成は少なくとも著作権正当化原理の一つと位置づけられている(38)。理論的に考えてみても，創作へのインセンティブ付与と自然権の議論は決して水と油の関係にあるわけではない。著作権は自然権であるとの前提に立ったとしても，具体の法制度を構築していく上では，インセンティブ・セオリはきわめて有用な思考方法であることに変わりはない。

　著作権イコール自然権という性質決定が抱えている最大の難点は，筆者が思うに，各国の国内法で現に採られている内外人不平等の現実である。前章で検討した諸々の国家実行は，著作権について自然権性を承認する考え方と完全に矛盾するように思われる。そして，著作権法学を専門とする論者からこの点について整合的な説明がなされることも，ほとんどないように思われる(39)。

　あえて，自然権論者のために何か理屈を構成するとすれば，下記のような説明が可能であろうか。

　その1：すべての国が経済的・文化的に成熟するまでは，著作権に関する内外人平等原則が普及しないのは当然で，自然権としての著作権が承認されるプロセスは，現在も進行中であるという説明。ベルヌ条約はいずれかの同盟国を本国とする著作物に互いに内国民待遇を与え合う（広い意味での）相互主義のコンセプトに立脚しているが，同条約に基づいて，自国を本国とする著作物が他の締約国で実際にどのような扱いを受けるかにかかわらず，当該国を本国とする著作物の著作者に内国民待遇を与えようとする国も現に一定数存在している。そしてその数は増えつつあるという点も考慮してよいかも

しれない。

その2：そもそも著作権の享有は，著作物の本国で無条件にそれが保障されれば十分なのであって，諸外国における保護はいわば「余剰」であり，必ずしも自然権の理論から内国民待遇が要請されるものではないという説明。

次に，著作権外人法の今後の課題について検討してみたい。まずは国際法レベルの問題，それから国内法レベルの問題と順を追って検討することにする。

2　著作権外人法をめぐる国際法上の課題

(1)　未承認国を本国とする著作物の保護　　今後の課題というよりは，国際法レベルですでに生じている問題として，未承認国である北朝鮮の著作物にもベルヌ条約は適用されるかという問題がある。[40] 北朝鮮は現在ベルヌ条約の締約国であり，同国を本国とする著作物にもわが国との間でベルヌ条約が適用されるとすれば，わが国はその著作者に内国民待遇を与えなければならない。

未承認国は国際法上の権利義務の主体たりえないという原則[41]をそのまま適用すれば，北朝鮮の著作物の著作者は，わが国においてその国際法上の地位を主張できないことになる。ただし，未承認国は限定的な範囲では国際法主体性を有することは広く認められている。[42] また，二国間条約でも，臨時的・技術的なものは適用されるという点において国際法学上のコンセンサスがあるようである。[43] しかし，果たして多数国間条約の類まで適用されると解してよいかについては，議論がある。[44] ベルヌ条約のような多数国間条約こそ，条約管理上は既承認国と未承認国を区別できないので（条約上の組織・運営に関する規定等は，実際上，未承認国にも適用されると解さざるをえないので），未承認国との間でも適用されるとする見解がある。[45] これに対し，二国間条約でも例外的なものしか適用がないと解すべきであるから，多数国間条約はますます例外的にしか適用されない（少なくとも二国間の関係に分解しうる規定はまず適用されない）との見解もありえよう。筆者自身は，条約規定を分類する後者の説にはやや非論理性を感じる

ので，北朝鮮との間でもベルヌ条約は適用されると考えている。

しかし，まさに上記の点が問題となった東京地判平19・12・14平18（ワ）5640号，平18（ワ）6062号においては，北朝鮮の著作物にはベルヌ条約は適用されないとの判断が示された。判決によれば，「未承認国は……多数国間条約に加入したとしても，同国を国家として承認していない国家との関係では，国際法上の主体である国家間の権利義務関係が認められていない以上，原則として，当該条約に基づく権利義務を有しない」のであり，[46]「我が国は，北朝鮮を国家として承認しておらず，我が国と北朝鮮との間に国際法上の主体である国家間の権利義務関係が存在することを認めていない」から，「北朝鮮が国家間の権利義務を定める多数国間条約に加入したとしても，我が国と北朝鮮との間に当該条約に基づく権利義務関係は基本的に生じない」のであって，「ベルヌ条約についても，同様に解することになる」。

確かに，未承認国との間のベルヌ条約の適用に関して，否定的な立場を明らかにした従前の国家実行の例もある[47]。しかしその数は未だ少なく，現時点で確たる結論を下すのは困難であるように思われる。東京地裁は，条約上の組織等に関する規定は未承認国との間でもその適用を認めるのが相当であると判示して，ベルヌ条約は適用不可という原則に対する例外を承認したが，その理由は「国家承認の有無という個別の事情によって左右されるものとすると，条約に基づく意思決定等が困難になる」という単なる便宜上のものであった。かかるご都合主義的な国際法解釈には――筆者がそもそも国家法（国内法）の研究者であり，国際法の発想に不慣れであるという点を措くとしても――疑問を禁じえないところである[48]。

（2）インターネット時代における著作物の「発行」　国際法上の課題としてもう一点指摘しておきたい。ベルヌ条約をはじめとする諸条約は，著作物か著作者の本国が締約国であることを条約の適用基準としており[49]，また著作物の本国との間で，保護期間等若干の局面で内国民待遇の例外すなわち相互主義を

とることを許容（又は強制）している(50)。著作物の本国は既述のように第一発行によって決定されるが，インターネット時代を迎えて，著作物のアップロードを発行行為と解してよいかという問題が生じている。

　ベルヌ条約3条3項の文言上，「発行」は著作物の複製が存在することを前提とするが，コンピュータ内のRAM（Random Access Memory）における一時的蓄積も「複製」に含めるのが，多くの先進同盟国における一致した解釈である。1996年12月20日に採択されたWCTに関する合意声明においても，電子媒体におけるデジタル形式での著作物の蓄積（storage）は，ベルヌ条約9条にいう「複製」に該当すると宣言されている(51)。

　この問題は，WCTとして成立する前の草案段階で検討されたことがある。WIPO専門家委員会議長が1996年に作成した草案（「ベルヌ条約議定書」草案と呼ばれていたもの）の3条は，「発行の概念及び場所」について規定していた(52)。それによると，著作物を公衆送信可能な状態にしたことをもって，ベルヌ条約3条3項にいう著作物の発行があったものとすべきであり（1項），また，送信可能化に必要な手はずが整えられた国においてそれらは発行されたものとみなすと規定されていた（2項）。しかし，1996年12月の外交会議において，EC及びその加盟国によりこれらの規定の削除が提案され(53)，結局WCTには盛り込まれてはいない。

　もっとも，その後もこの問題はWIPOで検討されている。1998年に専門家会合が開催されたが，アメリカの著作権法学者であるGinsburgが次のような見解を提案している(54)。

　まず，出版者と同視しうるオペレータが運営するウェブサイトに著作物がアップロードされた場合，当該オペレータの主たる営業所所在地国を本国とみなす。著作者とオペレータとの間にそのような関係が存在しない場合は，当該オペレータの主たる営業所所在地国に著作者が住所を有するか，又は著作者が当該国と何らかの実質的関係を有することを条件として，当該国を本国とみなす。

その他の場合は，著作物の送信可能化行為と最も密接な関係を有する国を本国とするが，そのような国として著作者の住所地国（共同著作の場合は，共同著作者の多数が住所を有する国）を候補に挙げることができる。

ただし Ginsburg は，国籍基準をとるベルヌ条約から住所地基準を解釈上導くことは困難であることを認めており（同条約は未発行著作物について著作者の「本国」を基準としている），この問題の解決は，本来，立法によるべきであるとしている（デジタル世界においては，著作者の国籍よりも住所のほうが実質的関連性を有すると主張している）。

わが国においては，この点に関する研究はほとんどみられないが，例外として田村教授の見解を挙げることができる。田村教授は，アップロード後30日以内に相当数のダウンロードがあった国のうち最短の保護期間を定める国をもって本国と解すべきであるとしている（ベルヌ条約3条4項，5条4項a）。多くの受信端末でハードコピーが作成されてはじめて複製物が「公衆に提供されたもの」とみるのが自然であるから，田村説は（単なる送信可能化状態をもって発行があったとする議定書草案や Ginsburg 説よりも）ベルヌ条約3条3項の文言に適合した解釈であるといえる。

ところで，従来なぜ著作者の国籍よりも発行地が重視されてきたかといえば，外国の利用者にとって著作物の本国を確実に特定しやすいという点が，一つの理由として挙げられよう。このような観点からすると，現実に相当数のダウンロードがされた国を特定することはもとより，目前のウェブサイト・オペレータが出版者に比すべき存在か，仮にそうだとして，その主たる営業所所在地はどこかを特定することも，第三者にとっては困難な場合が少なくないように思われる。

筆者自身は，ウェブサイトへのアップロードを発行とするのではなく，伝統的な出版のみを発行と解したほうが色々な意味で（現時点では）無理がないと考えているが，この点に関するさらなる検討が国際的な枠組みにおいて必要で

あるといえよう。

3 著作権外人法をめぐる国内法上の課題

わが国の著作権外人法は，著作権法6条に規定されている。それによると，日本人著作者は無条件でわが国法上保護されるが，外国人に関しては，日本を本国とする著作物か，条約上わが国が保護の義務を負う著作物の著作者でなければ，保護されない。各国が採用している相互主義的な規定はなく，この点では特許法よりも保護の人的範囲が狭い（わが国特許法25条によれば，住所／居所のみを有する外国人であっても，特許権の享有が認められている。また，相互主義に基づく権利享有も認められる）。このシンプルな規定ぶりは，旧著作権法の時代から一貫したものである。[57]

既述のように，現在ではきわめて多くの国がベルヌ条約等に加入しているため，目前の外国人著作者の保護に欠けるという事態が実際に生じることは少ない。しかし，未だ若干の国々が条約に加入しておらず，また，北朝鮮との間では条約の適用の可否自体が問題となっている。もちろん，そのような国々だからこそ，著作権についてわが国法上の保護を一切認めないという立場にも理由がある。ただし，著作者人格権についても同様に論じてよいかは，なお検討の余地があろう。

この点，人格権的伝統が強い欧州の大陸法系諸国，とくにフランス，ドイツ，スペイン等は，無条件で著作者人格権の享有を認めている。[58] わが国においても，著作者人格権は人格権の一種であるという見解が著作権法学においては通説となっている。[59] この通説の理解を前提とするならば，わが国としても，ヒューマニズム的考慮に基づいて当該権利の内外人平等を認める法改正が本来は必要であるということになろう。

ただし上記の通説も，今日では全く動揺していないわけではない。たとえば，わが国の著作権法には職務著作という独特な制度があり（著作権法15条），現実

の創作者ではないその使用者（法人等）が著作者となり，著作者人格権を享有するということが，法律上認められている。このような制度に服する著作者人格権について，果たして他の人格権と全く同様に考えてよいのだろうか。職務著作における上記の法的規律は，著作物の円滑な流通の確保という政策的な観点からしばしば説明されているが，(60) そのような政策理由によって，一定の場合には法人等に帰属し現実の創作者の下から消滅する人格権とは，一体どのような人格権なのだろうか。著作者人格権は人格権であるという通りの良い性質決定に拘泥せず，民法学，憲法学，もちろん著作権法学をはじめとする多方面からのさらなる検討が必要であろう。ことによると，さほどのヒューマニズム的考慮を要しない権利として分析できるかもしれない。

IV おわりに

著作権外人法は，今日では，条約による国際ネットワークの充実によって，その polémique な性格が覆い隠されている感がある。しかしその歴史的な発展の轍を，国内法・条約法双方のレベルで辿りなおすとき，広く流布された著作権（及び著作者人格権）をめぐるヒューマニズム的な言説が，国際経済の只中で突き当たった限界というものが明らかになってくる。著作権（あるいはより広く知的財産権）の性質については，近年様々な場所で保護の正当化根拠と結びついた議論がなされているが，著作権外人法という視角からこの問題に取り組むことも，きわめて有意義な知的作業であるように筆者には思われる。

(1) L. BAR, *Das internationale Privat- und Strafrecht*, Hannover, Hahn, 1862, p. 64（「新しい国際法は，私法的関係におけるのと同様に刑法的関係においても，特段の例外が明示的に規定されていない限りは，外国人は内国民に劣後することなく，むしろ内国民と同一の権利能力を享受するという原則を確立している」）。Cf. H. BATIFFOL, *Traité élémentaire de droit international privé*, 3e éd., Paris, Librairie générale de droit et de jurisprudence, 1959, pp. 14-15.
(2) 文学的及び美術的著作物の保護に関するベルヌ条約パリ改正条約（1971年。以下，

単に「ベルヌ条約」という）5条4項参照。
(3) Weiss が報告するところによれば，Pouillet は，1884年にセーヌ民事裁判所におい て行った口頭弁論において，著作物がフランス領において公表されたのであればそれは フランスの著作物であり，それが創作された地における社会の産物（le résultat du millieu）であると述べたという。A. WEISS, *Manuel de droit international privé*, Paris, Recueil Sirey 8e éd., 1920, pp. 567-568.
(4) Cf. F. DESPAGNET, *Précis de droit international privé*, Paris, Sirey, 5e éd., 1909, n° 68-B, p. 196.「…考慮されるべきは著作物の国籍であり，著作者の国籍ではない」。
(5) Cf. E. ULMER, *Intellectual Property Rights and the Conflict of Laws*, Luxembourg, Kluwer, 1978, n° 11, p. 6.
(6) A. DARRAS, *Du droit des auteurs et des artistes dans les rapports internationaux*, Paris, A. Rousseau, 1887, n° 125, pp. 174 et s.
(7) BATIFFOL, op. cit. (n. 1), pp. 14-15.
(8) 1791年のデクレは，Le Chapelier の報告書に基づいて可決・成立したものである。 彼は，1777年に弁護士 Cochu が行った弁論の文章を引用して，このように述べた。 Cité par A. C. RENOUARD, *Traité des droits d'auteur dans la littéraire, les sciences et les beaux arts*, Paris, J. Renouard, t. 1, 1838, p. 309.
(9) その法文は次のようなものである。「外国人は，当該外国が締結している条約に基づ き，フランスにおいて，フランス人に認められている又は認められるであろう私法上の 権利を享有する（L'étranger jouira en France des mêmes droits civils que ceux qui sont ou seront accordés aux Français par les traités de la nation à laquelle cet étranger appartiendra.）」。
(10) Cf. M. van EECHOUD, *Choice of Law in Copyright and Related Rights: Alternative to the Lex Protectionis*, The Hague/London/New York, Kluwer Law International, 2003, p. 52; G. BOYTHA, «Le droit international privé et la protection des droits d'auteur: analyse de certains points spécifiques», DA, 1988, p. 424.
(11) Cf. F. TERRÉ, note sous Cass. 22 déc. 1959, Rev. crit. DIP 1960, p. 363.
(12) RENOUARD, op. cit. (n. 8), t. 2, pp. 485-486.
(13) Cass. req., 14 déc. 1857, D. P. 1858. 1. 161 rapport FEREY; S. 1858. 1. 145.
(14) 1852年デクレは，著作者の複製権について定めた1793年7月19日法並びに刑法425条， 426条，427条及び429条のみに準拠していた。Raynard は次のように述べている。「公 演権に対するこの法文の沈黙……は，反対解釈（*a contrario*）を導くための強力な理由 となった」。J. RAYNARD, *Droit d'auteur et conflits de lois: Essai sur la nature juridique du droit d'auteur*, Paris, Litec, Bib. de droit de l'entreprise, t. 26, 1990, n° 11, p. 10.
(15) Rapporté par J. CAVALLI, *La genèse de la Convention de Berne pour la protection des oeuvres littéraires et artistiques du 9 septembre 1886*, Lausanne, Imprimeries Réunies, 1986, pp. 38, 46 et s.; DA 1890 pp. 33-34, cited by van EECHOUD, op. cit. (n. 10), p.

50.

(16) Rapporté par CAVALLI, *La genèse, préc.*, pp. 73-75, cited by van EECHOUD, op. cit. (n. 10), p. 57.

(17) ベルヌ条約の成立は、スイス連邦議会がALAIの構想の採択をすべての文明諸国（tous les pays civilisés）に通知し、さらに3回の外交会議を経てもたらされたものである。当時、ALAIの名誉会長であった文豪のHugo（ヴィクトル・ユゴー）は、「著作権の国際的保護は世界平和の本である。世界の平和を維持するのには精神的共同に俟たねばならぬ」と述べて、著作権同盟の実現に尽力したという。水野錬太郎『ベルヌ条約ベルリン会議の話』（水野錬太郎著作権論文刊行会、1973年）10-11頁。

(18) このあたりの経緯については、拙稿「ベルヌ条約と著作者の権利に関する国際私法上の原則」国際法外交雑誌98巻4号469頁（1999年）参照。

(19) Cf. A. LUCAS / H.-J. LUCAS, *Traité de la propriété littéraire et artistique*, 3e éd., Paris, LexisNexis Litec, 2006, n° 1131, p. 791; F. POLLAUD-DULIAN, *Le droit d'auteur*, Paris, Economica, 2005, n° 1352, p. 799.

(20) A. LUCAS / H.-J. LUCAS, ibid.

(21) Cass. civ. 27 juill. 1948, *Lefait*, Grands arrêt, n° 20.

(22) Cass. civ., 22 déc. 1959, D. 1960, jurispr. p. 93, RIDA 3 / 1960, p. 361, note G HOLLEAUX; Clunet, 1961, p. 420 note GOLDMAN; Rev. crit. DIP 1960, p. 361 note TERRÉ; RTD. Com., 1960, p. 955 obs. LOUSSOUARN. Le Chant du Monde事件判決とも呼ばれる。

(23) *En ce sens*, RAYNARD, op. cit. (n. 14), n° 18, p. 18,; A. LUCAS / H.-J. LUCAS, op. cit. (n. 19), n° 1188, pp. 842-843. Desboisも次のように述べている。「ある障害が発生しうる。（著作者の権利を享有する資格）は、法の抵触の問題が原告にとって有利なように解決される場合にのみ真実のものとなるだろう」。H. DESBOIS, «Le droit d'auteur des étrangers en France: à propos de l'arrêt du "Rideau du fer"», RIDA, 3/ 1960, p. 85.

(24) L. 111-4条1項に示される相互主義をあえて抵触規則と捉え、フランスを本国とする著作物にはフランス法が無条件で適用されるから、外国を本国とする著作物には当該外国法が適用されるというルールを導く少数説と、それに対する批判については、A. LUCAS / H. -J. LUCAS, op. cit. (n.19), n° 1134, pp. 794-795を参照。

(25) POLLAUD-DULIAN, op. cit. (n. 19), n° 1356, p. 801.

(26) Cf. Cass. 1re civ. 28 mai 1991, RIDA 3 / 1991, p. 197; JCP G 1991 Ⅱ 21731 note FRANÇON; JCP E 1991 Ⅱ 220 note GINSBURG et SIRINELLI; Rev. crit. DIP 1991, p. 752 note GAUTIER; Clunet, 1992, p. 133 note EDELMAN; D. 1993, jurispr. p. 197 note RAYNARD.

(27) Agreement on Trade-Related Aspects of Intellectual Property Rights. マラケシュ協定の附属文書1Cに相当する。

(28) 各多数国間著作権条約及び世界知的所有権機関（WIPO）のいずれにも加入していな

い国として，キリバス，ツバル，ナウル，バヌアツ，マーシャル諸島がある。各多数国間著作権条約を締結していない国として，トルクメニスタン，イラク，イラン，サンマリノ，エチオピア，エリトリア，サントメ・プリンシペ，セイシェル，ソマリアがある（WIPO 条約に関しては2008年1月15日現在。ベルヌ条約に関しては2008年4月14日現在。WCT に関しては2008年4月15日現在。いずれも WIPO の公式ウェブサイト [http://www.wipo.int/] 上の情報による。WTO 加盟に関しては2008年5月16日現在。WTO の公式ウェブサイト [http://www.wto.org/] 上の情報による。万国著作権条約 [1952年条約及び1971年パリ改正条約] に関しては，UNESCO の公式ウェブサイト [http://portal.unesco.org/] 上の情報による [最終アクセス：2008年5月30日]）。

(29) 『ベルヌ条約プロトコル（議定書）案の問題点（暫定文書）』（著作権情報センター，1994年）37頁（para. 99）参照［大楽光江訳］。実際上，フランスは，私的複製補償金制度について一方的措置をとっている（L. 311-2条）。

(30) ドイツのマックス・プランク知的財産研究所がかつて（1988年）開催したシンポジウムの基調講演の中で，Katzenberger は，補償金請求権への内国民待遇の原則の適用を認める見解が，ほとんどの参加者の見解であると述べている。U. JOOS / R. MOUFANG, «Report on the Second Ringberg-Symposium», in F. K. BEIER / G. SCHRICKER, *GATT or WIPO? New Ways in the International Protection of Intellectual Property*, IIC studies, vol. 11, Max-Plank-Institut für ausländisches und internationales Patent-, Urheber- und Wettbewerbsrecht, 1989, p.9. なお von Lewinski は，new right としての公貸権に対する内国民待遇の原則の適用の可否について詳細に論じている。S. von LEWINSKI, «National Treatment, Reciprocity and Retorsion – The Case of Public Lending Right», in IIC prec., pp. 53-63.

(31) Pollaud-Dulian も次のように述べている。「あらゆるナショナリズムとあらゆる相互主義の要求をはぎとった保護を実現するため，裁判官が行ってきた努力が，20世紀の立法者によっていかに阻止されてきたかを確認するのは驚きである」。POLLAUD-DULIAN, op. cit. (n. 19), n° 1352, p. 799.

(32) Cf. BOYTHA, op. cit. (n. 10), pp. 424-425.

(33) 前掲暫定文書（注(29)）参照。

(34) Pollaud-Dulian も次のように述べる。「周知のように，自然法主義と法実証主義の対立はこの領域においても繰り返されているが，しかし著作者の権利に関するフランスの古典的な学説は……どちらかといえば自然法主義に連なっている。著作者の権利の中に自然権性が見出されるとすれば，それが人権のカテゴリーにも列せられると考えてもおかしくはない。人権は自然権が変じたもの（avatar）である」。POLLAUD-DULIAN, op. cit. (n. 19), n° 36, p. 30. ドイツにおいても，事情はそれほど変わらない。Schricker は，同国における代表的な著作権法コンメンタールにおいて，「基本権及び人権（Grund- und Menschenrecht）としての著作権の保護も，ここに結びついている。著作権は基本法14条所定の所有権である。さらに，その人格権的構成要素は，基本法1条及び2条1項を

よりどころとしている」と述べている。SCHRICKER *Urheberrecht Kommentar*, 3 Aufl., München, C. H. Beck, 2006, Einleitung, Rdnr. 12, S. 7 (G. SCHRICKER).
(35) 横溝大「電子商取引に関する抵触法上の諸問題――解釈論的検討を中心として――」民商124巻2号18頁注67（2001年）。
(36) Cf. van EECHOUD, op. cit. (n. 10), p. 54.
(37) もっとも先鋭的にこの種の議論を展開しているのは田村教授である。田村善之「知的財産法政策学の試み」知的財産法政策学研究20号1-4頁（2008年）。中山教授は，著作権の正当化理由について自然権理論を正面から否定していないものの，しばしば著作物（情報）の公共財性を強調し，「著作権とは，政策的目的のために法が特に認めた人工的な権利と言える」と述べている。中山信弘『著作権法』（有斐閣・2008年）204頁。ここからは，著作権の自然権性を否定するニュアンスが色濃く感じられる（「政策的目的のために法が特に認めた人工的な自然権」という概念は，成立しにくいように思われる）。なお，法哲学の領域においても，「著作権を正当化する最も有力な議論は，〈効用と効率〉に訴えかける帰結主義のものである」と指摘されている。森村進『財産権の理論』（弘文堂，1995年）171頁。
(38) 著作権の正当化のための理論としては，おおまかに，自然権，労働への報償 (reward for labour)，創作への刺激 (stimulus to creativity)，社会的要請の4理論を挙げることができる。*COPINGER and SKONE JAMES on Copyright*, 15th ed., K. GARNETT, G. DAVIES & G. HARBOTTLE (editors) vol. 1, Sweet & Maxwell, 2005, 2-05, p.27. 今日の著作権先進国においては，いずれかが突出した理論となって他を圧倒し，屈服させているわけではなく，4理論が並行して活用されているのが現状ではないかと思われる。一般的にいえば，英米諸国が創作への刺激や社会的要請を正当化原理として他よりも重視する傾向があるのに対し，独仏諸国が自然権理論を重視する傾向があるといえよう。もっとも，英国においても，著作者の自然権を守ることの必要性というものは，きちんと認識されてきた。*COPINGER and SKONE JAMES*, ibid. また，P. GOLDSTEIN, *International Copyright: Principles, Law, and Practice*, New York, Oxford Univ. Press, 2001, p.10 には，自然権の哲学が英米諸国の著作権法にも浸透していること，反対に，自然権を重視するといわれる大陸諸国においても，功利主義的な思想のルーツというものが確かにその伝統の中に存在していることが指摘されている。
(39) Pollaud-Dulian も次のように述べるにとどまっている。「著作権は自然権であり，人権であるという多くの国において支持されている考え方に従えば，外国人著作者の地位に関しては論理的に普遍主義が採用されるべき，ということになるはずである。換言すれば，保護が要求される国において広範に保護が与えられるべきであり，特別な方式の履行，相互主義その他の差別的なルールが適用されるべきではない。しかし，以上のことは本当のところ実現していない。自然権的構成を支持するフランスの学説的伝統がいかに強力なものであろうと，実現していないのである」。POLLAUD-DULIAN, op. cit. (n. 19), n° 1349, p. 796.

⑷0 わが国が未承認であったドイツ民主共和国（東ドイツ）の法人につき，工業所有権の保護に関するパリ条約の規定を参照しつつ，商標権の保護を認めた判決がある（東京高判昭48・6・5無体例集5巻1号197頁，最2小判昭52・2・14判時841号26頁）。しかしこの事件では，旧特許法32条（現行法25条1号）にいう「其ノ者ノ属スル国」に未承認国が含まれるか否かが争点となっており，あくまで国内法規定の解釈が争われていた。

⑷1 いわゆる創設的効果説（constitutive theory）。他方，新国家は国家としての資格要件を確立して事実上成立した時点から，他国による承認の有無に関係なく，国際法の主体たりうるのであり，国家承認はこれを確認するものにすぎないとする宣言的効果説（declaratory theory）の立場もある。今日では，いずれの立場を貫徹しても「承認」という法現象を適切に説明しきれないとされているが，国家実行のウェイトは宣言的効果説の方向に移行しつつあるといわれる。

⑷2 未承認国であっても，その政治的存在を維持する権利を有すること，そのために政治体制を組織して立法・行政・司法に関する諸決定を行いうることは一般に認められている。このことは，米州機構憲章（1997年）13条にもっとも明確な形で謳われている。

⑷3 N. Q. DINH / P. DAILLIER / A. PELLET, *Droit international public,* 7e éd., Paris, LGDJ, 2002, pp. 559-560. 山本草二『国際法［新版］』（有斐閣，1994年）204頁。

⑷4 Oppenheim の国際法概説書には，ある政府を承認しない国は，当該政府の所属国が多数国間条約の当事国となる能力をそもそも認めないであろうとの記述がある。*OPPENHEIM's Internatiolnal Law,* vol. 1, 9th ed. (edited by R. JENNINGS / A. WATTS), Harlow, Essex, Longman, 1996, p. 198. これに対し Shaw 教授は，多数国間条約も未承認国との間で一般に適用されるがごとき見解を述べておられる（もっとも，例として示されているのは，核実験禁止条約［1963年］である）。M. N. SHAW, *International Law,* 5th ed., Cambridge, Cambridge Univ. Press, 2003, p. 393.

⑷5 宮崎繁樹『国際法綱要』（成文堂，1984年）241-242頁。宮崎教授は，そもそも「承認」を国際的法律行為とは認めない立場のようである（同書243頁）。杉原教授も，「すでに創説的効果説そのものが理論的にも実証的にも妥当しがたい」とし，「だとすれば，この説を論理的前提とした法律行為説も妥当を欠くことになる」と述べておられる。杉原高嶺『国際法学講義』（有斐閣，2008年）213頁。

⑷6 本判決は，当該原則に対する例外として，ジェノサイド条約における集団殺害の防止（1条）や拷問等禁止条約における拷問の禁止（2条）のように，条約当事国間の単なる便益の相互互換の範疇を超えて，普遍的な国際公益の実現を目的とした多数国間条約の条項については，未承認国との間でもその適用が認められるとしている。この部分の判示に対し，江藤教授は「条約を超えた規範として捉えているように見える」と指摘し，「そうだとすれば，それは，条約上の条項としてではなく，一般国際法上の基本的な権利義務として未承認国に適用されるというだけのことではないか」「条約によってあらゆる国際法上の主体に義務が生じえるかのように論ずる点についても，その意味と根拠が問われよう」と正当に批判している。江藤淳一・［判批］法学セミナー増刊『速報判

例解説 vol. 2』(日本評論社, 2008年) 254頁。
(47) 東ドイツに対する英国の否認例については, E. LAUTERPACHT, «The Contemporary Practice of the U. K. in the Field of International Law», International and Comparative Law Quaterly, vol. 7, p. 93 (1958) を参照。その他の国については, B. R. BOT, *Nonrecognition and Treaty Relations*, New York, Oceana Publications, 1968, pp. 203-204.
(48) この点に関し江藤教授は, E. SCHWELB, «The Nuclear Test Ban Treaty and International Law, American Journal of International Law», vol. 58, p. 655 (1964) を引用しつつ, 条約改正会議への参加や投票に関する条項についても未承認国との条約関係を留保する実行があったことを指摘している。江藤・前掲注(46) 254頁。
(49) ベルヌ条約3条1項, 万国著作権条約2条1項・2項, WCT3条, TRIPs協定1条3項 (9条1項も参照)。
(50) ベルヌ条約2条7項, 6条1項, 7条8項, 18条1項参照。
(51) Agreed Statements Concerning the WIPO Copyright Treaty adopted by the Diplomatic Conference on December 20, 1996, CRNR/DC/96, available at http://www.wipo.int/documents/en/diplconf/distrib/pdf/96dc.pdf (last access 30. 5. 2008).
(52) Basic Proposal for the Substantive Provisions of the Treaty on Certain Questions Concerning the Protection of Literary and Artistic Works CRNR/DC/96, available at http://www.wipo.int/documents/en/diplconf/pdf/4dc _e.pdf (last access 30. 5. 2008). 本草案の邦訳として,『1996年外交会議のための著作権及び著作隣接権等に関する3条約草案及び「管理規定等」案 (WIPO議長案)』(著作権情報センター, 1996年) 27頁以下 (原田文夫訳) がある。
(53) Amendment to the Partly Consolidated Text of Draft Treaty N° 1 proposed by the European Community and its Member States, CRNR/DC/79 available at http://www.wipo.int/documents/en/diplconf/distrib/pdf/79dc.pdf (last access 30. 5. 2008).
(54) J. C. GINSBURG, «Private International Law Aspects of the Protection of Works and Objects of Related Rights Transmitted through Digital Networks», GCPIC/2 (pp. 8-9) available at http://www.wipo.int/edocs/mdocs/mdocs/en/gcpic/gcpic_2.pdf (last access 30. 5. 2008).
(55) GINSBURG, ibid.
(56) 田村善之『著作権法概説〔第2版〕』(有斐閣, 2001年) 575頁注(4)。
(57) 旧著作権法 (明治32年3月4日法律第39号) 28条。
(58) L. 111-4条2項 (CPI), ドイツ1965年著作権法121条6項, スペイン知的所有権法典155条5項。
(59) 斉藤博教授が主導された学説であり, 学界におけるその評価は必ずしも明らかではな

いが，一般に広く受け入れられた見解であるように（筆者には）思える。斉藤博「新著作権法と人格権の保護」著作権研究4号76頁（1971年），同『人格価値の保護と民法』（一粒社，1986年）77頁，同「著作者人格権の理論的課題」民商116巻6号818頁（1997年），同『著作権法〔第3版〕』（有斐閣，2007年）145頁。

(60) 田村善之「職務著作の要件構造」ジュリスト1132号39頁（1998年），上野達弘「大陸法から見たわが国『職務著作』」著作権法研究30号81頁（2004年），中山信弘『著作権法』（有斐閣，2007年）173頁。なお，小泉直樹「著作者人格権」民商116巻4＝5号591頁注(3)も参照。

(上智大学法学部准教授)

論　説　　国境と知的財産権保護をめぐる諸問題

税関における知的財産侵害物品の水際取締り

南　埜　耕　司

Ⅰ　はじめに
Ⅱ　税関について
　1　税関の機能
　2　税関を取り巻く状況
Ⅲ　知的財産侵害物品の水際取締りに対する取組み
　1　TRIPS協定の実施
　2　知的財産立国の実現に向けた取組み
　3　平成20年度関税改正
Ⅳ　税関における知的財産侵害物品の水際取締り
　1　差止申立手続
　2　認定手続
　3　取締体制
Ⅴ　国際的な取組み
　1　日中韓3か国関税局長・長官会議知的財産作業部会
　2　その他の国際的な取組み
Ⅵ　平成19年の知的財産侵害物品の輸入差止状況
　1　平成19年の輸入差止めの概要
　2　仕出国（地域）別輸入差止実績
　3　知的財産別輸入差止実績
　4　品目別輸入差止実績
　5　輸送形態別輸入差止実績
　6　輸入差止価額
　7　輸入差止申立て状況
Ⅶ　おわりに

Ⅰ　はじめに

　平成14年2月，小泉総理は知的財産戦略を国家戦略とする施政方針演説を行

った。これを受け，同月設置された知的財産戦略会議は，同年7月，知的財産立国の実現に向けた政府の基本方針である知的財産戦略大綱を決定した。この知的財産戦略大綱に基づき，平成15年3月，知的財産基本法が施行されるとともに，内閣総理大臣を本部長とする知的財産戦略本部が設置された。知的財産戦略本部は，同年7月，知的財産の創造，保護及び活用に関し集中的かつ計画的に改革を進める事項等をとりまとめた「知的財産推進計画」を決定し，その後においても，平成16年5月に「知的財産推進計画2004」を，平成17年6月に「知的財産推進計画2005」を，平成18年6月に「知的財産推進計画2006」を，平成19年5月に「知的財産推進計画2007」を，それぞれ決定している。

知的財産侵害物品の水際取締りを行う税関を所管する財務省においても，知的財産戦略本部が毎年策定する知的財産推進計画等を踏まえ，平成15年以降毎年法律改正を行うなど，その強化に積極的に取り組んでいるところである。

本稿では，税関における知的財産侵害物品の水際取締りに関し，これまでの取組み，水際取締りの現状等について報告する。

Ⅱ　税関について

1　税関の機能

日本の税関は，安政6（1859）年に長崎，神奈川，箱館に設置された運上所に始まり，約150年の歴史を有している。現在は，財務省の地方支分部局として，函館，東京，横浜，名古屋，大阪，神戸，門司，長崎の8税関と沖縄地区税関が設置されている。また，外国貿易に使用される港や空港を中心に約200官署を設置し，約8,500人の職員を配置している。

税関は，輸入品に課せられる関税・消費税等を適正に徴収する機能（税の機能）と，覚せい剤等の不正薬物，拳銃，知的財産侵害物品，最近ではテロ行為に使用されるような爆発物等を水際において取り締まる機能（関の機能）の2つを有するとともに，円滑な物流の確保も求められている。

2 税関を取り巻く状況

　最近における税関の業務量は大きく増加しており，その傾向は今後も続くものと思われる。例えば，平成 8 年と平成18年の主要な業務量を比較すると，輸入申告件数は約 2 倍の1,800万件に迫り，輸出申告件数は約1.7倍の1,500万件に大きく増加しており，また，入国者数も約1.2倍の2,600万人に増加している。また，輸入される国際郵便物(1)についても，平成18年には 1 億個以上の郵便物が提示され，そのうち不正薬物や知的財産侵害物品が隠匿されているおそれがある小包や国際スピード郵便物の形で輸入されるものが約900万個もある。

　このような業務量の増加に対し，税関職員は，同期間で 3 ％程度の増加に止まっている。税関は，円滑な物流を確保するため，コンプライアンスの優れた輸出入者に対して簡易な手続を導入するなど制度面の改正を行うとともに，運用面でも，税関業務の電算化を推進し，いわゆるハイリスク貨物とローリスク貨物を選別し，ハイリスク貨物に対しては徹底的な審査・検査を行い，ローリスク貨物に対しては簡易な手続で通関するなど，限られた要員の中で，全体として適正かつ迅速な業務処理を行っているところである。

Ⅲ　知的財産侵害物品の水際取締りに対する取組み

　税関における知的財産侵害物品の水際取締りの歴史は，明治30（1897）年に制定された関税定率法（現行関税定率法の前身）に，特許権，意匠権，商標権又は著作権を侵害する物品が輸入禁制品として規定され，同32（1899）年に同法が施行されたときに始まる(2)。それ以降，税関は，知的財産侵害物品を輸入禁制品として取り締まってきており，知的財産の保護において重要な役割を担ってきたところであるが，最近における法改正について説明する(3)。

1　TRIPS 協定の実施

　昭和61（1986）年に開始されたウルグアイ・ラウンドにおいて，知的財産に

関するルールについても交渉の対象とされた。その結果は，平成6年に「知的所有権の貿易関連の側面に関する協定（Agreement on Trade-Related Aspects of Intellectual Property Rights: TRIPS協定）」が締結された。同協定の義務を履行するため，関税定率法を改正し，商標権，著作権及び著作隣接権に係る差止申立て制度を導入するとともに，認定手続の法制化等を行い，平成7年1月から実施している。また，的確な運用を行うため，同年7月，大蔵省（現財務省）関税局に知的財産専門官を，東京税関に総括知的財産調査官を，それぞれの税関に知的財産調査官を新設し，知的財産に係る事務を専門に担当する体制を整備した。

2 知的財産立国の実現に向けた取組み

(1) 平成14年2月，小泉総理が国会の施政方針演説において，知的財産戦略を国家戦略とする旨を述べ，同月設置された知的財産戦略会議は，知的財産立国の実現に向けた政府の基本的構想である知的財産戦略大綱を決定した（7月）[4]。この知的財産戦略大綱における国境措置の改善策として，育成者権侵害物品の輸入禁制品への追加，特許権等侵害物品に対する措置の強化など，法制面・運用面での具体的改善策を策定し，平成16年度末までに所要の措置を講ずることとされた。これを踏まえ，財務省は，平成14年11月に運用面で改善できる分野については通達改正（輸入差止申立てに係る提出書類の削減等）を行い，実施した。

知的財産戦略大綱に基づき，平成15年度改正において，特許権，実用新案権及び意匠権について輸入差止申立ての対象に追加した。また，育成者権侵害物品を輸入禁制品に追加するとともに，輸入差止申立ての対象とした。

(2) 平成16年度改正においては，認定手続開始時に，権利者・輸入者双方にそれぞれの相手方の氏名（名称）及び住所を通知する制度を導入するとともに，税関に提出された書類等から判明した輸出者・生産者の氏名（名称）及び住所

を権利者に通知する制度を導入した。これにより，認定手続の迅速性・正確性の一層の確保に資するとともに，認定手続の透明性が確保され，認定手続の充実が図られることとなった。

(3) 平成17度改正においては，輸入差止申立てを受理された権利者には，証拠や意見の提出に必要な場合には見本の分解検査を行うことができる制度を導入した。それまでも，証拠や意見を提出するために点検を行うことはできたが，外観だけでは侵害の判断ができない場合があったため，権利者は，税関長に申請し承認を受けることにより，侵害疑義物品の見本の分解，分析，性能試験等の検査を行えることとした。[5]

また，不正競争防止法違反物品を輸入禁制品に追加した。

(4) 平成18年度改正においては，税関が行ってきた輸入禁制品としての水際取締りに加え，知的財産侵害物品の輸出についても取り締まることとした。このため，関税法第69条の2に「輸出してはならない貨物」を新たに規定し，関税定率法に規定していた輸入禁制品を関税法第69条の11に「輸入してはならない貨物」として規定することとした。[6][7]これは，小泉総理が行った，平成17年のグレンイーグルズ・サミットにおける模倣品・海賊版拡散防止のための国際的な枠組みを検討すべきであるとの提唱を踏まえ，さらには，各知的財産法において輸出行為を侵害行為に追加するのであれば，それを税関が水際で取り締まることは知的財産の保護につながり，さらには経済秩序の維持という公益の保護になるとの観点から導入したものである。

さらに，輸入差止申立てや認定手続の際，必要に応じ，知的財産に関する学識経験者（専門委員）に意見を求めることができる制度を導入した。税関では，従来から税関だけで判断することが困難な事案については，その都度，弁護士等の専門家に相談して判断していたが，この実態を法律上明確にしたものである。専門委員には，税関が意見を求める必要がある事案ごとに，日本弁護士連合会，日本弁理士会等からの推薦を受けた弁護士16名，弁理士16名，学者5名

（平成20年1月現在）の中から，権利者・輸入者双方とも利害関係のない3名を選ぶこととしている。また，当事者は，希望すれば，専門委員の前で意見を述べることができる。

(5) 平成19度改正においては，著作権及び著作隣接権侵害物品を輸出してはならない貨物に追加し，7月から水際取締りを実施している。

3 平成20年度関税改正

平成20年度関税改正について，その背景等について説明する。

(1) 背景等　知的財産戦略本部が平成19年5月に策定した「知的財産推進計画2007」において，知的財産侵害物品の水際取締りの強化に関し，①個人輸入等の取締りの強化，②法律的・技術的専門性を伴った侵害判断を行う制度の整備，③模倣品・海賊版の税関での取締りの強化について検討し，必要に応じて法改正等制度の整備を行うこととされた。特に，模倣品・海賊版の税関での取締りの強化については，①模倣品・海賊版の輸出・通過を取り締まる制度の整備，②差止申立てに係る手続の簡素化を図ることが盛り込まれた。[8]

(2) 知的財産推進計画2007に対する対応の検討　税関における知的財産侵害物品の水際取締りは，従来から実施している輸入に加え，「知的財産推進計画2005」に基づき関税法を改正し，輸出（積戻し）についても対象に追加し，その強化を図ってきたところである。しかしながら，知的財産侵害物品の問題は，第三国での積替えにより輸出が行われる手口が発生するなど，特定の国に止まらず世界各国に拡散しており，また犯罪組織やテログループの資金源となったり消費者の健康や安全を脅かす問題であることから，世界的な取組みの重要性が指摘されている。一方，現行の関税法上，知的財産侵害物品の取締りの対象としては，輸出，輸入及び積戻しとされているところ，こうした国際的な状況等を踏まえ，我が国を経由して第三国へ輸送される知的財産侵害物品を水際で取り締まることが重要となっている。このような観点から，「知的財産推

進計画2007」において、模倣品・海賊版対策の税関における取締りの強化として、模倣品・海賊版の輸出・通過を取り締まる制度の一層の整備が謳われている。

また、「模倣品・海賊版拡散防止条約（ACTA）」（仮称）構想においても、輸出及び輸入に加え、通過についても取締りの対象とすることについて議論が進んでいる。

「知的財産推進計画2007」に盛り込まれた知的財産侵害物品の水際取締りの強化に関連する事項のうち「模倣品・海賊版の輸出・通過を取り締まる制度の整備」について検討するため、平成19年11月27日、「知的財産権侵害物品の水際取締りに関するワーキンググループ(9)」を開催した。同ワーキンググループにおいては、関税法に基づく知的財産侵害物品の取締りは、取締対象となる物品について知的財産法上の侵害行為があることを前提としていることから、我が国を経由して第三国へ輸送される知的財産侵害物品についても、同様の考え方を踏まえつつ、「保護する知的財産の範囲」、「取締権限を及ぼすべき範囲」及び「ACTAとの関係」について審議を行った。その結果、主要論点である「保護する知的財産の範囲」に対しては、「知的財産法において、輸入に加え輸出が侵害行為となっている場合には取締りを行うとの整理で問題ない」との考え方が、「取締権限を及ぼすべき範囲」に対しては、「本邦に仮に陸揚げされた場合は、税関の取締りの対象とするとの整理で問題ない」との考え方が示された。(10)

ワーキンググループの審議内容については、平成19年12月4日に開催された関税・外国為替等審議会 関税分科会に報告され、審議が行われた。同年12月13日、関税・外国為替等審議会から財務大臣に対し、「知的財産侵害物品の水際取締りに関しては、輸入の取締対象とする権利を順次追加するとともに、輸出・積戻しを取締対象としてきたところである。近年、各国の当局間の国際的な連携による執行の強化が求められており、とりわけ、模倣品・海賊版の第三

国への輸送（通過）については，同年冬より関係国間で協議が開始されているACTA構想において，取締対象とすることが議論されている。こうした動きも踏まえ，知的財産侵害物品についても，不正薬物等と同様，第三国への輸送（通過）を取締対象に加えることにより，制度整備を積極的に推進していくとともに，権利者等の負担軽減を図る観点から差止申立手続の簡素化を行うことが必要である」と答申がなされた。

　財務省においては，関税・外国為替等審議会の答申を踏まえて検討を行い，知的財産侵害物品を，関税法第30条第2項の保税地域に置くことができない貨物及び同法第65条の2の保税運送することができない貨物とした上で，同法第109条の2（トランジット罪）の罰則の対象とする改正等を含む「関税定率法等の一部を改正する法律案」を，平成20年1月25日，第169回国会（常会）に提出した。同法律案は，同年3月31日に成立し，一部を除き4月1日から施行されている。

(3) 平成20年度関税改正の概要　① 第三国への輸送（通過）の取締対象への追加　平成17年6月に知的財産戦略本部が策定した「知的財産推進計画2005」において，「模倣品・海賊版が侵害品発生国・地域から第三国で積み替えて輸出を行うなどの新たな手口が発生している現状を踏まえ，税関が輸出・通過貨物についても水際で機動的に取り締まりを実施できるよう，2005年度から，模倣品・海賊版拡散防止条約（仮称）の議論と並行して制度面から広く検討し，必要に応じ法改正等制度改善を行い，税関での取締りを強化する」ことが盛り込まれた。これを受け，平成18年度関税改正においては，各知的財産法において輸出を侵害行為とするのであれば，その侵害物品の輸出を水際において取り締まることは，我が国の知的財産保護の強化につながり，ひいては経済秩序の維持等公益の保護に資するものと考えられることから，税関が知的財産侵害物品の輸出取締りを行えるよう関税法の改正を行ったところである。[11] 育成者権を侵害する物品に対する輸出取締りは平成18年6月から，特許権，実用新案権，

意匠権又は商標権を侵害する物品及び不正競争防止法違反物品(周知表示混同惹起品、著名表示冒用品及び形態模倣品)については、特許法等において輸出が侵害行為とすることの改正を受け、平成19年1月から実施している。また、著作権又は著作隣接権を侵害する物品についても、著作権法の改正を受け、平成19年度関税改正において関税法第69条の2の「輸出してはならない貨物」に追加し、平成19年7月から取締りを実施している。

今回の改正により、各知的財産法において輸入に加え輸出が侵害行為となっている特許権、実用新案権、意匠権、商標権、著作権、著作隣接権又は育成者権を侵害する物品若しくは不正競争防止法違反物品が我が国を経由して第三国へ輸送される場合にも、税関による水際取締りが実施できることとなった。なお、この改正については、2か月間の周知期間をおくこととし、本年6月1日から実施することとなっている。

② 差止申立手続の簡素化　権利者等は、自己の権利等を侵害すると認める貨物が輸出又は輸入されようとする場合には認定手続を執るべきことを、税関長に対し申し立てることができることとなっている。差止申立てにあたっては、権利者等は、「輸出(積戻し)差止申立書」又は「輸入差止申立書」等を税関長に提出することとなっている。差止申立手続については、これまでも関税定率法基本通達を改正し、「輸入差止申立書」の提出部数については最大300部であったものを9部まで削減するとともに、記載事項の簡素化を行ってきた。(「輸入差止情報提供」についても同様の簡素化を行っている。)

今回の改正においては、「いずれかの税関長」に対し認定手続を執るべきことを申し立てればよいこととし、それにより、その税関以外の税関長に対しても認定手続を執るべきことを申し立てたものと扱うこととした。これを受け、関税法基本通達の改正等を行い、差止申立書の様式の変更等を行うとともに、申立人の住所を管轄する税関又は申立人が侵害と認める物品の輸出又は輸入を予想する税関官署を管轄する税関の本関の知的財産調査官に提出する必要があ

った差止申立書等を、税関を限定せず本関の知的財産調査官に提出することができることとし、差止申立書等の提出部数を1部とすることとした。今回の手続の簡素化により、権利者等の利便性が大きく高まったものと考えており、差止申立てが増加することを期待する。

Ⅳ　税関における知的財産侵害物品の水際取締り

　税関が行っている知的財産侵害物品の水際取締りにおける手続は、差止申立手続と認定手続に分かれる（ここでは、一般貨物として輸入される場合を例に説明するが、基本的には輸出も輸入と同様の仕組みである。）（**図表1参照**）。

1　差止申立手続

　輸入差止申立てとは、権利者が、侵害すると認める貨物に関し、税関長に対し、その侵害の事実を疎明するために必要な証拠を提出し、その貨物が輸入されようとする場合に認定手続を執るべきことを申し立てる制度である（関税法第69条の13）。税関は、権利者から輸入差止申立書が提出された場合には、その内容を公表しており、利害関係者は当該輸入差止申立てに対する意見を述べることができる[12]。利害関係者から意見が出された場合、輸入差止申立ての審査において侵害の事実が疎明されているか否かの判断が困難である場合等には、税関のみで判断するのではなく、専門委員に意見を聴いたうえで判断することとし（関税法第69条の14）、仮に専門委員の判断が分かれた場合には、その多数意見を尊重して結論を出している。輸入差止申立書が受理された場合、税関は、輸入申告の際の貨物確認、検査等により侵害疑義物品を発見したときは、当該輸入差止申立てに基づき認定手続を開始することとなっている。

　税関は、輸入申告された貨物について、すべてを開披し、侵害物品であるか真正商品であるかを確認することは不可能であり、効率的かつ効果的な水際取締りを行うためには、輸入差止申立て等による権利者からの情報が重要である

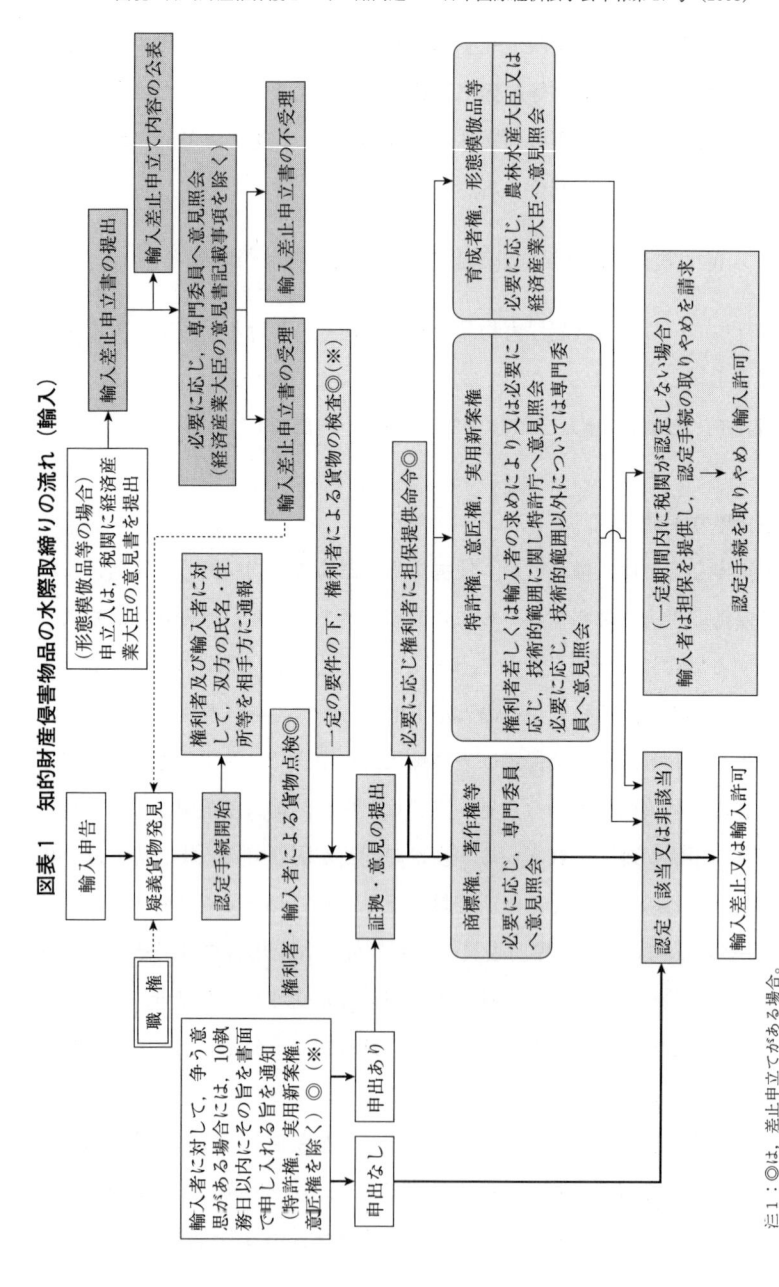

図表 1　知的財産侵害物品の水際取締りの流れ（輸入）

```
輸入申告
   ↓
疑義貨物発見 ←―――― 職権
   ↓
認定手続開始
   ├→ 権利者及び輸入者に対して、双方の氏名・住所等を相手方に通報
   ↓                                         （形態模倣品等の場合）
権利者・輸入者による貨物点検 ◎                申立人は、税関に経済産業大臣の意見書を提出
   ↓                                              ↓
一定の要件の下、権利者による貨物の検査 ◎（※）    輸入差止申立書の提出
   ↓                                              ↓
必要に応じ権利者に担保提供命令 ◎                  必要に応じ、専門委員会へ意見照会
   ↓                                         （経済産業大臣の意見書記載事項を除く）
証拠・意見の提出                                   ↓
   ↓                                         輸入差止申立書の受理 / 輸入差止申立書の不受理
   ├→ 商標権、著作権等　必要に応じ、専門委員会へ意見照会    ↓
   │                                          輸入差止申立てで内容の公表
   ├→ 特許権、意匠権、実用新案権
   │   権利者若しくは輸入者の求めにより又は必要に応じ、
   │   技術的範囲に関し特許庁へ意見照会、必要に応じ、
   │   技術的範囲以外について専門委員会へ意見照会
   │
   └→ 育成者権、形態模倣品等
       必要に応じ、農林水産大臣又は経済産業大臣へ意見照会
   ↓
認定（該当又は非該当）
   ↓                    ←――  （一定期間内に税関が認定しない場合）
                              輸入者は担保を提供し、認定手続の取りやめを請求
                                   ↓
                              認定手続を取りやめ（輸入許可）
   ↓
輸入差止又は輸入許可
```

（左下枠）
輸入者に対して、争う意思がある場合には、10執務日以内にその旨を書面で申し入れる旨を通知
（特許権、実用新案権、意匠権を除く）◎（※）
   ↓
申出なし / 申出あり

注1：◎は、差止申立てができる場合。
注2：輸出取締りの仕組みは※を除き、輸入取締りと同様（輸出取締りの対象は、各知的財産法において輸出が侵害行為とされるもの）。
出典：南至作成。

と考えており，差止申立ての申請を推進している。

2 認定手続

　認定手続とは，輸入申告された貨物のうちに知的財産を侵害する貨物に該当すると思料する場合に，その貨物が侵害貨物に該当するか否かを認定するための手続である（関税法第69条の12）。税関は，輸入申告に伴う貨物確認等により侵害疑義物品を発見した場合，認定手続を開始し，権利者と輸入者に認定手続を開始した旨，相手方の氏名（名称）及び住所等を通知する[13]。当事者は必要があれば貨物の点検をすることができる。また，貨物の外観から侵害か否かを判断できない場合には，権利者は税関に申請し承認を得たうえで，見本の分解検査を行うことができる（関税法第69条の16）。このような点検等を経て，当事者からの証拠や意見が提出され，これを踏まえて，税関は侵害の該否を認定している。なお，特許権，実用新案権及び意匠権以外の権利で輸入差止申立てが受理されている物品に係る認定手続の場合で，輸入者から10執務日以内に争う旨の申出がないときは，当事者からの証拠等の提出を求めることなく，輸入差止申立ての際に提出された資料等に基づき侵害の該否を認定している（関税法施行令第62条の16第1項ただし書[14]）。

　税関が認定手続に係る貨物が侵害物品に該当するか否かを判断することが困難な場合等には，専門委員，特許庁等の知的財産法を所管する官庁に対し意見を求め，法律的・技術的専門性を伴った侵害判断を行うこととしている。例えば，育成者権については農林水産大臣に，形態模倣品等の不正競争防止法違反物品に係るものについては経済産業大臣に対し（関税法第69条の18），商標権，著作権及び著作隣接権に係るものについては専門委員に対し参考となる意見を求めることができることとなっている（関税法第69条の19）。また，特許権，実用新案権及び意匠権については，特許権者等及び輸入者は，技術的範囲等について特許庁長官に意見を聴くことを税関長に対し求めることができ，税関長も，

技術的範囲等に属するかどうかの判断が困難な場合には特許庁長官に対し意見を求めることができる（関税法第69条の17）。なお，特許権等の技術的範囲以外の事項については専門委員に対し意見を求めることができることとなっている（関税法第69条の17）。

なお，特許権等に係る貨物について，税関が一定期間内に認定しない場合には，輸入者は，担保を提供することにより，認定手続の取り止めを求めることができ，当該請求に基づく認定手続の取り止めにより，当該貨物の輸入が許可されることとなる（関税法第69条の20）。

3　取締体制

税関の知的財産侵害物品の水際取締りは，各税関の業務部（沖縄地区税関においては業務・調査部門）に，差止申立ての審査，知的財産侵害疑義物品を発見した場合の認定手続等を行う知的財産調査官をそれぞれ設置するとともに，侵害物品を多く取り扱う官署についても，認定手続を円滑に処理できるよう知的財産調査官を設置している。その他の主要官署には，認定手続等の事務を担当する知的財産担当官として全国118官署127人を指名している。なお，東京税関に設置されている総括知的財産調査官は，全国の税関における統一的な事務処理を行うため必要な調査，情報の収集及び提供を行い，財務省関税局知的財産専門官と協議しつつ，税関の運用の統一性を確保している。

V　国際的な取組み

1　日中韓3か国関税局長・長官会議知的財産作業部会

平成19年4月，東京において開催された第1回日中韓関税局長・長官会議において，知的財産侵害物品対策について，将来の協調の一環として，水際取締り措置の共同研究等を行う3か国の作業グループを立ち上げることの必要性が確認された。これを受けて，日中韓3か国の税関当局の知的財産の保護に関す

る実務責任者が一堂に会し，第1回日中韓3か国関税局長・長官会議知的財産作業部会が東京において開催された（平成19年10月15日から17日）。同作業部会には，我が国より財務省関税局業務課長，中国より海関総署政策法規司知的財産課長，韓国より関税庁通関支援局公正貿易課長その他関係者が出席した。(16)

　我が国と隣国である中国と韓国における知的財産侵害物品の動向をみると，中国・韓国からの知的財産侵害物品の流入が近年において顕著となっている。我が国の税関における知的財産侵害物品の輸入差止状況をみると，平成18年における輸入差止件数は，中国仕出しが9,440件（構成比48.2％），次いで韓国仕出しが8,720件（同44.5％）となっており，前年と比較すると，中国仕出しが50％の増加，韓国仕出しが44％の増加となっている。また，輸入差止点数は，中国仕出しが約45万点（構成比46.2％），次いで韓国仕出しが約38万点（同39.2％）となっている。

　各国の税関当局が直面する共通の政策課題について，地理的な近接性，貿易の緊密性，地域の特有性を共有する我が国及び中国・韓国の税関当局が，3か国間の相互協力が不可欠であるとの認識を共有したうえで議論がなされ，その成果物として，より効果的な取締りのため，情報交換の促進，啓発活動の強化，権利者との協力等を含むアクション・プランがとりまとめられ，今後，3か国の税関当局が協力して，具体的な取組みを実施することとなった。知的財産侵害物品の水際取締りを如何に実効あるものとする観点からは，知的財産侵害に係る情報交換が重要となる。そうした情報交換については，これまでも税関相互支援協定の枠組みにより可能であったが，この度，3か国間でとりまとめ(17)られたアクション・プランにおいて，具体的なルールが設定された。例えば，一定期間に複数回，知財侵害物品を輸出しようとしたと認められる場合や，1件の税関手続きであっても，大量の知的財産侵害物品を輸入しようとしたと認められる場合等に，情報提供を行うこととされている。

　知的財産侵害物品に係る輸入差止件数については，上述のとおり，中国・韓

国の仕出しのものが90％超であり，こうした状況に鑑み，差止対象貨物に係る輸出者名を我が国から中国・韓国へ提供することにより，中国における取締りに資するとともに，被侵害国である我が国にとって利益となると考えられる。他方，中国における知的財産に係る取締りについては，輸出が太宗を占めており，こうした状況に鑑み，中国での輸出取締りに係る情報を我が国へ提供してもらうことにより，我が国における輸入の際の取締りに資することとなると考えられる。

2 その他の国際的な取組み

平成19年6月のWCO（World Customs Organization：世界税関機構）[18]総会において，知的財産侵害物品の水際取締りに関し，①法令及び取締体制の整備，②リスク分析及び情報共有，③キャパシティー・ビルディング及び国際協力について取り組むべき暫定的基準を定めた「知的財産侵害物品の取締りのための暫定的基準（provisional Standard Employed by Customs for Uniform Rights Enforcement: SECURE）」が採択され，現在，正式採択に向けた作業が行われている。

さらに，平成19年10月23日，知的財産権の執行を強化するための新しい国際的な法的枠組みである「模倣品・海賊版拡散防止条約（Anti-Counterfeiting Trade Agreement: ACTA）（仮称）」の実現に向け，知的財産権の保護に関心の高い国々と緊密に連携を図り，本条約において実現していくべき内容について集中的な協議を開始することが公表され，協議が行われている。

このような取組みに対して，我が国も積極的に対応しているところである。

VI 平成19年の知的財産侵害物品の輸入差止状況

1 平成19年の輸入差止めの概要

平成19年の税関における知的財産侵害物品の輸入差止件数[19]は22,661件で，前年と比較して15.7％増加し，過去最高の件数を更新した。過去5年をみると，

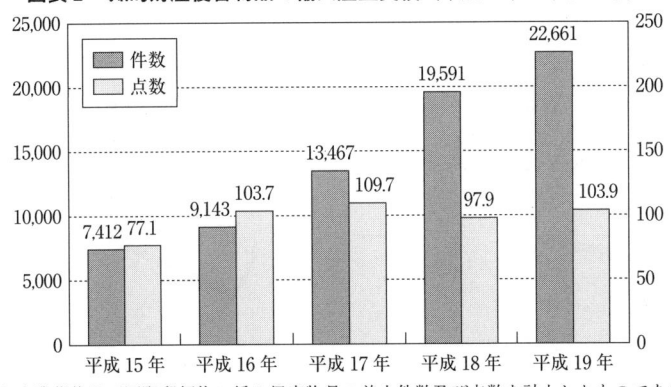

図表2　知的財産侵害物品の輸入差止実績（平成15年～平成19年）

年	件数	点数
平成15年	7,412	77.1
平成16年	9,143	103.7
平成17年	13,467	109.7
平成18年	19,591	97.9
平成19年	22,661	103.9

注：一般商業貨物及び国際郵便物に係る侵害物品の差止件数及び点数を計上したものである。
出典：財務省

平成15年に比べ3倍の増加となっている。輸入差止点数については約104万点で、前年と比較して6.1％の増加となった（**図表2**）。このため、1件当たりの平均輸入差止点数は46点で、前年（50点）と比較して8％の減少であり、知的財産侵害物品の輸入の小口化が進んでいることを示している。小口化が進んでいるのは、インターネットによる注文を通じ、郵便物等により少量の偽ブランド品等を輸入する手口が多く用いられていることが背景にある。

なお、平成19年には、知的財産侵害物品の輸出が初めて差し止められた。輸出差止件数は3件で、点数は481点であった。

2　仕出国（地域）別輸入差止実績

輸入差止件数は、中国仕出しが16,116件（構成比71.1％）であり、次いで韓国仕出しが4,527件（構成比20.0％）、香港仕出しが735件（同3.2％）となった。前年と比較すると、中国仕出しが70.7％増加、香港仕出しが73.3％増加した一方で、韓国仕出しは48.1％減少した。輸入差止点数は、中国仕出しが約69万点で全体の66.8％を占め、次いで韓国仕出しが約17万点（構成比15.9％）、香港仕出しが約11万点（同10.4％）となった（**図表3**）。前年と比較すると、中国仕出

図表3　仕出国（地域）別輸入差止実績構成比

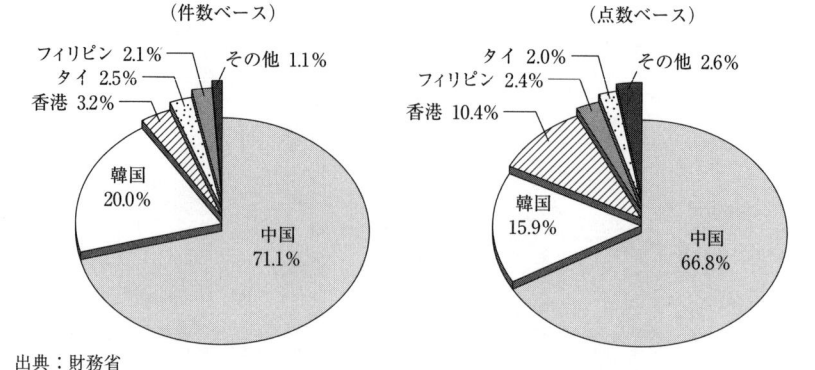

（件数ベース）
- フィリピン 2.1%
- その他 1.1%
- タイ 2.5%
- 香港 3.2%
- 韓国 20.0%
- 中国 71.1%

（点数ベース）
- タイ 2.0%
- その他 2.6%
- フィリピン 2.4%
- 香港 10.4%
- 韓国 15.9%
- 中国 66.8%

出典：財務省

しが53.5%，香港仕出しが57.1%増加した一方で，韓国仕出しが57.0%減少した。

　中国からの輸入の増加は米国及び欧州にも共通する傾向であり，これは中国の輸出規模の拡大に伴い，各国に輸出される知的財産侵害物品も増加したことが一つの要因となっていると考えられる。また，インターネットを通じて注文される偽ブランド品の多くが中国から送付されていることも，我が国における中国仕出しの知的財産侵害物品の取締りの増加につながったものと考えられる。韓国から輸出された知的財産侵害物品の減少には，複数の要因が絡んでいると思われるが，韓国税関が仁川空港等において，輸出の取締りを強化していることも大きな要因であると考えられる。

3　知的財産別輸入差止実績

　輸入差止件数は，バッグ類等に付された著名ブランドなど商標権に係るものが22,447件で（構成比98.8%）であり，大きな割合を占めた。次いでキャラクターグッズやDVDなど著作権に係るものが214件（構成比0.9%）となった（**図表4**）。前年と比較すると，商標権は15.9%増加した。輸入差止点数は，商標

図表4　知的財産別輸入差止実績構成比

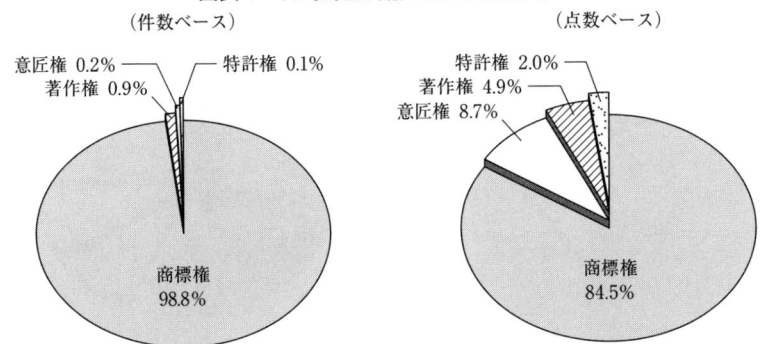

（件数ベース）

意匠権 0.2%
著作権 0.9%
特許権 0.1%
商標権 98.8%

（点数ベース）

特許権 2.0%
著作権 4.9%
意匠権 8.7%
商標権 84.5%

注：1事案で複数の種類の知的財産に係るものは、それぞれの知的財産ごとに計上している。
出典：財務省

権に係るものが約88万点（構成比84.5％）であり，次いで意匠権に係るものが約9万点（構成比8.7％），著作権に係るものが約5万点（同4.9％）となった。前年と比較すると，意匠権が52.7％増加した一方で，特許権が69.1％，著作権が20.3％減少した。

4　品目別輸入差止実績

　輸入差止件数は，ハンドバッグや財布などのバッグ類が16,959件と全体の59.6％を占め，次いでTシャツやジャケット，ズボンなどの衣類が2,656件（構成比9.3％），キーケース類が2,476件（同8.7％）となった（**図表5**）。前年と比較すると，衣類が23.0％，靴類が24.0％増加した一方で，キーケース類が24.2％減少した。差止点数は，バッグ類が約26万点と全体の25.0％を占め，次いでファスナーや衣類用ひも止め具などの衣類付属品が約10万点（構成比9.8％），医薬品が約10万点（同9.3％）となった。前年と比較すると，医薬品が2,192.7％，玩具類が256.5％増加した一方で，衣類が52.9％減少した。

　平成19年に税関が差し止めた知的財産侵害物品を品目別にみると，医薬品の差止点数は約10万点であり，昨年の約4000点から大幅に増加した。医薬品につ

図表5　品目別輸入差止実績構成比

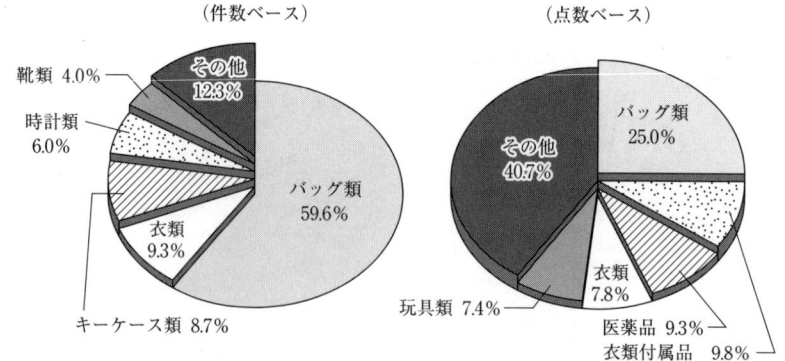

(件数ベース)
- その他 12.3%
- 靴類 4.0%
- 時計類 6.0%
- バッグ類 59.6%
- 衣類 9.3%
- キーケース類 8.7%

(点数ベース)
- バッグ類 25.0%
- その他 40.7%
- 玩具類 7.4%
- 衣類 7.8%
- 医薬品 9.3%
- 衣類付属品 9.8%

出典：財務省

いては，平成18年以降，複数の権利者から医薬品に関する輸入差止申立てを受理し取締りを強化したことが，差止点数の大幅な増加につながった。

5　輸送形態別輸入差止実績

輸入差止件数は，郵便物が21,959件（構成比96.9％），一般貨物が702件（同3.1％）となった。前年と比較すると，郵便物が15.3％，一般貨物が29.8％増加した。輸入差止点数は，一般貨物が約72万点（構成比69.2％），郵便物が約32万点（同30.8％）となった（**図表6**）。前年と比較すると，一般貨物が67.0％増加した一方で，郵便物は41.6％減少した。

郵便物による知的財産侵害物品の輸入については，特定の住所から複数の受取人に向けて発送されていることが多く，輸出元に郵便物を利用して知的財産侵害物品を我が国に送付する業者が存在していることが推定される。

6　輸入差止価額

平成19年に税関において輸入が差し止められた知的財産侵害物品の総価額を正規品の価格を参考に推計したところ，約385億円となった。仕出国別では，

図表6　輸送形態別輸入差止実績構成比

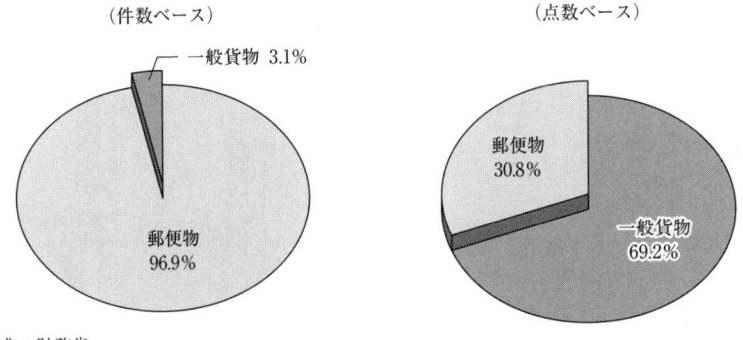

（件数ベース）
- 一般貨物 3.1%
- 郵便物 96.9%

（点数ベース）
- 郵便物 30.8%
- 一般貨物 69.2%

出典：財務省

図表7　輸入差止価額構成比

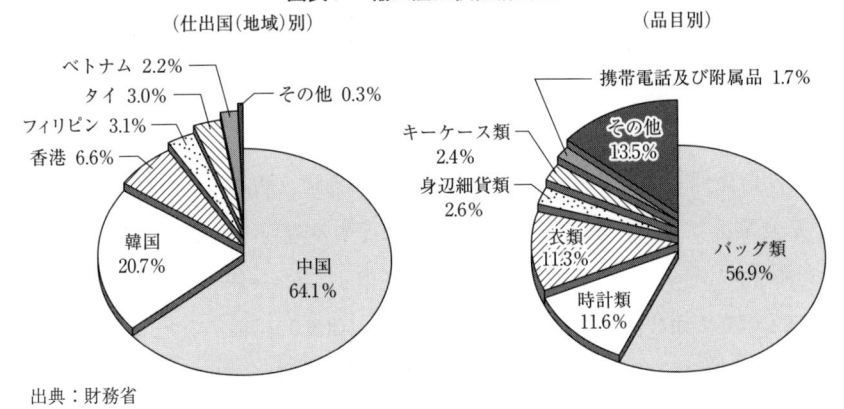

（仕出国(地域)別）
- ベトナム 2.2%
- タイ 3.0%
- フィリピン 3.1%
- 香港 6.6%
- 韓国 20.7%
- 中国 64.1%
- その他 0.3%

（品目別）
- 携帯電話及び附属品 1.7%
- キーケース類 2.4%
- 身辺細貨類 2.6%
- 衣類 11.3%
- 時計類 11.6%
- バッグ類 56.9%
- その他 13.5%

出典：財務省

中国仕出しの知的財産侵害物品が，約247億円（構成比64.1%）を占め，品目別では，バッグ類が約219億円（構成比56.9%）であった（**図表7**）。我が国では，正規品価格の高いバッグや時計の模倣品の輸入が多く差し止められている。

7　輸入差止申立て状況

　平成19年末現在において税関が受理している輸入差止申立て件数は591件で，前年末と比較して，23.4%の増加となった。

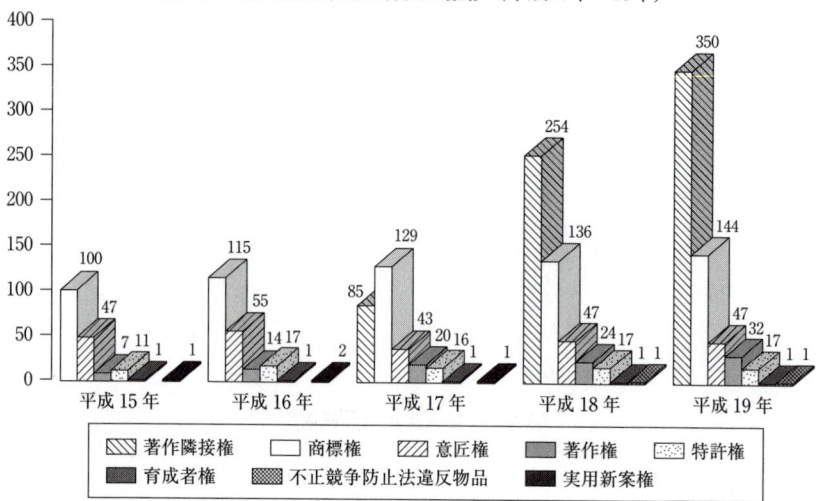

図表8　輸入差止申立て件数の推移（平成15年〜19年）

凡例：著作隣接権／商標権／意匠権／著作権／特許権／育成者権／不正競争防止法違反物品／実用新案権

年	著作隣接権	商標権	意匠権	著作権	特許権	育成者権	不正競争防止法違反物品	実用新案権
平成15年		100	47	7	11	1		1
平成16年		115	55	14	17	1	2	
平成17年	85	129	43	20	16	1		1
平成18年	254	136	47	24	17	1	1	
平成19年	350	144	47	32	17	1	1	

注：各年年末時点での件数である。
出典：財務省

　知的財産別では，平成17年1月から導入された還流防止措置の対象となっている商業用レコード（CD等を含む）を対象とする著作隣接権に係る申立てが350件（構成比59.1％），次いで商標権に係る申立てが144件（同24.3％），意匠権に係る申立てが47件（同7.9％）となっている（**図表8**）。前年末と比較すると，著作隣接権に係る申立てが37.8％，著作権に係る申立てが33.3％増加した。

Ⅶ　おわりに

　税関における知的財産侵害物品の水際取締りは，明治32（1899）年，輸入禁制品としての特許権，意匠権，商標権及び著作権を侵害する物品に対して始まったが，その後，実用新案権，著作隣接権，育成者権を侵害する物品，さらには不正競争防止法違反物品等が対象に加えられ，また，輸出に対する取締りも開始しており，知的財産保護の分野における税関が果たす役割はますます大きくなっている。また，国際的に高まってきている知的財産保護に関する重要性

に対応し，東アジア地域のみならず，地球的規模の取組みも重要となってきている。

今後とも，このような状況を踏まえた種々の改善等を行い，知的財産侵害物品の水際取締りの強化を図っていく必要があると考えている。

(1) 輸入される国際郵便物は，一般の貨物と異なり，税関に対する申告という形態をとっておらず，郵便事業株式会社から税関に提示され，税関が課税することとなっている。
(2) 明治32年には，特許法，意匠法，商標法及び著作権法が施行されている。
(3) 法改正以外にも，著名ブランド商標に係る並行輸入への対応，偽ブランド商品に対する取締り強化への要請に応え，効率的・効果的な水際取締りを図るために体制の整備等を行うため，所要の政令改正，通達改正も行っている。
(4) 知的財産戦略本部は，平成15年3月，知的財産戦略大綱に基づき知的財産基本法に基づき設置され，同年7月，知的財産の創造，保護及び活用に関し集中的かつ計画的に改革を進める事項等をとりまとめた知的財産推進計画を決定するとともに，それ以降，毎年，知的財産推進計画を決定している。
(5) 見本の分解検査の承認要件は，①認定手続において証拠や意見を提出するために必要であること，②不当な目的に使用されるおそれがないこと，③権利者が見本の取扱いを適正に行う能力及び資力を有していることである。
(6) 輸出してはならない貨物については関税法第69条の2第1項第3号及び第4号，輸入してはならない貨物については同法第69条の11第1項第9号及び第10号。
(7) 育成者権侵害物品については平成17年6月から，特許権，実用新案権，意匠権及び商標権侵害物品と不正競争防止法違反物品については平成19年1月から実施している。
(8) 知的財産推進計画2007の第2章のⅡの2の(4)において，「模倣品・海賊版を侵害発生国・地域から第三国で積み替えて輸出を行うなどの新たな手口が発生している現状やG8サミットなどにおいて世界的な取組の重要性が指摘されていること等にかんがみ，模倣品・海賊版の拡散防止をより強力に推進するため，一時的に知的財産侵害物品を保税地域に搬入した場合についても，税関が取締りを実施できるよう，2007年度中に検討し，必要に応じ法改正等制度を整備する。」及び「2007年度は，権利者の利便性向上という観点から，いずれかの税関が差止申立書を受理した場合にはすべての税関が受理したこととして取り扱うことができるよう，差止申立書の提出部数等について見直しを行い，必要に応じ法改正等制度を整備する。」と盛り込まれている。
(9) 「知的財産権侵害物品の水際取締りに関するワーキンググループ」は，平成16年5月に策定された「知的財産推進計画2004」に盛り込まれた水際取締り関連事項の対応について検討するため，同年9月，関税・外国為替等審議会 関税分科会の企画部会の下に設置された，有識者からなるワーキンググループである。

⑽　「取締権限を及ぼすべき範囲」に関しては、「①外国貿易船が我が国領海を単に通過する場合、②外国貿易船が我が国領海において積替えを行う場合及び③外国貿易船が接岸中であるが、陸揚げを予定していない場合」にも取締権限を及ぼすことも考えられるが、「各権利法における輸出の射程について、未だ確たる解釈が示されていない現状においては、①～③の態様において侵害行為が明らかであり、その事実認定が十分に可能である場合に限り、関税法上、トランジット罪の対象とし、取締権限を及ぼすことが可能と考えることが妥当である。今後、ACTA 等の国際的動向や、知的財産法における輸出等の解釈の深まり等により、より具体的な基準が固まることを受けて、取締権限の及ぶ範囲を確定していくことが適当ではないか」との考え方が示された。

⑾　知的財産侵害物品の輸出取締りを導入した際、外国から我が国に到着した貨物で一定期間保税地域に蔵置した後、輸入されず外国に積み戻される貨物（関税法上の積戻し貨物）についても、外国から到着した侵害物品が日本製に偽装されて我が国を仕出国として外国に送り出されることも考えられることから、税関の水際取締りの対象とした。

⑿　輸入差止申立書の内容については、当該申立書を審査し、受理した後、公表していた。しかしながら、輸入者にとっては、意見を述べる機会が与えられることなく、輸入しようとした貨物が税関に差し止められる、また、権利者にとっても、輸入しようとする貨物が到着する前に輸入者との間で協議ができれば、和解等による解決が可能であるとの指摘があった。このような指摘を受け、通達を改正して、平成18年7月から実施している。

⒀　認定手続の開始は、輸入差止申立てに基づく場合と職権による場合がある。

⒁　認定手続の実態をみると、輸入者からの証拠等の提出はほとんど行われていないが、権利者は、遠隔地にある税関官署で発見された疑義物品であっても点検等を行い、証拠等を提出している。権利者に対しては、自分の権利を守るためにある程度の負担を求めることは当然であるものの、輸入者が争わない場合にも同様の負担を強いる必要はないとの観点から、関税法施行令を改正し、平成19年6月から実施している。

⒂　一定期間とは、原則として20執務日。なお、特許庁に意見を聴く場合には、特許庁からの回答期間30日と回答を踏まえた認定期間10日が加算される。

⒃　中国海関総署は、中国国務院直属の組織（職員数約48,000人）であり、また、韓国関税庁は、韓国財政経済部の外庁（職員数約4,200人）であり、それぞれの国におけるいわゆる税関業務を執行する当局である。

⒄　税関相互支援協定とは、税関当局間において社会悪物品の密輸の防止、知的財産侵害物品の水際取締り等を目的とした情報交換を行うことや、通関手続きの簡素化・調和化等について協力することを定めた枠組みである。

⒅　WCO とは、「関税協力理事会を設立する条約（1952年発効）に基づき、税関制度の調和・統一及び税関行政の国際協力の推進により国際貿易の発展に貢献する目的で設置された国際機関で、本部はブリュッセル（ベルギー）にあり、現在171か国・地域が加盟している。1994年6月の総会以降、通称として WCO を使用している。

⒆　差止件数は，知的財産侵害物品の差し止めのために執った手続の件数であり，差止点数は，税関で実際に差し止められた知的財産侵害物品の数である。

(財務省長崎税関業務部長，元財務省関税局業務課知的財産専門官)

論　説　　国境と知的財産権保護をめぐる諸問題

音楽CD還流防止措置導入と競争政策との調整

稗　貫　俊　文

　　I　はじめに
　　II　発　　端
　　III　文化審議会著作権分科会・法制問題小委員会
　　　1　法制問題小委員会の構成
　　　2　法制問題小委員会に提出された資料
　　　3　法制問題小委員会の議論の概要
　　　4　著作権分科会報告書（中間報告）と意見徴収
　　　5　著作権分科会報告書（最終報告）
　　IV　文部科学省＝文化庁による立法の選択
　　　1　文部科学省＝文化庁の還流防止措置に関する「みなし侵害」の条文案
　　　2　条文案のポイント
　　V　第159通常国会・文部科学委員会の議論
　　　1　衆議院・文部科学委員会の審議内容
　　　2　国会での可決と施行令
　　VI　施行の後
　　VII　結びにかえて

I　はじめに

　Jポップと称される日本の音楽が台湾，韓国，香港，中国など東アジアの若者にも受け入れられたことから，日本のレコード会社は，海賊版が横行することをおそれ，また，日本の音楽文化が東アジアの人々に一層広く享受される機会となるように，現地のプレスをライセンスし，日本市場より廉価な価格設定を認めた。ところが，廉価な価格設定のために，現地ライセンスの音楽CD

が日本市場に環流し，日本の音楽 CD 市場の脅威になりはじめた。これが本稿で検討する立法課題の背景となる。

日本レコード協会は，廉価な音楽 CD が日本市場に環流しないように内閣府の「知的財産戦略本部」に働きかけて，邦盤 CD の輸入権を導入する著作権法改正の課題設定を求めた。相応の過程と議論の結果，平成16年の第159回通常国会で，この議論は「見なし侵害」という著作権法の一部改正に結実した。

本報告は，この改正の過程で，誰によって，どのような利益をどのように考慮すべく，いかなる議論が展開されたのか，それらにふまえて，どのような立法技術が駆使され，侵害の見なし規定の新設（著作権法113条 5 項）に結実したのかを競争政策の観点から明らかにするものである[1]。

本稿でいう競争政策の観点とは，音楽 CD の還流防止という輸入制限の導入が避けられないということを前提にして，邦楽 CD であれ，洋楽 CD であれ，国際的に自由に取引されることにより得られる一般消費者の利益への悪影響を如何にして少なくするかという観点をいうものである。そもそも音楽 CD の還流を自由にすることが消費者の利益になるという議論が一般消費者や一部の音楽家によって主張されているが，それを押し通すことは政治的に困難であり，それに与しても還流防止に関する実効的な議論は生まれない。むしろ，本稿の課題に沿うべき限定された文脈の競争政策の課題を設定して，それがベルヌ条約や TRIPs 協定などの国際条約の制約（内外人平等原則）の中で，いかにして追求されたかを見ることでこそ実りのある議論が行われるように思われる。他方，音楽 CD の還流防止を積極的に導入することこそが将来にわたる音楽の創作活動の経済的リソースを確保して消費者の利益になるという議論もありうるが，本稿では，そのような競争政策の見方は採用しないでおく。

II 発　　端

音楽 CD の還流防止措置導入のための著作権法の改正議論の発端は，内閣

府「知的財産戦略本部」(2)が公表した「知的財産の創造，保護及び活用に関する推進計画」と題される「2003知的財産推進計画」（以下「03推進計画」）の中にある「レコード輸入権」という1項目にある(3)。それによれば，「レコード輸入権」の項目が設けられた趣旨は，「海賊版対策としても有効である海外企業との正規ライセンス締結を促進するため，音楽CDなどの日本への還流を止める『レコード輸入権』の是非について，関係者間で協議が進められているが，関係者間協議の結論を得て，消費者利益等の観点を含めて総合的に検討を行い，2004年度以降必要に応じ著作権法の改正案を国会に提出する。」ということである。これが「知的財産戦略本部」により設定された著作権法改正の課題のひとつであった。関係者間の議論として，すでに日本レコード協会と日本経済団体連合会（以下，「経団連」とする）との間で賛否の議論が行われていた。

経団連は当初からレコードの輸入制限措置の導入に反対した。それは，1980年代の日米通商摩擦の過程で，日本の市場は閉鎖的であると繰り返し批判に晒されてきた財界としての当然の反応であったのかもしれない。たしかに，1980年代末以降，外国からの商品の流入を制限することは，いかなる理由があるとしても，政治的にも，経済的にも難しい時代となった。そして，それは敢えて行おうとすれば，立法的にも難しい技術的な課題を伴うようになった。

文部省＝文化庁は，「知的財産戦略本部」の「03推進計画」が「レコード輸入権」という慎重さを欠いた用語を使っていることに不信感をもった。レコード制作者だけに，しかも東アジアからの邦盤レコードの還流に対処するということだけのために，「輸入権」という支分権を設定することは通常考え難いことであった。これは「鶏を割くに牛刀を用う」の類の立法提案である。しかも事前の交渉や十分な根回しもなく，いきなり首相官邸から降りかかってきた立法課題に文化庁は当惑しているようであった。文化庁の担当者が「随分と人が悪い推進計画」(4)と嘆いたところである。

III 文化審議会著作権分科会・法制問題小委員会

1 法制問題小委員会の構成

　文化審議会著作権分科会・法制問題小委員会がこの立法課題を検討する場となった。

　当小委員会が検討を始める前からレコード輸入権を設定する議論が行われていたが，利害関係者は日本レコード協会と経団連に限られていた。一般消費者や消費者団体は措置の導入で音楽CDなどの価格が高止まりになるのであれば措置に反対することが考えられた。また，欧米から直輸入（並行輸入）される廉価な音楽CDを5メジャーズ⁽⁵⁾が止めるかもしれないとなれば，それにも強く反対することが予想された。しかし，法制問題小委員会の委員の構成が著作権業界側に偏っており⁽⁶⁾，音楽の愛好家など一般需要者の利益を代表する消費者団体に公式の発言の場は与えられなかった。法制問題小委員会にオブザーバー参加が認められたにすぎない。

　日本レコード協会から出ている生野秀年委員が，法制問題小委員会の議論のための資料の作成から米国のレコード協会との連絡まで，法制問題小委員会で積極的に活動した。これと対照的に一般需要者・音楽愛好家のための議論はほとんど聞こえてこない。これでは小委員会に社会の関係利益が公正に反映していないといわれても仕方がないであろう。後に，この点が，国会でも問題にされることになる。

2 法制問題小委員会に提出された資料

　日本レコード協会の生野委員から法制問題小委員会に提出された3つの資料が議論の前提となるデータとなった。第1に，国際レコード産業連盟（IFPI）によれば，世界の65カ国で何らかの還流防止（輸入権，国際消尽の特例，みなし侵害など）が敷かれており，ここには米国，EU，カナダなどほとんどの先進

国が含まれていた。第2に，文化科学研究所の調査では，2003年（平成15年）当時の国内生産の音楽CDは約1億7千万枚であり，そのうち還流CDは0.4%にあたる68万枚であった。第3に，日本レコード協会が調査委託した三菱総研の予測によれば，2012年には，CD生産は7千万枚も増えることが予想され，現在の1億7千万枚に7千万枚を加えると，2億4千万のCDが国内生産されることになるという[7]。そのなかに還流CDも含まれるとすれば，音楽著作権者や著作隣接権者への影響も大きくなると予想された[8]。

そのほか，生野委員から法制問題小委員会に提出された資料には，還流レコードに対処する可能な立法の選択肢が，A案（商業用レコードを著作権法26条の2第4号の国際消尽の対象から外す），B案（輸入に関するみなし侵害行為を追加する），C案（輸入・頒布，頒布目的の所持に関するみなし侵害行為を追加する）として示されていた。文化庁は，議論の初期の段階から，還流防止措置を執るとすれば，「見なし侵害」を採用することを考えていたようである[9]。

3 法制問題小委員会の議論の概要

法制問題小委員会（平成15年9月25日）では，生野秀年委員が「レコード輸入権に関する関係者との協議の状況等について」と題するメモにより，還流CDの輸入禁止の必要性を説明した。ライセンス契約による数量の限定，日本市場への輸出を禁じる表示の努力，日本市場と他のアジア市場とのCD発売日の期間調整によっても，還流は止めることが難しい実態があるという。還流防止措置の導入を巡って最初から議論が対立し，かなりの議論が行われたという。たとえば，関係者の講演によれば，レコード輸入権という言葉を，還流防止措置と言い換えることについても激しい議論があったという[10]。しかし，公開された議事要旨をみれば，一般消費者の観点から行われるべき議論がほとんど行われていないことも事実である。

4　著作権分科会報告書（中間報告）と意見徴収

　平成15年12月10日に著作権分科会報告書（中間報告）が公表された。そして還流防止などの議論を決着させる前に，関係団体から意見を徴収することになった。これはパブリックコメントを求めるものではないとされており，一般的な公開が予定されない調査であった。委員会の構成からその決定に正統性が疑われるような場合に，意見募集を行った委員会はそれなりの見識ある判断をしたといえる。しかし，知的財産の保護強化を求める権利者団体の代表者が多いという小委員会の委員構成の偏りはそうした対応だけでは解決される問題ではないことも事実であろう。電子メール，ファックス，郵便で2534通が集まった。その結果，小委員会の還流防止措置について，約1000件の意見があり，その内容はおおよそ還流防止措置に賛成：反対が2：1となったという[11]。

　意見募集の段階で，国際レコード産業連盟（IFPI）と全米レコード協会（RIAA）から共同意見書が送られてきている。この意見書も日本レコード協会が働きかけたことによるものであろう。それによれば，全米レコード協会（RIAA）は何からかの還流防止を採用することに賛成であるが，内外無差別で法制化してほしいという趣旨であったとされる[12]。そして議事要旨によれば，日本レコード協会の生野委員は，内外無差別の法制を設けてたとしても，洋盤については，5メジャーズが直輸入を止めるようなことはしないという言質を全米レコード協会（RIAA）から得ていると発言している[13]。これは今回の改正議論で重要なポイントとなるところである。その後，一般消費者が，還流防止措置が導入されれば，その副作用として，全米の5メジャーズが日本への直輸入CDを止めるような事態が起きるのではないかという強い懸念を抱くことになる。実際には，5メジャーズの利害状況から考えれば，その懸念は杞憂に近いものであったが，衆議院の文部科学委員会では最大の争点になってゆく。もし，一般消費者の代表者が法制問題小委員会に席を得ていれば，この問題は後になって大きな論点になることはなかったのではないだろうか。

還流防止措置に反対していた経団連が，その後「やむを得ない」という判断に転換した。レコード協会は停滞気味の日本のレコード産業の将来は海外の展開にあると説明していた。平成16年1月1日に韓国の第4次文化開放があり日本のJ-POPのCDが発売されるようになる。平成20年8月には中国でのオリンピック開催というビジネスチャンスがある。日本のアーティストの東アジアにおけるライブコンサートもその間次第に増えるであろう。このとき，邦盤CDの還流防止措置を導入できるかどうかにレコード業界の起死回生がかかっているという。経団連は業界側のこのような説明に理解を示したようである。

5　著作権分科会報告書（最終報告）

　平成16年1月に，著作権分科会報告書（最終報告）が出された。このなかでは，法制問題小委員会の内部の意見の対立が数字で示された。措置導入に賛成13，反対8と分かれており，還流措置には多数意見と慎重意見が併記された。そして，結論として，第一に，「日本の音楽レコードの還流防止のために，何らかの措置が必要であるという意見が多数であった。」とされた。多数と言っても13対8の多数であり，賛成派も消費者利益への影響を考慮して慎重に議論を進めることを提言している。すなわち，第二に，「具合的方法については，欧米諸国等の音楽レコードに対する影響や他の著作物等への対象の拡大を懸念するなど慎重な意見も出されており，これらの慎重意見を踏まえた検討が必要である」とされた。第三に，「『再販制度』維持したまま，還流防止措置を導入することによる価格の高止まりに対する懸念が多かったことに踏まえ，当小委員会の検討事項ではないが，還流防止措置との関係から，『再販制度』の在り方について別途協議の場において議論することが適当であると考えられる。」とされた。

Ⅳ 文部科学省＝文化庁による立法の選択

著作権分科会報告書（最終報告）は還流防止措置を導入することに強い意向を示したとはいえなかった。しかし，文部科学省は，自己の責任で還流防止措置を導入する法案の作成と国会提出に取り組むことにした。法案の内容は内閣法制局の指導の下に慎重に検討して作成されたという。公正取引委員会は，レコードの再販価格維持の適用除外（独禁法23条4項）の廃止を考えている立場から，再販価格維持行為に加えて，さらに価格の上昇要因となる「レコード輸入権」を導入することに大きな懸念を抱いており，当初から安易な輸入制限措置の導入に強く反対した。しかし，改正原案をみて平成16年3月の段階で強硬な態度を軟化させた。「一定の歯止め」で法制化することになったので，これで消費者利益を害するおそれが払拭できる判断したとしている。[17]

改正案が閣議決定をへて，3月5日に国会に上程された。

1 文部科学省＝文化庁の還流防止措置に関する「みなし侵害」の条文案

条文案（著作権法113条5項の新設）は次のような長いものになった。

> 「国内において頒布することを目的とする商業用レコード（以下この項において「国内頒布目的商業用レコード」という。）を自ら発行し，又は他の者に発行させている著作権者又は著作隣接権者が，当該国内頒布目的商業用レコードと同一の商業用レコードであつて，専ら国外において頒布することを目的とするもの（以下この項において「国外頒布目的商業用レコード」という。）を国外において自ら発行し，又は他の者に発行させている場合において，情を知つて，当該国外頒布目的商業用レコードを国内において頒布する目的をもつて輸入する行為又は当該国外頒布目的商業用レコードを国内において頒布し，若しくは国内において頒布する目的をもつて所持する行為は，当該国外頒布目的商業用レコードが国内で頒布されることにより当該国内頒布目的商業用レコードの発行により当該著作権者又は著作隣接権者の得ることが見込まれる利益が不当に害されることとなる場合に限り，それらの著作権又は著作隣接権を侵害する行為とみなす。ただし，国内において最初に発行された日から起算して七年を超えない範囲内において政令で定める期間を経過した国内頒布目的商業用レコー

ドと同一の国外頒布目的商業用レコードを輸入する行為又は当該国外頒布目的商業用レコードを国内において頒布し，若しくは国内において頒布する目的をもつて所持する行為については，この限りではない。」

2　条文案のポイント

　この条文では，侵害に該当するには次の5条件を満たすことが必要十分条件となる。説明を要するところがあるが，それは後にして，①日本国内先行販売ないし同時販売，②情を知りながら，③日本国内頒布の目的，④不当に権利者の利益を害すること，⑤日本国内販売から時限（7年を超えない範囲）の5条件である。[18]

　もう少し法案を詳細に見ておこう。ポイントは，見なし侵害を選択した理由と，邦盤CDと洋盤CDを差別的に扱わないように，国内先行販売（同時を含む）という明示されない要件の設定と，「利益が不当に害されることになる場合」という要件の具体化にある。[19]

　(1) 「みなし侵害」の選択　　この選択は，すでに述べたように，文部科学省＝文化庁が当初から還流防止措置を執るとすれば「見なし侵害」を採用することを考えていたことによる。著作権分科会報告書（最終報告）の資料でも，還流防止のひとつの選択肢として，「見なし侵害」が挙げられていた。輸入権でも，国際消尽の例外でもなく，「見なし侵害」を選択した理由は問題に対する手当が直接的で限定的であるということである。見なし侵害という立法手法は，それを放置すれば権利の実効性を損なうおそれが強いが，そのための新たな支分権を創設するまでの理由がない場合に，局所対応として特定の侵害類型を定めてその行為を侵害とするものである。今回の改正で「見なし侵害」が採用されたのは法改正の対象範囲を還流音楽CDや音楽テープに限定するためである。もし「輸入権」を選択すれば，還流音楽CDだけでなく，音楽CD全般に，さらには著作物の輸入全般に適用されるものでなければならなくなる。国際消尽の例外として構成することも同様の問題がある。保護期間（50年以

上）や保護対象に関してベルヌ条約やTRIPs協定の縛りがあり，迂闊に制度設計ができなくなる。「知的財産戦略本部」の「03推進計画」が「レコード輸入権」という慎重さを欠いた用語をもちいて文化庁の不信感を招いたのはこのためである。

(2) 内外の販売の前後関係　本条の狙いは廉価な「国外頒布目的商業用レコード」を日本国内に輸入させないということである。そのための前提条件として，権利主体（音楽著作権者と著作隣接権者）は，国外で販売する音楽CD（「国外頒布目的商業用レコード」）を自ら，または第三者に許諾して頒布していなければならない。

しかし，「国外頒布目的商業用レコード」を自ら発行し，または第三者に許諾して発行させている権利者のすべてが，ここでいう権利者（音楽著作権者と著作隣接権者）ではない。権利者（音楽著作権者と著作隣接権者）は廉価な「国外頒布目的商業用レコード」の還流から守られるべき利益を有する者，すなわち，国内で販売される音楽CD（「国内頒布目的商業用レコード」）を発行している者に限られる。ここでは音楽CDの内外の発行に関して時間的「前後関係」が含意されている。

「国内頒布目的商業用レコード」を国内で発行している権利主体（音楽著作権者と著作隣接権者）が，「国外頒布目的商業用レコード」を国外で発行し，あるいは発行させている場合に，音楽CDの還流防止のための法的な措置を要求できる。繰り返しになるが，ここには「国内頒布目的商業用レコード」の先行販売（ないし同時販売）が含意されている。逆に言えば，海外で先行販売された音楽CDでは還流防止措置を発動できない。同様に国内で廃盤となったCD・レコード，流通してないCD・レコードに対しても還流防止措置を発動できない。

ここで日本国内で「初めて」発行したという明確な書きぶりに敢えてしなかったことがポイントであり，それで内外差別の非難を避けることができると考

えたのである。

(3) 悪意，頒布目的の輸入・頒布・所持　「情を知りながら」，「国外頒布目的商業用レコード」を国内において頒布する目的をもって「輸入する行為」，「頒布する行為」，「頒布する目的をもって所持する行為」が禁止の対象になる。

「情を知りながら」とは，「専ら国外において頒布することを目的とする」ことを知りながらという意味である。これは「国外頒布」の表示により立証を容易にすることになる。すなわち，音楽CD・レコードのジャケットや盤面に，日本国外での頒布に限定されたCD等であることを示していればよい。これによって関税定率法21条の2により，税関に輸入差し止めの申し立てが可能となる。逆に，表示がなければ，通常の場合，「情を知りながら」を満たさないので輸入は止められない。[20]

情を知りながら，国外頒布目的商業用レコードを国内において「①頒布する目的をもって輸入する行為，②頒布する行為，③頒布する目的をもって所持する行為」が禁止の対象になる。「国内において頒布する目的をもって」とあるから，私的な使用の目的は除かれる。海外で購入して個人で聴いたり，家族や友人に贈る目的は自由であるとされる。

以上の条件を満たすことが還流防止のための必要条件であるが，これだけではまだ還流防止措置に訴えることはできない。最後に，利益の侵害の要件を充足することが求められる。そして，この決め方が，内外無差別の問題をクリアするもうひとつのポイントを形成することになっている。

(4) 得ることが見込まれる利益の不当侵害　輸入されても，権利者（著作権者，著作隣接権者）が，国内で販売した利益と同じ利益をすでに国外の販売で得られているのであれば，権利者の利益は害されないことになる。利益が害されたというには国内販売に比べて国外販売の利益が相当に低いことが必要になる。その判定の指標は何によるか。立法提案者は，CD等の小売価格の格差ではなく，国内ライセンス料と外国ライセンス料の格差によるとした。後述のよ

うに，このことは，国会審議の段階で明らかにされるが，それがどのような数値基準になるかは明示されず，政令の公布の段階で行政指標として示される。

　欧米と比較して，日本と東アジア諸国では物価の格差があり，ライセンス料の格差があるという事実は偶然的な与件であるが，それがベルヌ条約やTRIPs協定の内外人平等原則に反することなく，アジアから還流する邦盤CDの輸入を禁止することができる根拠的事実となり，還流防止の実効性はこの事実に依存することになる。

　(5)　ただし書　　以上の要件を満たせば，還流防止に訴えることができる。税関で差し止めを求め，損害賠償を請求できる。侵害者は刑事責任を問われるおそれもある。

　しかし，ただし書がある。このような法律効果は音楽CDが国内において最初に発行された日から起算して7年を超えない範囲内において政令で定める期間に限定される。このように期間を限定したことは消費者利益との兼ね合いである。7年半という期間は音楽CDが市場におかれる平均期間であり，これを上限として7年に定めたものである。[21]見なし侵害としての還流防止の保護期間は，著作権の支分権ではないから50年以上という条約の義務を負う著作権と関係なく，7年を超えない範囲で施行令で期間を限定できる。

　以上が新設予定の113条5項の説明であり，これが国会審議の原案となった。

V　第159通常国会・文部科学委員会の議論

　この法案は，159国会の衆議院・文部科学委員会で，5月末から6月はじめにかけて議論された。還流防止に関して与野党の委員が質問した事項は多岐にわたるが，①関係協議者に消費者団体が入らなかった理由，②還流防止措置の導入の副作用として，欧米の直輸入レコードを5メジャーズが阻止しないかという懸念，③国内販売を「最初に」することを要件にしなかったことの是非，④「得ることが見込まれる利益が不当に害されることとなる場合」の意義と基

準が，主要な争点であった。以下，公開された審議録を簡単に見ておこう。[22]

1　衆議院・文部科学委員会の審議内容

(1) 関係協議者に消費者団体が入らなかった理由　複数の野党の委員が，権利者団体の代表者が多いのに，消費者団体の参加がないことに疑問を呈した。民主党の川内博史委員は日本生協連の代表者が法制委員会に参加を打診したのに参加できなかったのはなぜかと問題にしている。[23] 文部科学省＝文化庁は，消費者団体に対するヒアリングは行っており，他の著作権分科会に属している消費者代表の委員を法制問題委員会のオブザーバーとして参加してもらったと答弁するにとどまった。今更ではあるが，法制問題小委員会のような重要な委員会にユーザーや一般消費者の団体を加えなければ，このような委員会の決定や報告書に信頼性も正統性も認めることができないはずであろう。

(2) 還流防止措置の洋盤CDへの適用　比較的議論が少なかったのは，次のような消費者利益の問題である。すなわち，アジアでライセンス生産される音楽CDは，日本の権利者だけでなく，米国の権利者も止めることができる。つまり，米国のレコード会社が東アジアでも音楽CDを発行し，あるいは第三者にライセンス発行をさせたとして，その音楽CD等が日本市場に廉価で輸入されることになれば，米国のレコード会社が還流防止措置を使うことは当然予想される。そうなれば東アジアから廉価な洋盤が入らなくなり，一般消費者は廉価洋盤を入手できなくなる。これをどうするかである。しかし，これは無差別原則により容認しなければならない。今日の輸入制限立法では当然の配慮であろう。

幸いというべきか現実には，レコード業界の関係者が認めるように，東アジアでは米国などの洋盤CDの輸入が少ないので，脅威となるような洋盤CDの還流は起きないであろう。一般消費者の側からこの点の議論が少なかったのはそのためであろう。

(3) 還流防止措置の導入の副作用　　もうひとつの消費者利益の問題は，還流防止措置を導入することで，米国等から日本に並行輸入（直輸入）される音楽CDなどが，5メジャーズなどにより輸入禁止されるのではないかという還流防止の副作用の懸念である。これをどうするか。これが文部科学委員会の議論の一番大きな焦点となった。この問題に関する文部科学省の考え方は，米国の直輸入レコードがこれまでとおり輸入されることが重要であり，そのようになるような制度の設計に心がけるということである。

法案を見れば，規定の限りでは，米国などの洋盤CDの並行輸入も制限される可能性がある。欧米のレコードの日本国内頒布がすでに行われていれば，欧米からの同じレコードの直輸入（並行輸入）は輸入禁止できるようになっている。

このことは，すでに見たように，日本レコード協会の生野委員が，法制問題小委員会の段階で，米国レコード会社は直輸入の禁止はしないという確認（言質）を全米レコード協会（RIAA）から取っていると披露していたことである[24]。

国会の審理の段階でも，自民党の岸田文夫委員が，全米レコード協会の意見書の内容と取り扱いに問題があるとする意見を述べ，全米レコード協会の真意を再度確認することが行われたのではないかという質問を契機に，この再確認の内容が披露された[25]。すなわち，日本レコード協会がRIAAに真意の再確認をしたところ，米国やEUからの正規品の並行輸入に影響を及ぼす意図はないという回答を得ている，と。この回答が政府自身の責任で問い合わせて得られたものではなく，拘束力がないのではないかという議論がさらに行われた。

しかし，問題は，5メジャーズが欧米から日本市場への直輸入（並行輸入）を止めることに経済的メリットがあるのかということである。日本で売れる限り，日本における正規のライセンス発行品であれ，並行輸入品であれ，小売価格やライセンス料に関して欧米のレコード会社の利益に有意な差異はないだろう。そこが東アジアから還流する音楽CDと異なるところである。5メジ

ャーズに並行輸入を止める経済的理由はないというのがレコード業界と文化庁の論者の見方であり，その後の結果から見て，それは現実的な認識であったと思われる。

条文としては，欧米の音楽 CD と邦盤の音楽 CD の取り扱いに差別は設けていないが，事実としては，東アジア地域と日本・欧米の物価の格差という動かしがたい事実があり，またライセンス料の格差という動かしがたい事実がある。利益が不当に害されるということの意味がこの様な経済的格差に拠るものであれば，法的に内外差別をすることなく，東アジアから還流する邦盤 CD だけを止めることができる。

それほど深刻に考える必要のないと思われる洋盤 CD の直輸入の禁止のおそれがなぜ国会でこれほど大きな問題になり，再販価格維持行を背景にした音楽 CD の価格の問題がなぜそれほど問題にならなかったのか。それが不思議である。副作用の議論が大きくなって，再販価格維持制度に加えた還流防止措置の導入が国内 CD の高価格維持をもたらすのではないかという別の消費者利益に関する議論はほとんど行われなかった。音楽 CD 等の価格問題に関して政府参考人として文部科学委員会に出席を求められた公正取引委員会事務総局の山木康孝経済取引局取引部長には委員から質問がなかった。

(4) 国内販売を「最初に」することを要件にしなかったことの是非　民主党の川内博史委員は，なぜ国内で「最初に」販売をしてという要件を加えなかったのかと質問している。川内委員は「最初に」国内で発行された CD 等と条文に明確に規定しても著作隣接権に関する国際条約違反しないから，そのように規定してもよかったのではないかとしている。そうすれば邦楽 CD の還流防止の趣旨にも適合するという。

これに対して河村文部科学大臣（当時）は，邦楽 CD の還流防止を行うのに，国内頒布目的商業用レコードと国外頒布目的商業用レコードの発行の前後関係を問うだけで十分であるとしている。たしかにこれは大臣の言うとおりであろ

う。これが内外差別を回避するの改正案の要の一つになっている。

　川内委員によれば，国内で「最初に」発行されることを要件にしても，著作隣接権関連の条約には抵触しないので問題がないということであるが，著作隣接権を著作権から区別して特別に保護することはすべきではないだろう。音楽CDの著作隣接権だけを著作権と区別して保護することが著作権の権利処理の観点から考えて現実に可能であるか疑問がある。仮にできるとしても，著作隣接権に独自の利益保護を図ることが立法政策として妥当性があるか疑わしい。さらに，欧米のレコード会社に対して，還流防止の利益を得たいならば音楽CDの最初の発行地を日本にするように強いることは難しい。欧米のレコード会社がこれまで日本を最初の販売地に選択したことがなく，今後もそうする可能性がないから，それは内外差別という非難の原因になることは間違いないであろう。あえて「最初に」という言葉を入れて，欧米との通商摩擦の種をまくことはないであろう。むしろ日本で「最初に」発行するという要件を入れず，発行の「前後関係」を含意する条文に止めたことに今回の立法での苦心がうかがえることであろう。

　(5)　「得ることが見込まれる利益が不当に害されることとなる場合」の意義と基準　　この点は，共産党の石井郁子委員が，基準は小売価格か，ライセンス料金か，そしてその具体的な数値を明らかにすべく質問している。それに対して文化庁次長の素川政府参考人は，小売価格を基準にするのではなく，ライセンス料を基準に，適切な基準を考えるとしている。適切とは，この場合，欧米からの音楽CDの直輸入には影響を与えずに，東アジアからの還流を防止することを意味している。

　そして，この段階では具体的な数値を示さなかったが，政令公布の段階では，国内頒布目的商業用レコードと国外頒布目的商業用レコードのライセンス料の格差が，1：0.6の格差以上になれば，「得ることが見込まれる利益が不当に害されることとなる」として，還流阻止を行うことができる。

2 国会での可決と施行令

音楽 CD の還流防止措置を含む著作権法の一部を改正する法律案（平成16年法律第92号）が，2004年6月3日に先議となった参議院・文部科学委員会と本会議で全会一致で通過し，2004年6月23日に衆議院の文部科学委員会と本会議では全会一致でが可決した。こうして本改正法は平成17年1月1日から施行されることになった。

(1) 施行令　施行令の作成にかかわり，平成16年10月8日に，著作権法改正要望事項に対する意見募集が行われた。そのなかに，著作権法113条5項のただし書の，国内において最初に発行された日から起算して「7年を超えない範囲内において政令で定める期間」について，適切な期間はどのくらいかという期間についての意見募集をしている。数ヶ月，半年などかなり短い期間を意見として述べる者が多かったようであるが，施行令としては，音楽レコードの国内市場における流通期間（7年程度）や，発行後に9割の売上げが期待される期間（通常1年半）を総合的に勘案して検討した結果として，中間値として「4年」の期間としている。[30]

(2) 施行通知　施行通知が行政指針として公表され，「得ることが見込まれる利益が不当に害されることとなる場合」とは，既に述べたように，ライセンス料の格差で決めるものとして，その格差の指標はが1：0.6であるとされた。これは2003年のオリコン洋楽アルバムと邦楽アルバムのそれぞれのアルバムのトップ30の平均値から定められた行政基準とされている。[31]ライセンス料の差異という経済格差を背景にしたことで「微妙なバランスの上に立つ法制」となった。

VI　施行の後

著作権法の一部を改正する法律案（平成16年法律第92号）が施行された平成17年1月1日以降，邦盤音楽 CD 等の売り上げは中国を除くアジア各国で減少

傾向を示していることが報告された。ライセンスのタイトル数も減少しているという[32]。他方，懸念された洋盤 CD の直輸入に対する外国レコード会社の輸入禁止措置は執られていない。このような結果は予想されなかったであろう。東アジアにおける音楽需要が全体として減少しているのかもしれないし，日本の音楽文化が東アジアの人々に広く享受されると考えるのは早計であったのかもしれない。法制問題小委員会や国会に提出されたデータは不十分なところがあった。日本の音楽に対する需要が今後東アジアで伸びると予測した算定の根拠や前提においた仮定を今後のために問い直す必要があろう。ただ，この結果から，還流防止措置について評価ができるほど事態の因果関係は明確ではないのも事実であろう。

VII　結びにかえて

　音楽 CD 等の還流防止措置が立法化されるかどうか当初は不透明であった。邦盤音楽 CD 等の還流を阻止すべく停滞気味のレコード産業が活発なロビーイング活動をし，当初反対していた経団連も還流防止措置を支持するにいたった。その後，公正取引委員会も還流防止措置に対する反対姿勢を軟化させた。筆者は，今回の法改正が政治的に避けられない立法的課題であったとみて，可能な限りで一般消費者の利益を確保するという観点から輸入制限に慎重に留保条件を課してゆく関係者の努力こそがこの立法の評価の眼目であると考えた。

　輸入制限に慎重に留保条件を課すという意味は二つある。第一に，一般消費者や著作者（ユーザーやアーティスト，クリエイターとか言われる存在）の利益を無視した著作隣接権者の暴走を押さえるべきという意味で慎重でなければならないということである。著作隣接権者（レコード制作者や放送事業者）は，ネット配信など新たな伝達・普及の方法を含めて著作物の普及と利用に努め，著作者（アーティスト，クリエイター）の活動を支援する役割がある。衆議院の文部科学委員会に呼ばれ，還流防止措置に反対する意見を述べた音楽評論家の高橋健

太郎参考人は，日本の音楽業界にはアーティストとレコード会社，リスナーとレコード会社の間に対立する関係が生まれていると指摘した[33]。そして例として，アーティストが望まないCDのリリース方法を行う著作隣接権者（レコード会社）の例を挙げて，不信感をのぞかせていた。今回の立法でも，輸入権を創設するということにこだわったレコード協会の当初の意見は，著作隣接権だけを念頭に議論する傾向が認められた。こうした動きは著作権法を創作活動を奨励する法から産業振興法に悪しく純化するものであって，慎重に監視する必要がある。

第二に，慎重に留保条件を課すとは，日本の消費者への悪影響を最小限にとどめることに熱心なあまりに国際条約による内外平等原則に違反して国際通商等の紛争の火種になれば，かえって消費者の利益は損なわれる。そのような観点からも法制度の設計には，慎重でなければならないということである。今回の立法は，この意味で優れて慎重な態度が取られ，経済的な格差，ライセンス料の格差という事実の「微妙なバランスの上に立つ法制」を設けることになった。

こうして，消費者不在の議論が横行し，立法過程における資料・データの質的・量的な不十分さにもかかわらず，結果としては，今この時期の東アジアと日本の音楽産業の現状を前提に，将来の国際通商摩擦の芽を摘みながら，可能な限り消費者の利益に配慮した合理的な立法が行われたということができるであろう[34]。ただ，東アジアにおける日本音楽の需要が予想したほど伸びなかったことが画竜点睛を欠くというところであろう。

(1) 筆者は，以前に書いた論文で，音楽CD還流防止措置導入の経緯を検討して，レコード製作者のような著作隣接権者が，著作権者の存在を無視して，著作隣接権者自身の独自の保護を求める傾向があることを指摘した。音楽鑑賞や演奏行為を含めた音楽愛好者の音楽芸術を享受する自由を害することがないように，立法過程に強い影響力を行使できる存在である著作隣接権者の団体が自己の利益を保護する立法を求めるときには，関係者の慎重な監視と配慮が必要であろうとした。そして，そのためには，法曹はもち

ろん，様々な社会の利益とつながっている著作権の専門家も，そのような専門家に準じる知識を有する音楽享受者とその団体も，著作権法の理解の深化とそれを常識として共有していくことが必要であると考えた。稗貫俊文「知的財産権に関する競争政策の新しい動向について」公正取引649号2-12頁（2004年）の第3節。その後，稗貫俊文『市場・知的財産・競争法』（21世紀COE知的財産権叢書2）139-147頁（有斐閣，2007年）に所収。

(2) 「知的財産戦略本部」は，知的財産基本法（平成14年法律第122号）の24条で，知的財産の創造，保護及び活用に関する施策を集中的かつ計画的に推進するため内閣に置くとされ，25条で所掌事務が明記されている。

(3) 「03推進計画」の文書の第4章「コンテンツビジネスの飛躍的拡大」の2．「『知的創造サイクル』を意識したコンテンツの保護を行う」のなかの，（1）「権利者へ利益が還元されるための基盤を整備する」にそれが記載されていた。すなわち，その部分の2）「権利の付与等により保護を強化する」という題目のなかに，エ）「レコード輸入権」の項目が挙げられていた。そのほかに，本稿の関心ではないが，書籍・雑誌の貸与権，著作権の保護期間などが挙げられていた。

(4) 吉川晃「知的財産戦略に基づく最近の動向について」『コピライト』2004・3・2頁以下，5頁を参照。

(5) 多数のミュージシャンと契約し，資本規模の大きな世界の5大レコード会社として，CEMA (EMI Group), BMG (Bertelsmann Music Group), UNI (Vivendi Univasal), WEA (Time Warner), SME (Sony Music Entertainment) がある。これを5メジャーズという。

(6) 20名の委員のうち著作権者や著作隣接権者の代表者など業界関係者が過半を占めていた。NHKのマルチメディア局著作権センター部長，日本美術家連盟理事，映画・映像・写真関係の団体，出版事業関係者，日本音楽著作権協会や芸能実演家の団体，文芸協会，新聞協会など著作権者，著作隣接権者の団体の代表などである。そのほかは大学教授や図書館協会など学識経験者が委員の一部を構成しているのみである。「文化審議会著作権分科会報告書」（平成16年1月）の委員名簿を参照。
http://www.mext.go.jp/b menu/shingi/bunka/toushin/04011402/001.pdf。

(7) 前掲注(6)，「文化審議会著作権分科会報告書」（平成16年1月）10頁8を参照。また，前掲注(4)，吉川晃『コピライト』2004・3・9頁を参照。

(8) これらの資料は，日本レコード協会から提出されたものであり，第159回国会・文部科学委員会（平成16年5月28日）における松本大輔委員（衆議院議員）の質問はこれらのデータの根拠や信頼について質している。http://www2c.biglobe.ne.jp/~kawauchi/iinkai20040528.html。第一に，65ヵ国という数字は日本レコード協会が国際レコード産業連盟（IFPI）に聴取したデータとされているが，そのデータは国立国会図書館に照会した結果と異なるという。EU・EEAの18ヵ国の域内では並行輸入が禁止できないから，物価の安いギリシアやポルトガルからイギリス，フランスの音楽CDが並行

輸入されている。また、松本委員が調査を依頼した国会図書館の調査官によれば、65ヵ国に含まれている東欧、東ヨーロッパ、アフリカ、ラテンアメリカの国々は自国の音楽産業が盛んではないので、日本のような還流の問題が起きないという。第二に、現在の還流レコードを68万枚と推計したのは（株）文化科学研究所であるが、その調査方法は、ディスカウントストアとホームセンターの二業種の店舗における CD、カセットテープの販売量で推計したとされる。そして総店舗数に、その取り扱い率、1店の平均陳列量に在庫の回転数をそれぞれ乗じて総販売量を推定したとされる。そのうち、在庫回転数は3.5となっており、松本委員はこの数値の根拠を問いただしている。政府参考人は根拠は承知してないと回答するにとどまった。ちなみに、文化科学研究所のその前身はイベント情報で有名なぴあ総合研究所であり、日本レコード協会がここに調査依頼したものである。しかし実際の調査員は文化科学研究所の人間ではなく、日本レコード協会の全国調査室の室長であるとされ、松本大輔委員はこれはお手盛り調査ではないかとしている。第三に、日本レコード協会が三菱総研に依頼して調査したアジアにおける日本のCD需要の1265万枚という増加予測は、2000年から2002年にかけて毎年、アジア地域への供給実績が減少しているなかで根拠が乏しいのではないかと疑念を表明している。実際にも、その後、アジアにおける日本のCD需要は減少するばかりである。（後注(32)）の報告書を参照。

　データの信頼性の問題は置くとしても、これは法制問題小委員会において配布された資料が、推進派の日本レコード協会の熱意に一方的に依存した結果であり、それが立法府における議論にまで持ち込まれていることは問題であろう。消費者団体などの関係者を法制問題小委員会に容れていれば、これと違う展開があり得たと思われる。国会図書館の役割ももっと重視される必要があろう。

(9)　吉川、前掲注(4)11頁参照。
(10)　吉川、前掲注(4) 8 頁参照。
(11)　吉川『コピライト』2004・9・2頁以下、3-4頁参照。
(12)　吉川、前掲注(11) 5 頁。
(13)　「文化審議会著作権分科会法制問題小委員会（第4回）議事要旨」（平成15年9月25日）4頁を参照。
　http://www.mext.go.jp/b menu/shingi/bunka/gijiroku/013/03092501.htm。
(14)　吉川、前掲注(4) 9 頁。
(15)　前掲注(6)の報告書。
(16)　前掲注(6)の報告書、15頁。
(17)　これは文化庁の吉川著作権課長の説明による。吉川、前掲注(11)、6頁。
(18)　適用除外となるべき経過措置としては、本法の施行前に日本国内にある、頒布目的で輸入され、頒布、そのために所持されているレコードの所持者が指定されている。
(19)　以下のポイントの説明では、吉川、前掲注(11) 3 -14頁を参照した。また、森ト平「著作権法の一部を改正する法律の概要」法律のひろば2005・2・43-46頁、森下平「著作

権法の一部を改正する法律の概要」L&T，2005・1・53-57頁。公取の対応については，大胡勝「公正取引」649号13-19頁。また，この立法課題の経済分析を試みたものとして，村尾崇「著作権による真正品の輸入の制限―平成16年著作権法改正による音楽レコードの還流防止措置を題材に―」知的財産学会誌3・3・67頁以下。

(20) 吉川，前掲注(11) 7頁。

(21) 吉川，前掲注(11) 7-8頁。

(22) 2004年5月28日：衆議院・文部科学委員会，（以下，「5月28日文部科学委員会」とする。），(http://www.shugiin.go.jp/itdb kaigiroku.nsf/html/kaigiroku/009615920040528023.htm)
2004年6月1日：衆議院・文部科学委員会（以下，「6月1日文部科学委員会」とする，(http://homepage3.nifty.com/stop-rev-crlaw/resume/diet04.html)，2004年6月2日：衆議院・文部科学委員会（以下，「6月2日文部科学委員会」とする。），(http://www.shugiin.go.jp/itdb kaigiroku.nsf/html/kaigiroku/009615920040602025.htm)。

(23) 前掲注(22)の「5月28日文部科学委員会」における川内委員の質問。

(24) 前掲注(13)を参照。

(25) 岸田委員の質問に，素川政府参考人（文化庁次長）が，日本レコード協会から全米レコード協会に改めて真意を問い合わせ，直輸入（並行輸入）を止める意図はないという回答を得ていると答えている。前掲注(22)の5月28日文部科学委員会」における岸田委員の質問。このときの回答は，米国レコード協会（RIAA）のニール・タークウィッツ上級副会長（国際担当）の日本レコード協会（生野秀年常務理事）の質問（2004年5月12日）に対する回答という形式になっている。(http://homepage3.nifty.com/stop-rev-crlaw/references/ac30808084b1.pdf#search=′)。

(26) 前掲注(22)の「6月2日文部科学委員会」における川内委員の河村文部科学大臣に対する質問。

(27) 同上。

(28) 吉川，前掲注(11)，11頁参照。

(29) 前掲注(22)の「6月2日文部科学委員会」における石井委員の質問。

(30) 吉川，『コピライト』2005・3・2頁以下，3-4頁。

(31) 2003年オリコン洋楽アルバムトップ30のライセンス料金平均値が日本を100とすると，米国89.6，イギリス119.0，ドイツ99.1，となり，米国の最低値は70.9であつた。他方，2003年オリコン邦楽アルバムトップ30のライセンス料金の平均値が，日本を100とすると，香港55.2　台湾44.2，最高値64.2，70.9となった。そこから，1：0.6では，法的には内外差別を引き起こさずに，日本の権利者（著作権者，著作隣接権者）だけを保護する事実的前提が与えられるとしたようである。吉川，前掲注(29) 5-6頁。

(32) 公正取引委員会「第3回音楽用CD等の流通に関する懇談会」（平成18年9月27日）の議事録と資料，資料「還流防止措置の運用状況」13頁，(http://www.jftc.go.jp/pressrelease/06.october/06102701-01-tenpu.pdf)。公正取引委員会「第7回著作物再販

協議会（平成19年6月21日）の議事録と席上配布資料の別紙1の13頁参照。
(http://www.jftc.go.jp/pressrelease/07.july/07072302-01-tenpu02.pdf)。
(33) 前掲注(32)の「6月1日文部科学委員会」に参考人として呼ばれた音楽評論家の高橋健太郎氏の発言。
(34) これが消費者の利益を守るために関係者が立法技術を駆使したことへの筆者の評価である。

　本稿では，還流防止の導入は避けられないとみたことから，筆者は，還流防止の目的自体の是非を評価していない。ここでは，論文の趣旨を外れて，還流防止の導入に反対した人に関する筆者の考え方を述べておこう。衆議院・文部科学委員会で発言した音楽評論家の高橋健太郎参考人は音楽メディア関係者268名が今回の還流防止措置に反対する署名をしているとし，そこには著作権をもつ坂本龍一，ゴスペラーズが含まれているとした。僅かであるが，著作権者が輸入禁止に反対したということは注目される。彼らは自己の音楽作品が東アジアで広く享受されることを望んでいるであろう。そのために東アジア地域が彼らの音楽作品の廉価でセグメントされない市場になることを求めているように思われる。

　彼らの抱くような統合された市場で廉価で音楽が享受されるという理念に関連し，今回の議論で，デジタル・ネットワーク社会における音楽のネット配信の課題との関連が議論されていないことに気付かされる。そのような事業環境の変化を視野に入れて，リスナーとアーティスト・クリエーターの直接の交流（取引）を用意する新しいビジネスモデルが開かれていけば，音楽CDのパッケイジを単体で販売するビジネスモデルは旧態然としたものになろう。坂本龍一，ゴスペラーズのような著作権をもつ人々が還流防止に反対したのは，消極的な還流防止措置で既得権益を守るだけの著作隣接権団体に未来は描けないと考えたからかもしれない。しかし，彼らの還流防止措置に反対する活動は今回の改正劇に何の積極的な影響も与えていないようにみえる。このような活動がどのような意味をもつか分かるのは将来のことであろう。

（北海道大学大学院法学研究科教授）

論　説　　国際投資紛争の解決と仲裁

ICSID 仲裁における国際法と国内法の関係

森　川　俊　孝

Ⅰ　はじめに
Ⅱ　投資契約に基づく仲裁における国際法の適用
　1　紛争当事者の間に合意がない場合における国際法の適用
　2　国内法の選択の場合における国際法の適用
Ⅲ　投資条約に基づく仲裁における国際法の適用
Ⅳ　仲裁裁判所の管轄権と適用法
Ⅴ　契約請求と条約請求の峻別
Ⅵ　終わりに

Ⅰ　はじめに

　投資紛争は，投資家と外国政府その他の公的機関などとの間で締結された契約の解釈適用に関する紛争として生じることが少なくない。投資家はかかる紛争を当該契約の紛争解決規定における仲裁条項に基づいて「国家と他の国家の国民との間の投資紛争の解決に関する条約」（以下 ICSID 条約）による仲裁（以下 ICSID 仲裁）に付託する場合がある。このように，コンセッション契約のような投資契約の仲裁条項に基づいて行われる投資家と国家との間の仲裁をここでは「契約仲裁」とよぶが，ICSID 条約による仲裁においてはこのような契約仲裁が1990年代半ば頃まで一般的なものであった。他方，それ以降特に今世紀に入ってからは，二国間投資条約（bilateral investment treaty- BIT）のみならず自由貿易協定や経済連携協定の投資に関する章を含む投資条約における，締

約国と他の締約国の投資家との間の投資紛争解決条項[1]に基づいて仲裁特に ICSID 仲裁に付託されるケースが激増している。そのような投資条約に基づく仲裁をここでは「条約仲裁」とよぶ。したがって，ICSID 仲裁には伝統的な契約仲裁と最近の条約仲裁という二つのタイプの仲裁が存在するが[2]，ここではそのような ICSID 仲裁における国際法と国内法の関係を明らかにすることが目的である。とくに，最近の ICSID 仲裁の主要な事例に依拠しながら，そこで用いられている契約請求（contract claim）と条約請求（treaty claim）の概念を取り入れて検討することによって，ICSID 条約42条(1)に基づいて，ICSID の条約仲裁における国際法と国内法の関係についての基本的な概要と課題を明らかにしたい。

II 投資契約に基づく仲裁における国際法の適用

1 紛争当事者の間に合意がない場合における国際法の適用

ICSID 条約に基づく仲裁における適用法規については，ICSID 条約42条(1)で，「裁判所は，両当事者が合意する法規に従って紛争について決定を行なう。この合意がない場合には，裁判所は，紛争当事者である締約国の法（法の抵触に関するその締約国の規則を含む）及び該当する国際法の規則を適用するものとする」と規定する。それによれば，投資紛争において国際法が適用されるのは，紛争当事者間に適用法規について合意のない場合である[3]。そこで問題となるのは，適用法として挙げられている投資受入国の国内法と国際法の適用関係の問題あるいは国際法の役割の問題であるが，それについては42条(1)第2文の規定は何も明らかにしていない。条約作成会議，学説，判例などから，今日では，Klöckner 事件において示された，国際法は二つの役割，機能を与えられているという見解が通説となっている[4]。すなわち，国内法との関係において国際法がはたす役割は，「国内法に法の欠缺がある場合における補充的役割（complementary role）」と「国内法が国際法の規則に一致していない場合にお

ける是正的役割（corrective role）」であるというものである。それによれば，仲裁裁判所はまず，紛争当事者である国の国内法の内容を審査し適用した後にはじめて，上記二つの場合すなわち受入国の法に欠缺がある場合あるいは受入国の法規則が国際法規則と矛盾する場合に，国際法が適用されるにすぎないとしている。したがって，仲裁人はもっぱら国際法の規則・原則だけに基づいて決定を行うことはできないとされているのである。そこでは，国際法と国内法の適用関係の観点からすれば，国際法には第二次的な役割が与えられているにすぎないということができる。

しかしながら他方で，国内法との適用関係において国際法に第二次的な役割が与えられているにすぎないにもかかわらず，受入国の法規則が国際法規則と抵触する場合には国際法が適用されるとして，国家間の国際裁判の場合と同様，「国際法優位の原則」を確保しようとしていることは重要であり注意されるべき点である。なぜなら，このように，国際法の優位を確保するために国際法規則を適用する権限を裁判所に与えているのは ICSID 仲裁の地位または固有の性質に由来するものであると考えることができるからである。すなわち，ICSID（条約）の目的は，投資家やその本国および投資受入国などのすべての関係当事者の利益と要求のバランスを図り，投資紛争解決を「非政治化」する枠組みの中で，中立的なフォーラムを提供することにある。そのような目的のもとで行われる仲裁については，次のような特徴をもつということができる。すなわち，ICSID 条約に従って行なわれた仲裁判断の拘束力（53条）およびその承認執行の義務（54条），外交的保護権の制限（27条），ICSID 仲裁は他のいかなる救済手段を排除して排他的な救済手段であるとする排他性（exclusivity）の原則（26条）である。これらの特徴に基づく ICSID 仲裁による解決は伝統的な外交的保護による紛争解決に代わって法による解決を意図し，しかも，その仲裁判断が拘束力のある最終的な解決であるとされるのであれば，当該仲裁判断の国際法との両立性が一層強く要請されていると考えることができるで

あろう。

2 国内法の選択の場合における国際法の適用

　ICSID 条約42条(1)第 1 文にしたがって，紛争当事者が適用法規として明示的に国際法を選択している場合に国際法が適用されるのはいうまでもないが，契約仲裁の場合には，そのようなケースは実際にはまれである。当該規定にしたがって，仲裁判断において国際法の適用が認められてきたのは，国際法の「間接的な」適用が認められる場合あるいは紛争当事者の間に法の選択について「黙示的合意」の存在が認められた場合である[10]。前者は，紛争当事者が適用法として紛争当事者である国家の国内法を選択しており，かつ，当該国が国際法の国内的効力について編入方式をとっている場合に，当該国内法の適用を通して国内法の一部である国際法を適用するという方式である。

　しかし，実際に，42条(1)第 1 文の解釈の問題として争われてきたのは，間接適用や黙示的合意の場合のほかに，紛争当事者が特定国の国内法を選択しており国際法についてはまったく言及していないにもかかわらず，そのような場合に仲裁裁判所は国際法を適用することができるかどうかという問題である。この問題について，学説では見解が対立しているが，ICSID の先例においてはそれを肯定しているようにみえる[11]。このような場合に国際法の適用を肯定する理由は，前述の国際法優位の原則の適用と同様に，ICSID 仲裁の地位または固有の性質に基づくものであるということができるであろう[12]。

Ⅲ　投資条約に基づく仲裁における国際法の適用

　これまで取り扱ってきた事例のほとんどが，国家契約における仲裁条項のような紛争当事者の仲裁合意に基づいて仲裁に付託された事例であるが，次に，最近の ICSID 仲裁に付託される圧倒的多数を占める条約仲裁の場合における国際法の適用について見ていきたい。

最近の投資条約の中には，適用法を明示的に定めているものがある。その中には，投資家と国家との間の紛争を規律する適用法として関係条約と国際法だけを規定しているものから（NAFTA 1131条，エネルギー憲章条約26条(6)），条約や国際法の規則のみならず締約国の国内法規則や私法上の投資契約を適用法としているものなど様々である。(13)このような場合，紛争当事者の間に適用法に関する「直接の」合意が存在しているわけではない。しかし，紛争当事者である条約締約国はその条約の中で投資紛争を ICSID の国際仲裁に付託することにあらかじめ同意を与えるとともに，適用法規を定めているのである。他方，仲裁を選択する権利が与えられている投資家の仲裁への付託による仲裁同意（受諾）は，当該条約に規定されている適用法についての同意をも含むものとされ，それによって紛争当事者の間に適用法の選択が存在すると解することができるであろう。しかも，投資家が当該条約の権利侵害を理由に請求を提起している場合には一層そのことが妥当すると思われる。(14)

　他方，適用法についてまったく規定していない投資条約も少なくない。そのような場合における適用法の問題あるいは国際法と国内法の関係の問題を取り扱っている ICSID の条約仲裁の初期の主要な先例として，以下の二つのケースを挙げることができる。一つは，BIT の紛争解決条項に基づいて ICSID 仲裁に付託された最初のケースである AAPL 事件である。(15)本件は BIT に基づく請求であったために，紛争当事者が事前に適用法を選択する機会がなかったという事情のもとで，裁判所は適用法について，「法の選択のプロセスは，通常，紛争の発生後に，仲裁手続をとおして当事者の行動を観察し解釈することによって現れてくるであろう」という見解を提示する。そして，原告のみならず被告国の主張の主要な論拠が BIT の諸規定に依拠していたことから，「両紛争当事者は英・スリランカ BIT の諸規定を，適用される法原則の主要な法源（primary sources）であるとみなす旨の相互的な合意を証明するような方法で行動した」との結論を引き出している。(16)こうして，裁判所は仲裁手続における

当事者の行動に基づいて，BITを主要な第一次的な法源とするという黙示的な合意が当事者間にあったとするとともに，さらに，両当事者の付託文書から，国際法規則およびスリランカの国内法規に補完的な役割を与えることについての両当事者の合意を引き出している。そこでは，BITに第一次的な主要な地位が与えられ国内法には第二次的な補完的な役割が与えられており，国際法と国内法の適用関係については，前述の投資契約の仲裁条項に基づく契約仲裁の場合とはまったく逆の関係となっている。

他の一つはWena事件の取消手続における特別委員会の決定である。それは，1976年のエジプトとイギリスとの間の投資促進保護協定が第一次的に適用される法であるとした2000年の仲裁判断を，裁判所はICSID条約42条(1)に違反してエジプト法を適用しなかったことを理由にエジプトがその取消を申請したケースである。特別委員会は，エジプト法が42条(1)第1文の規定する当事者の選択した法であると主張するエジプトに対して，まず適用法の問題を検討するに際しては，ICSID仲裁裁判所に提出された紛争の「主題（subject）」と「当事者」を確定することが重要であるとする。そして，裁判所に提出されたWenaとエジプトとの間のBITに基づく紛争はWenaとエジプト国営会社EHCとの間のリース契約から生じる紛争とはその主題および当事者の点においてまったく異なる紛争であるとする。EHCは独立の法人格を有し，その職務もエジプト国家とはまったく異なる実体であるし，リース契約上の義務に関する紛争とBITに基づいてエジプトにより外国人投資家に与えられる待遇に関する紛争とはまったく異なる紛争であるからである。このことから，WenaとEHCの間の契約違反から生じる紛争の主題についてはエジプト法が適用法であると認められるとしても，Wenaとエジプトとの間のBIT違反から生じる紛争の主題については当事者間に法の選択はなかったとして，本件では42条(1)第2文が適用されるとするのである。かかる適用法の前提としての紛争の性質の分析は，後述の契約請求と条約請求の峻別の議論と，その用語を用いては

いないけれども実質的に同様の内容のものであるということができる。

そして，特別委員会は，第2文の解釈適用の際に国内法の役割を強調して国際法の役割を制限するか，反対に，国際法の広範な適用を認めて国内法の適用を制限するかは，個々のケースの事情によるとしながら，第2文は裁判所に解釈の裁量を与えているとして次のように述べる。「明らかなことは，42条(1)第2文に至る交渉のセンスと意味は，両法秩序が役割を有していることを考慮していることである。受入国の法は，実際，正当化されるのであれば，国際法と結びついて適用されうる。適当な規則がこの他の領域において見出されるのであれば，国際法が単独で（by itself）適用することができることもまた同様である。」[21]

こうして，紛争当事者の間に適用法についての合意のない場合に，条約仲裁の場合であっても，国内法と国際法の適用を認め，それぞれの適用範囲についてはケースの事情に応じて裁判所に柔軟な解釈を行う権限を与えるとともに，場合によっては国際法の単独の適用を認めている点で契約仲裁における解釈とは顕著な対比を示している[22]。

IV 仲裁裁判所の管轄権と適用法

投資条約仲裁における適用法の問題を検討するに際しては，Wena事件において適切に指摘されたように，仲裁に付託された紛争の主題を確定することが必要である。条約仲裁に付託される紛争の性質および範囲は各条約の投資紛争解決規定の内容によるであろう。そこで規定されている投資紛争の範囲は様々であるけれども，典型的な例として二つのタイプの規定を挙げることができる。一つは，投資条約の締約国が当該条約の定める義務に違反し，当該違反によって損害または損失を受けた旨の投資家の請求に関する紛争である。（狭義の投資紛争であり，例えば，NAFTA 1116条，エネルギー憲章条約26条(1)）この場合，投資家が仲裁に付託する紛争は条約上の義務の違反に基づく請求，すなわち「条約

請求」に限られる。たとえ，紛争の原因となった国家の行為または措置が直接的にはコンセッション契約のような契約に違反するものであったとしても，投資家は投資条約仲裁に付託する場合には，当該行為または措置を契約違反としてではなく条約義務違反であるとしてその旨の請求を行わなければならない。前述のように適用法を関係の条約および国際法と定めている NAFTA の場合には，仲裁裁判所は管轄権を行使することができる条約違反の請求に対して NAFTA の規定および国際法に従って仲裁判断を行うのである。条約に基づいて設立された仲裁裁判所が条約違反に基づく請求に関して仲裁判断を下すことを要求されている場合に，当該条約および国際法を適用してそのような決定を行うことはある意味で当然のことであろう。

　投資条約の規定の他の一つは，条約における投資紛争が締約国と他方の締約国の投資家との間の「投資に関するいかなる紛争[23]」，「投資に関する紛争[24]」などといった文言で規定されており，より広い範囲の投資紛争を定めているものである（広義の投資紛争）。このような条約規定の場合，当該条約の定める義務違反に基づく請求のみならず，特に契約違反に基づく請求すなわち「契約請求」が含まれるかどうかということが仲裁裁判所において問題となってきた。かかる規定に契約請求が含まれるか否かまたその範囲については，各ケースの仲裁判断によってさまざまであり，まだ一定の解釈が確立してきたということはできないであろう。投資条約の定める広義の投資紛争の範囲に契約請求が含まれるか否かの問題に対しては二つのアプローチがあるように思われる。すなわち，単なるあるいは純粋の契約請求を含むものではなくて条約違反を構成する契約違反だけが含まれるにすぎないとして，いわば条約請求に限られるとする制限的アプローチ[25]と，条約請求のみならず純粋の契約請求も含まれるとする包括的アプローチ[26]である。また，契約請求が含まれるとしても，条約仲裁の当事者である国家が当該契約の当事者でなければならないとして契約請求の範囲を制限する見解もある[27]。いずれにしろ，投資条約に基づく仲裁裁判所において裁判所

の管轄する紛争の範囲が争われてきたのは，投資条約が定める広義の投資紛争に，契約違反に基づく請求が含まれるか否か，また含まれるとすればどの範囲までであるかということであった。

V 契約請求と条約請求の峻別

投資紛争の範囲において問題になった契約請求と条約請求とを峻別して取り扱う議論は，もともと，契約に規定されている法廷選択条項（forum selection clause）または排他的管轄条項（exclusive jurisdiction clause）の仲裁裁判所の管轄権に及ぼす効果の問題において導入されたものである。法廷選択条項とは，コンセッション契約のような国家と投資家との間の契約において，当該契約上の解釈適用に関する紛争を排他的に国内裁判所に付託することを定めている条項をいうが，かかる条項がBITに基づくICSIDの裁判所の管轄権を奪う効果を有するか否かということが多くのケースにおいて繰り返し争われてきた。この問題に対して契約請求と条約請求の峻別論を取り入れて議論したリーディング・ケースはVivendi事件である。同事件では，被告アルゼンチンは，原告とアルゼンチンのTucumán州との間で締結されたコンセッション契約に規定されていた排他的管轄条項に基づいて，紛争はTucumán行政裁判所によって審理されるべきであり，また，原告はICSID仲裁に付託する権利を放棄したと主張した。契約請求と条約請求の峻別論が特に詳細に議論されたのは，2000年に下された仲裁判断の取消手続である特別委員会においてである。それによれば，「契約違反と条約違反との間の関係に関して，BITの3条および5条は国内法上の契約違反とは直接かかわりがないことが強調されなければならない。それらはむしろ独立の規準を定めている。国家は契約に違反することなく条約に違反することがあるし，逆もまた同様である」として，かかる見解は2001年の国際法委員会の国家責任条文草案の第3条の定める「国の行為の国際違法性の性質決定（characterization）」の原則に基づくものとして位置づけられている。

この一般原則に基づいて，契約違反と条約違反はそれぞれ独立の規準によって判断されるものであることから，条約違反の有無と契約違反の有無はまったく異なる問題であり，条約違反に基づく請求（条約請求）と契約違反に基づく請求（契約請求）はそれぞれの適用法に照らして決定される。すなわち，BITの場合には国際法によって，コンセッション契約の場合にはそのプロパー・ローである受入国の国内法によって決定されるとしているのである。[31]

かかる見解に基づいて，国際的な仲裁裁判所に提起された請求の本質的基礎（basis）が契約違反である場合には，仲裁裁判所は契約の法廷選択条項に効果を与えるであろうとして，契約請求は国内裁判所に付託されることが求められることにより，仲裁裁判所の管轄権を排除する効果をもつとした。他方，請求の本質的基礎が条約違反である場合，契約における排他的管轄条項の存在が条約規準の適用の妨げとなることはできないし，条約請求に対する仲裁裁判所の管轄権を奪うこともできないとした。[32] そして，条約請求の場合には，「ICSID裁判所が行うことを要求されている審理は，ICSID条約，BITおよび該当する国際法によって規律される審理である。かかる審理は，原則として，当事者の国内法上の協定を含む国内法のいかなる問題によって決定されるものでもないし排除されるものでもない」[33] とする。かかる見解は，本件で問題となったBITには国際法と国内法が適用法として明示的に規定されていたので一般論として論じたものと思われる。[34] もしそれが条約請求については国内法の適用を排除して関連する条約と国際法だけが適用されるにすぎないことを意味しているとするのであれば，国内法と国際法の両法秩序の適用を認めていたWena事件の特別委員会の見解とは異なり，適用法をより限定していると解することができるであろう。

VI 終わりに

投資条約に適用法に関する規定がない場合に，当該条約に基づく仲裁裁判所

が紛争当事者の行動から適用法に関する黙示的な合意があったとして ICSID 条約42条(1)第 1 文が適用されるとするか，そのような合意はなかったとして42条(1)第 2 文が適用されるとするかは，もちろん個々のケースの具体的な事情による。また，当事者の間に適用法に関する合意がないとされた場合に，条約請求に関する適用法として，国際法と国内法のそれぞれの法規則が適用されるのか関係条約と国際法に限られるとするのかについては見解が分かれているようにみえるけれども，42条(1)第 2 文の解釈としては，国際法と国内法の適用を認め，それぞれの法規則にどのような役割を与えるかについては個々のケースの事情に応じて裁判所が決定するというのが適当な解釈であると思われる。また，原告が条約違反に基づく請求を提出した場合に裁判所が投資条約と一般国際法を適用して決定を行うことがあるとしても，それは上記の解釈枠組みの中で行われたものと解することができるしまた解すべきであろう。そのような解釈を支持する ICSID の先例も少なくないように思われる[35]。

他方，契約違反に基づく請求の場合における適用法に関しては，実際のケースにおいて，条約の定める広義の投資紛争に契約請求が含まれるとしたにもかかわらず紛争の本案に立ち入って審理することがなかったために，条約仲裁の先例はまだ存在しない[36]。学説においてもこの問題については明らかではないけれども，紛争当事者の間に合意のない場合に適用される ICSID 条約42条(1)第 2 文の解釈に関して，契約仲裁の場合の先例として以前に指摘してきた国内法と国際法の関係についての見解が一つの手がかりとなると考えられる[37]。条約仲裁の経験を踏まえて作成されたと考えられる2004年の合衆国のモデル BIT の規定もそのような趣旨の規定として理解することができるであろう。すなわち，BIT 違反に基づく請求と投資許可や投資協定違反の請求とを区別して（24条），前者の場合には BIT と国際法規則が適用されるとする一方，後者の場合であって紛争当事者の間に合意のない場合には，法の抵触に関する規則を含む被告国の法および該当する国際法の規則を適用するとしている（30条）[38]。このよう

に，条約仲裁においても，契約請求にICSID条約42条(1)の規定の解釈が適用されるとすれば，契約請求（国内法請求）の場合と条約請求の場合における基本的な相違点は，ICSIDの先例にしたがえば，前者の場合は国内法が第一次的に適用されるのに対して後者の場合は投資条約が第一次的にあるいは単独で適用されるということになる。しかし，他方では，いずれの場合においても国際法優位の原則が適用されるということでは共通している。いずれにせよ，契約請求の適用法の問題が今後このような方向で発展していくか否かは今後のケースの発展を待たねばならないであろう。

　ここで提示してきた見解は，いずれにしろ，契約請求と条約請求の峻別に基づいて敷衍してきたものである。しかしながら，この峻別論に問題がないわけではない。条約仲裁において契約請求を裁判所の管轄権に含ませることが適当であるか否かの問題，同一の紛争において契約請求と条約請求を峻別することがそれほど容易ではない事情がある場合における峻別の客観的規準の問題，あるいは，fork in the road 規定の効果に関する問題など今後検討されるべき課題は少なくない。そして，そのような問題の議論が適用法の問題に影響を及ぼすことも否定できないであろう。その意味では依然として，今後の理論的検討のみならず判例の集積とその分析が必要とされる問題である[39]。

(1) 投資条約の仲裁条項によれば，締約国は投資条約において，投資家との一定の投資紛争を国際的な仲裁に付託することにあらかじめ同意を与えることにより，不特定多数の投資家に対して仲裁による解決に対する一般的な申込みを行う一方，仲裁に付託する選択権を与えられた投資家は投資紛争を仲裁に付託することにより当該仲裁に対する同意（受諾）を与えたものとされ，かかる方式によって紛争当事者による仲裁付託の合意が成立する。拙稿「投資条約における国家と投資家との間の国際仲裁の法的メカニズムと機能」『国際法外交雑誌』第100巻第1号（2001年4月）参照。
(2) 契約仲裁と条約仲裁は，仲裁裁判所の管轄権の根拠がそれぞれ契約または条約に基づいているかによる区別である。ICSIDの仲裁には，その他に国内法に基づく仲裁もあるがまだ少数である。その例としては，*Southern Pacific Properties (Middle East) Limited v. Arab Republic of Egypt,* Decision on Jurisdiction, 14 April 1988, 3 *ICSID*

Reports 161 (1995).
(3) ICSID 条約付属の理事会報告書によれば，この42条に規定されている国際法は「国際司法裁判所規程第38条(1)により国際法に与えられている意味に理解されるべきである」として，国際法を最も広い意味に解している。1 *ICSID Reports* 31 (1993).
(4) Broches によれば，通常の場合は，裁判所はまず最初に紛争当事者である国の法を適用し，次に，そのような受入国の法の適用の結果を，それが不当な結果をもたらしているかどうかを確認するために，国際法にてらして審査するとしている。このプロセスは，たとえば受入国の国内法が国際法に違反している場合に，裁判所は受入国の国内法の効力についての判断を行うのではなくてその国内法を適用しないことになるとしている。Aron Broches, "Convention on the Settlement of Investment Disputes between States and Nationals of Other States of 1965 Explanatory Notes and Survey of its Application", 18 *Yearbook Commercial Arbitration* 668 (1993).
(5) *Klöckner Industrie-Anlagen GmbH and Others v. Republic of Cameroon*, Decision on Annulment, 3 May 1985, 2 *ICSID Reports* 95, 122 (1994).
(6) Ibid.
(7) Amco 事件における特別委員会においても Klöckner 事件と同様の見解が示されている。*Amco Asia Corporation and others v. Republic of Indonesia*, Decision on the application for Annulment, 16 May 1986, 1 *ICSID Reports* 515 (1993).
(8) ICSID 仲裁による投資紛争の非政治化については，Ibrahim F.I. Shihata, "Toward a Greater Depoliticization of Investment Disputes: The Roles of ICSID and MIGA", 1 *ICSID Review-Foreign Investment Law Journal*, 3-12 (1986).
(9) 国内法に対する国際法の関係あるいは役割についてのかかる見解あるいは ICSID 仲裁において国際法が遵守されなければならないことは，ICSID 条約が設けた制度の性質に基づくものであることについては，*Amco Asia Corporation v. Indonesia*, supra note 7, p. 515.
(10) 42条(1)第1文の合意は明示的でなければならないか，それとも当事者間の関係の事情から黙示的な合意もありうるかという問題については，学説において争いがあるけれども，黙示的合意の存在を確認するために証拠の厳格な基準が採用されるべきであるという点では一致している。Domenico Di Pietro, "Applicable Law Under Article 42 of the ICSID Convention The Case of Amco V. Indonesia, in Todd Weiler (ed.), *International Investment Law and Arbitration: Leading Cases from the ICSID, NAFTA, Bilateral Investment Treaties and Customary Law*, 2005, p.247; 紛争当事者間における黙示的合意の存在を認めたケースとしては，後述の Asian Agricultural Products Lt. 対スリランカ事件参照。
(11) 例えば，SPP (ME) 事件 (1992年) では，当事者によるエジプト法の選択について不一致があり，したがって，第2文に従って国際法が適用されるかどうかについても不一致があった際に，国際法はいずれの場合でも適用可能であるのでその不一致は重要で

はないとした。「当事者はエジプト法を適用することを黙示的に合意したという被告の意見を受け入れたとしても、そのような合意は、一定の状況において国際法が直接に適用されることを完全に排除することはできない。」としている。*Southern Pacific Properties（Middle East) Limited v. Arab Republic of Egypt,* Award, 20 May 1992, 3 *ICSID Reports* 207 (1995); *Amco Asia Corporation v. Indonesia,* supra note 7. 参照。

(12) 本章で取り扱った投資契約の仲裁条項に基づく仲裁事例および後述のBITに基づくAAPL事件における国際法と国内法の関係を論じたものとして、拙稿「ICSID仲裁裁判所における投資紛争解決と国際法」村瀬信也、奥脇直也編集代表『山本草二先生古稀記念 国家管轄権―国際法と国内法』勁草書房、1998年、235-263頁参照。

(13) 後述のVivendi事件において問題となった仏・アルゼンチンBIT 8条4項は「仲裁機関の裁定は、この協定の諸規定、抵触法規を含む紛争当事者である締約国の法規、投資問題に関して締結された私法協定の文言および国際法の関連する諸原則に基づくものとする」と規定する。

(14) Christoph H. Schreuer, *The ICSID Convention: A Commentary,* 2001, p.581.

(15) *Asian Agricultural Products Ltd. v. Republic of Sri Lanka,* Award, 27 June 1990, 4 *ICSID Reports* 246 (1997).

(16) Ibid., p.256.

(17) Ibid., p.257.

(18) *Wena Hotels Limited v. Arab Republic of Egypt,* Award, 8 Dec. 2000, 41 *ILM* 910-911 (2002).

(19) *Wena Hotels,* Decision on Application for Annulment, 5 Feb. 2002, 41 *ILM* 933 (2002).

(20) Ibid., pp. 939-941.

(21) Ibid., p.941.

(22) ICSID条約42条(1)第2文の「及び」の意味並びにそこにおける国際法の役割については、Emmanuel Gaillard and Yas Banifatemi, "The Meaning of "and " in Article 42(1), Second Sentence, of the Washington Convention: The Role of International Law in the ICSID Choice of Law Process", 18 *ICSID Review‒Foreign Investment Law Journal* 407 (2003).参照。

(23) フランス・アルゼンチンBIT 8条。

(24) スイス・パキスタンBIT 9条、スイス・フィリピンBIT 8条。

(25) *SGS Société Générale de Surveillance S.A. v. Islamic Republic of Pakistan,* Decision of the Tribunal on Objections to Jurisdiction, 6 August 2003, 42 *ILM* 1317-1318 (2003), paras. 161-162; *Consorzio Groupement L.E.S.I.-DIPENTA v. People's Democratic Republic of Algeria,* Award, January 10, 2005, para. 25.

(26) *Compañía de Aguas del Aconquija S.A. and Vivendi Universal（formerly Compagnie Générale des Eaux）v. Argentine Republic,* Decision on Annulment,3 July 2002, 41 *ILM*

1135 (2002), para. 55; *SGS Société Générale de Surveillance S.A. v. Republic of the Philippines*, Decision of the Tribunal on Objections to Jurisdiction, 29 January 2004, paras. 131-132, 134-135.

(27) *Salini Construttori S.p.A. and Italstrade S.p.A. v. Kingdom of Morocco*, Decision on jurisdiction, 23 July 2001, 42 *ILM* 606 (2003), paras. 59,61; *Impreglio S.p.A. v. Islamic Republic of Pakistan*, Decision on jurisdiction, 22 April 2005, paras.214,216.

(28) Vivendi事件を取り上げて、条約仲裁における法廷選択条項の仲裁裁判所の管轄権に及ぼす効果や契約請求に対する管轄権の問題を論じたものとして、Christoph Schreuer, "Investment Treaty Arbitration and Jurisdiction over Contract Claims - the Vivendi I Case Considered", Todd Weiler (ed.), *International Investment Law and Arbitrations: Leading Cases from the ICSID, NAFTA, Bilateral Treaties and Customary International Law*, 2005, pp.281-323.

(29) *Compañía de Aguas del Aconquija, S.A. and Compagnie Générale des Eaux v. Argentine Republic*, Award, 21 November 2000, 40 *ILM* 426 (2001).

(30) *Vivendi*, Decision on Annulment, supra note 26, para. 95.

(31) Ibid., para.96.

(32) Ibid., paras. 98,100. このように、契約の法廷選択条項は条約請求に対する国際的な仲裁裁判所の管轄権を奪う効果を及ぼすものではないとしてその管轄権を肯定する見解は、その後のケースによってほぼ一致して認められてきたということができる。*Salini v. Morocco*, supra note 27, pp.614-616; *CMS Gas Transmission Company v. The Republic of Argentina*, Decision on Jurisdiction, 17 July 2003, 42 *ILM* 799-800 (2003); *SGS v. Pakistan*, supra note 25, paras. 149-155; *Azurix Corp. v. The Argentine Republic*, Decision on Jurisdiction, 8 December 2003, para. 79; *Enron Corporation and Ponderosa Assets, L.P. v. The Argentine Republic*, Decision on Jurisdiction, 14 January 2004, paras. 47-51; *Siemens A.G. v. The Argentine Republic*, Decision on Jurisdiction, 3 August 2004, 44 *ILM* 167 (2005).

(33) *Vivendi*, supra note 26, para. 102.

(34) 仏・アルゼンチンBITの適用法の規定については、注(13)参照。

(35) たとえば、LG&E事件では、国際法規則と国内法規則の双方の適用と国際法優位の原則を認めるとともに、当該事件の事情にてらして、第一にBITを、第二に当該条約に明示の規定のない場合に一般国際法を、第三にアルゼンチンの国内法を適用すべきであるとしている。LG&E Energy Corp., LG&E Capital Corp. and *LG&E International Inc. v. Argentine Republic*, Decision on Liability, 3 October 2006, paras.80-99.

(36) *Vivendi*事件では、特別委員会は仲裁裁判所の仲裁判断を一部取り消したので、事件はその後2004年4月14日に設立された新裁判所に再度付託され現在も係争中である。SGS v. フィリピン事件では、裁判所はBITの仲裁条項の広義の投資紛争の規定には純粋の契約請求が含まれるとする一方、契約に含まれていた排他的管轄条項を行使する

ことが請求の受理可能性（admissibility）の要件であるとしてICSIDの仲裁手続を停止した。*SGS v. Philippines,* supra note 26, para. 126.

(37) 本稿Ⅱ章「投資契約に基づく仲裁における国際法の適用」において述べた契約仲裁における国際法と国内法の関係について参照。

(38) 2004 U.S. Model Bilateral Investment Treaty.《http://www.state.gov/e/eeb/rls/othr/38602.htm》

(39) 本稿では紙幅に制限があるため学説の引用は必要最小限にとどめたことを付言しておく。

【付記】 本稿は2008年4月19日に国際法協会日本支部の2008年度研究大会で筆者が行った「ICSID条約に基づく仲裁における国際法の適用と機能」と題する報告を基礎にして，国際法と国内法の関係の観点から検討したものである。

（横浜国立大学大学院国際社会科学研究科教授）

論　説　国際投資紛争の解決と仲裁

投資協定仲裁の法的性質
―― 投資協定における投資家の地位 ――

小　寺　　　彰

I　はじめに
II　投資協定仲裁の発展とその意義
　1　歴史的経緯
　2　投資協定仲裁の活発な利用の意義
III　投資協定仲裁の性質・投資家の地位
　1　問題の所在
　2　対象紛争
　3　適用法規
　4　評　価
IV　まとめ――機能的アプローチの評価

I　はじめに

　海外投資の保護や自由化を確保するために二国間の投資協定が世界各国によって結ばれ，累計で2600以上に上っている(1)（以後,「投資協定」は，IIA（international investment agreement）と，またそのうち二国間の投資協定は BIT（bilateral investment treaty）とよぶ）。
　21世紀に入って投資協定が一躍世界の関心を集めた。それは，IIA 中に規定される，投資紛争について投資家（多くは多国籍企業）が国家を仲裁に訴える仕組み（投資協定仲裁，IIA 仲裁）がきわめて頻繁に使われるようになったからである。投資家が対外投資を行った投資先の国家（ホスト国）との間に紛争が起

こったときに，投資母国（ホーム国）とホスト国の間にIIAが結ばれており，かつその中に投資協定仲裁が規定されていれば，投資家は当該紛争の解決のために投資家の発意によって，当該紛争を仲裁に付託することができる。たとえば，外国投資家がある国で廃棄物処理事業を行っていたが，ホスト国（中央政府，地方公共団体等）の政策変更によって事業中止に追い込まれた場合に，投資家がホスト国から賠償または補償を得たいと考え，他方ホスト国がそれを拒否するような場合に使われる。

投資協定仲裁とは，国際法上，どのような性格をもつと考えればよいのだろうか。次々に仲裁判断が出されることから学説もこれらのフォローに追われて，原理的な問題は国際的にもほとんど等閑に付されてきた。たとえば，最近出版された，Rudolf Dolzer and Christoph Schreuer, *Principles of International Investment Law* (2008) は，「対外投資法の諸原則」の誕生を謳うが，IIA仲裁についてはその実効性を評価するだけで，機能的に論ずるに止まっている[2]。そしてこの点の検討が必要な，たとえば以下の諸問題についても直感的に判断されることが多かった。

IIA仲裁の性質いかんに関わる具体的な例を少し見てみよう。IIA仲裁が国家間の仲裁裁判と同一の性質をもつ制度とすると，それに国内裁判所が介入（コントロール）することはおよそ考えられない。ICSID条約に基づく仲裁では，ICSID条約が設置する特別委員会が仲裁に介入する仕組みになっている（ICSID条約52条）。他方，国内裁判に代替する商事仲裁と同一の性質をもつ制度であれば，仲裁地の国内裁判所による介入は当然のことである。IIA仲裁がICSID仲裁のみに基づいて行われるのであればこの問題は起こらないが，IIAのほとんどには，ICSID以外の国連商取引委員会（UNCITRAL）仲裁規則，国際商業会議所仲裁規則，ロンドン国際商業裁判所仲裁規則等の仲裁規則の利用可能性が規定されている。そこで，ICSID条約以外の商事仲裁規則によってIIA仲裁が行われた場合，仲裁地裁判所は介入できるかが問題になりうる。

Metalclad 事件でこの点が争点になったが、ブリティシュコロンビア最高裁判所は、事件が「投資」に起因していることだけを指摘して、カナダ国際商事仲裁法の対象となる「商事（commercial）仲裁」に当たると判断し仲裁地裁判所の介入を正当化した。[3] この問題の延長線上には、ICSID 仲裁も含めて、IIA 仲裁の判断がニューヨーク条約によって執行可能かというものもある。

また別のレベルの問題もある。たとえば、IIA 仲裁が規定される場合に、投資家個人が IIA 仲裁への付託権を放棄できるのか。AB両国間の BIT によって保障される、A国投資家XのB国に対する投資について、XがB国との間の契約等によって BIT 仲裁への付託権を放棄する、又は紛争処理を BIT 仲裁以外の特定の手続によって処理する旨を約束した場合に、Xの IIA 仲裁付託権はどのようになるのだろうか。Xの仲裁付託は、A国の条約に基づく請求の代行と考えれば、事前にXがそれを放棄することはできないと解されるかもしれない。かつて外交的保護権について、それに訴えないことを約束する「カルボ条項」の効力が議論された。本来的に国家の権利である外交的保護権を国民が放棄することはできないために、当該条項は無意味と考えられたが、IIA 仲裁に関する上記の問題もカルボ条項と同様に考えてよいのか。

これらの問題は、本来 IIA 仲裁がどのような性質をもつのかを究明せずにはきちんとした答を出すことができないが、この点の解明はなおざりにされている気がしてならない。このような対処でよいのだろうか。この問題に入る前に、IIA 仲裁の現状とその意義を概観しておくことにしよう。

II 投資協定仲裁の発展とその意義

1 歴史的経緯

IIA 仲裁は、1960年代に入って IIA が本格的に結ばれるようになった頃からすでに、IIA に規定されることが多かった。ただし、1990年代後半までは使われても最終的な処理まで長い時間がかかることが多く（国内法を根拠に管轄権が

設定された「Amco事件」では仲裁付託から最終決定までに11年余を要した），その結果，仲裁に訴えを起こす投資家の数も少なく，投資協定仲裁が注目されることはあまりなかった。その状況が大きく転換するのは，1990年代後半とくに1998年以降である。

1998年は投資協定仲裁にとって画期的な年であった。1996年に北米自由貿易協定（NAFTA）投資章に基づいて，カナダの環境規制の強化によって操業停止に追い込まれた米系企業が，カナダを仲裁に訴えた（エチル事件）。この事件は，米国の環境基準では許されない事業をカナダ国内で実施していた企業が操業中止に追い込まれたことが収用に当たるかどうかという問題であったために，カナダの環境規制の改善がNAFTA上許されないのか，ひいては投資保護が環境規制の改善を損なう契機をはらんでいるかという問題提起がNGOを中心に行われた。このNGOの声は，すぐにヨーロッパのOECD本部で行われていた，「多数国間投資協定（MAI）」の交渉に影響を及ぼした。

MAI交渉は1995年からOECD加盟国政府間で秘密裏に行われていた。MAIは，先進国間の投資自由化を目的とする，「投資自由化協定」が目指されていた。従来のIIAは，大多数が，投資保護を第1の目的とする，「投資保護協定」であったために，おもに先進国と途上国間で結ばれていたが，先進国間の投資自由化を目指したMAIは，IIAとしては画期的なものであった。「高水準な協定」と称されたように，従来とは異質な性格をもつMAIが，OECDにおいて非公開で交渉されていることが一般に知られ，それについてフランスをはじめ各国で批判が巻き起こった。その原因の一つは，MAIに投資協定仲裁が盛り込まれていたことにあり，それによって各国の主権が侵害されることが危惧され，その現実化した姿がNAFTAにおけるエチル事件と考えられた。MAIに対する反対の声はフランスを中心にヨーロッパ各地で強まり，MAI交渉は中止に追い込まれた。

ところが皮肉なことに，投資協定仲裁の規定は，当時2000に迫ろうとしてい

た BIT にすでに盛り込まれていたために，NAFTA 三国の企業のみならずヨーロッパ企業，さらには最近では，途上国企業も，世界各地への投資をめぐる紛争の処理のために積極的に活用するようになった。その結果，IIA 仲裁は海外に事業を展開する企業にとって有用な紛争処理手段となった。

2　投資協定仲裁の活発な利用の意義

　IIA 仲裁が活発に利用されたことが IIA についての関心を高めたことは間違いないが，その理由はどこにあるのだろうか。

　一つは，IIA 仲裁の実効性が確認できたことである。国家間で結ばれる条約の解釈権は通常は条約当事国がもつ。そのため，投資家が被害を蒙った場合であっても，ホーム国が条約違反はない，または政策的考慮によって条約上の救済を求めないと判断することもある。その場合は，被害投資家の意向とは別の，ホーム国政府の条約解釈または判断によって条約に基づく救済が得られない。それに対して，IIA 仲裁を利用すれば，投資家が IIA 違反による被害が発生したと判断し，ホスト国から救済を得ようと考えれば，IIA 仲裁に自らの発意によって訴えられ，その場で客観的な判断を得て必要な救済が可能になる。IIA 仲裁によって，従来の国家間の関係のみによってではなく，投資家自身の発意に基づく条約による救済も可能になり，その結果 IIA の実効性が向上すると言える。

　第 2 に，IIA 仲裁は，条約解釈という公益に関わるために，商事仲裁とは異なり，ほとんどの仲裁判断が公表される。しかも，IIA の規定がすべてまったく同じというわけではないが，多くの IIA に，「内国民待遇」，「最恵国待遇」また「公正待遇」の規定が置かれるなど，規定される事項に共通性があり，またそれぞれの IIA での規定の仕方も似ている。そのために IIA 仲裁ではそれ以前の IIA 仲裁を引用しながら判断が示されることが多く，その結果，全体的に一貫した判断が積み重なってきている（もちろん依然として IIA 解釈が分か

れたままの規定もある(7)）。このようなIIA仲裁の働きを受けて，IIAによってホスト国の負った義務の内容が，そしてその結果IIAによる保護の範囲が明確になってきた。このこともまた，IIAの実効性の向上に寄与した。

このような現状を踏まえると，本稿で提示した問題の解明は，現下においてきわめて重要と言える。

III 投資協定仲裁の性質・投資家の地位

1 問題の所在

従来，外国投資に関する紛争はどのような形で処理されてきたのだろうか。第1はホスト国国内裁判所による処理である。投資家はホスト国政府の措置によって損害を蒙った場合には，現地国内裁判所で相手国政府を訴えて現地国内法に基づいて救済をもとめることが多い。先進国に投資した企業の場合には，これがもっとも一般的な救済手段である。途上国の場合は，その国内裁判所に信頼が置けないと投資家が考え，投資に際して投資家が現地政府と契約（コンセッション契約）を結び，両者間の紛争を仲裁によって処理すると約束することもよくある(8)。これは，投資家がホスト国国内裁判所を忌避して，国内裁判所に代替する手続を設定したものである。

第2は，投資家の所属国が国際法に基づいて救済を求める形である。一般国際法上は，個人が他国の責に帰すべき事由によって財産的または身体的被害を蒙った場合には，当該個人の国籍国がその救済を要求できる（外交的保護）。また国家が締結した特定の条約によって個人の財産的または身体的な待遇を与えることが規定されれば，その規定に反する措置によって当該個人が財産的または身体的な侵害を受けたときには，当事国は条約上の権利侵害を根拠に救済を要求することができる。これは外交的保護と類似した制度であるが，保護の対象範囲や保護の程度等において，一般国際法上の制度である外交的保護とは異なっており，別の制度と考えなければいけない(9)。両者は別々の制度であるため

に，外国国家起因の行為によって被害を蒙った個人との関係では，条約に基づく救済と一般国際法上の救済の双方が成り立ち，双方の主張が可能である。このように，これら2つの制度は国際法上の請求である点は同じために，本稿では，両者をまとめて「国家による国際請求」とよぶことにする。

　国家による国際請求は，外交的手段によって行われるが，同時に，請求国・被請求国双方の同意等の条件が整えば，国際司法裁判所等の司法手続によることも可能である。これらは国家の権利として発動される結果，法的には，被請求国が金銭賠償をすることになっても実際に被害を受けた投資家が金銭を受領する国際法上の権利があるわけではなく，また被害投資家が要求したとしても権利者たる国が国際請求を行うかどうかは当該国の裁量に委ねられる。ただし，国籍国が受領した金銭を実際の被害者に給付するのが通常であるために，国家による国際請求は実際の被害者の救済としての機能を果たす。

　以上の2つは，通常の海外事業活動について，外国政府の措置によって蒙った被害から救済を得る仕組みであるが，投資分野を離れて人権分野に目を転ずると，現在では，まったく新しい仕組みが登場している。これを第3の形としよう。第3の形とは，国際法上「基本的自由」という権利（国際人権）を与えられた個人が，その実現のために，国際人権機関，とくに国際人権裁判所に加害国を相手に救済を求める手続である。この手続では，個人は個人固有の権利の救済を図るために，裁判所等の国際人権機関に訴えを起こすのであり，所属国の意向は一切関係ない。そもそも個人としての権利であるから所属国自体を訴えることもよくある。これは，第1および第2の手続が，個人は国内法の受範者にとどまり，国際法の受範者は国家であって国際法上，個人は権利義務の客体でしかないということを前提にしているのとまったく異なる。言うまでもなく，第1は国内法上の手続，また第2は国際法上の制度である。第3の手続は，個人が国家と並ぶ国際法の受範者と位置づけられており，第2と同様国際法上の手続である。人権の中には財産権も含まれるために，国際人権機関，具

体的にはヨーロッパ人権裁判所によって投資家の救済が図られることもある。[10]

IIA 仲裁，ひいては IIA における投資家の地位は，この3つの中のいずれのタイプの性質をもつと捉えればよいのか。現在までの実行によって，どの程度までは答えられ，またどこから先は答えられないのか。本稿では，IIA 仲裁の基本的性質を決定すると考えられる，IIA 仲裁の「対象紛争」および「適用法規」を検討することによって，この問題に迫ることにしよう。[11]

2 対象紛争

IIA 仲裁が対象とするのは，投資家とホスト国の間の「投資紛争」である。最近の BIT では，端的に対象を「投資紛争」と規定するものもあるが（米国の最近の米国のモデル BIT），従来の IIA では，大きく2種類に書き分けられている。

第1は，「伝統型」である。たとえば，スリランカ・モデル BIT は「対象紛争」を次のように規定する。

> Any dispute between a Contracting Party and an investor of other Contracting Party shall be notified in writing including a detailed information by the investor to other host party of the investment, ...

この規定では，投資家とホスト国間のいかなる紛争も仲裁の対象とされる。投資家とホスト国の主張が対立する状況があれば，ホスト国国内法やホスト国との契約をめぐる紛争だけではなく，IIA の解釈に関する「条約紛争」も仲裁の対象になる。前者の紛争はホスト国国内裁判所で受理可能であるが，他方後者の紛争については，国家間または投資家対国家の間の「条約紛争 (treaty dispute)」と考えることができる。前者の法的構成は IIA が国家間条約である以上，当然の解釈と言わなければならないが，それに加えて，IIA 当事国が条約上の義務を投資家個人に負うと考えることができるかどうかが問題になる。

前者であれば，本来的には国家間紛争で処理されるべきものであり，ホスト

国国内裁判所では受理不能である（ただし，IIA が国内的効力をもつ国内憲法体制では，国家間の「条約紛争」が，ホスト国の国内紛争として受理される場合がありうる）。他方，後者の投資家対国家の「条約紛争」と考えることができれば，構成いかんでは国際裁判所で処理しうるし（ヨーロッパ人権裁判所は典型例），ホスト国の国内憲法体制いかんでは，ホスト国国内裁判所での処理も可能である。

本来，IIA 仲裁が生まれたのは，途上国たるホスト国の司法制度への信頼の欠如に由来すると言われる。(12)すなわち，BIT は，形式的には両当事国を等しい立場に置くが，20世紀中葉は最近とはやや事情が異なり，投資は先進国から途上国に対して一方的に行われた（最近では，途上国から先進国，また途上国相互間の投資も相当活発に行われるようになった）。そのために，BIT の形式的な対等性はともかく，実質的には，IIA はホスト国たる途上国に投資保護を一方的に義務づける機能をもった。IIA 仲裁は，ホスト国たる途上国で投資をめぐってホスト国と投資家との間に紛争が起こったときに，途上国での裁判制度によって対処することが不適当と判断され，IIA 仲裁が置かれたと言われる。そこでは，一方では途上国国内法の適用を認めながら，他方では解釈適用を行う機関を仲裁に移行させるとの制度が作られたとされる。この説明は IIA 仲裁がホスト国（途上国）国内裁判所に代替するのを意図して作られたというものである。

たしかに IIA 仲裁設置の動機はこのように説明できるかもしれないが，条約文言上は，ほとんどすべての紛争が含まれる。その中には本来は国家間で争われるべき IIA の解釈に関するものも該当すると解され，このような紛争が仲裁に付託されたときは，国内裁判所の代替と理解することはできない。

第 2 は，「現代型」である。NAFTA や最近の日本の BIT がその例である。

An investor of a Party may submit to arbitration under this Section a claim that another Party has breached an obligation under: (a) Section A or Article 1503 (2) (State Enterprises), or (b) Article 1502 (3) (a) (Monopolies and State Enterprises) where the monopoly has acted in a manner inconsistent with the Party's obligations under Section A, and that the investor has incurred loss or damage by reason of, or arising out of, that breach.

　このタイプでは，ホスト国のIIA違反の行為から生じる紛争が仲裁の対象となっており，「伝統型」が対象としうる紛争のうち，本来的にはIIA当事国間で問題としうるもののみを対象とする。このタイプの紛争はホスト国の国内法体制いかんでは，ホスト国国内裁判所において受理可能な場合があるが，性質上は国家間の「条約紛争」と捉えるのが合理的である。したがって，このタイプのIIAでは国家間でのみ処理される「条約紛争」だけがIIA仲裁の対象と考えるのが妥当であろう。このタイプの紛争を対象にする場合は，仲裁は国内裁判所代替という色彩を喪失し，条約違反に起因する国家の請求を代行する国際請求手続または投資家個人の国際請求手続に純化する。

　「伝統型」は，国内紛争のみならず「条約紛争」を含みうると言ったが，1990年代後半以降に増加を遂げたIIA仲裁では，「伝統型」をとるIIAを根拠にするものであっても，IIA違反を請求原因とするもの，すなわち「条約紛争」がほとんどであった。「現代型」の場合が，「条約紛争」だけを対象とすることは当然としても，「伝統型」についてもまったく同じように「条約紛争」が対象となっている。つまり，IIA中の規定如何はともかく，現在起こっている実際のIIA仲裁では，対象紛争は「条約紛争」という性質をもつ，IIA違反をめぐる紛争である。

3　適 用 法 規

　仲裁の適用法規は，仲裁が準拠する仲裁規則および各IIAによって決定される。IIA仲裁が準拠する仲裁規則は，おおむね，第1には，仲裁当事者の意思によって決められ，そしてそれが不明な場合には，第2に，当該紛争処理に相応しい法が適用される。ICSID条約42条1項は，この点について次のよう

に定める。

　裁判所は，両当事者が合意する法規に従って紛争について決定を行なう。この合意がない場合には，裁判所は，紛争当事者である締約国の法（法の抵触に関するその締約国の規則を含む。）及び該当する国際法の規則を適用するものとする。

　この例のように，適用法規の決定は第一義的には当事者の合意が優先されるのが常である。IIA については，IIA 自体に適用法規が書かれていればそれに拠ることになる。たとえば，NAFTA1131条1項は次のように規定する。

　A Tribunal established under this Section shall decide the issues in dispute in accordance with this Agreement and applicable rules of international law.

　この場合は適用法規は明確に国際法である。このような適用法規の指定がない場合は仲裁規則によって決定される。ICSID 仲裁を利用する場合は，紛争当事者が適用法規に合意していないときは，「紛争当事者である締約国の法（法の抵触に関するその締約国の規則を含む。）及び該当する国際法の規則」が適用法規になる。問題は，締約国の国内法規と「該当する国際法の規則」の関係である。

　この点については，当初は，第一次的にはホスト国国内法を適用するとされ，国際法規を適用する場合も，ホスト国国内法が国際法規を受容していることを前提に国際法規を適用するとの論理操作が行われた（Wena 事件）[13]。しかし，最近では，そのような理由付けは行われず，国際法が直接的に適用されてホスト国国内法の適用は補充的な位置にとどめられている。これは，投資家の提示する請求原因が IIA 違反に基づく損害賠償である以上，当然と言える。すなわち，IIA 仲裁において IIA 違反の有無に関する紛争が裁かれる以上，適用法規が国際法になるのは必然である。また適用法規として明示的に国際法に言及しない他の仲裁規則についても，適用法規が IIA 等の国際法が中核となり，国内法は精々補充的な位置しか占めないのは，紛争が IIA 違反に関するものだからである。この点については，多くの論者は，紛争の性質に合致した法が適

用されるべきだと述べて正当化している[14]。

4 評 価

(1) 問題の所在　IIA 仲裁の対象紛争を見ると，「伝統型」の場合は，国内裁判代替とも，また国家の国際請求代行または個人固有の国際請求と見ることができる。しかし，実際に提訴される紛争類型が「条約紛争」である以上，国家の国際請求代行または個人の国際請求と考えるほかはない。もちろん，伝統型によって国内法上の紛争が付託される場合は別である。当然，適用法規も，このような付託紛争の性格を反映して国際法が適用されている。このように考えると，3 でも述べたが，IIA 仲裁が投資家の国内裁判所での権利行使の代行と考える余地が皆無とは言えないが，この解釈はあまりに人為的だと言えよう。

結局，問題は IIA 仲裁によって主張される権利が国家の請求権（の代行）か，それとも投資家固有の国際法上の請求権かという点にあることが分かる[15]。この点は，IIA 義務違反が投資家個人に対するものか，それとも従来通り他方当事国に対するものかという点に関わる。

(2) 理論的検討　IIA 仲裁の前身とも言うべき混合請求権裁判所においては，本来的には国家間で交渉し処理すべき事項について，請求国が直接被害者を代理人に指名して主張を展開させ，最終的には国際請求を満足するための仕組みだと無意識に前提にされることが多かった。IIA 仲裁についても，この前提に基づいて解説された[16]。

このような説明を真っ向から否定したのが，Zachary Douglas である。彼は IIA 仲裁が個人の固有の権利主張であるとの見解を示した[17]。

第 1 の批判（または自説の根拠）は，外交的保護権においては行使の有無を決定する最大の要因が被請求国についての外交的配慮であり，IIA 仲裁ではこのような外交配慮が一切働く余地がないことである。言うまでもなく IIA 仲裁は，この性質を完全に失っている。第 2 に，外交的保護の場合は自国民に対す

る侵害が対象であり，侵害時から救済時まで引き続き請求国の国籍を保持することが要件であるが，IIA 仲裁はこの要件を欠く。第3に挙げられるのは，「フォーク・イン・ザロード (fork-in-the-road)」規定である。これは IIA 中の規定であって，同一または類似の請求について，投資家が IIA や国内裁判手続等の紛争処理フォーラムを選択することを定める。その中にはいったん国内裁判所を選択すれば，IIA 仲裁を利用できない旨を規定するものがある。国家の国際請求権なら，個人の国内裁判所利用によってそれが消滅することはない。第4に，国際請求の場合は手続法として国際法が規律するが，ICSID 以外の仲裁フォーラムでは，仲裁地国内法が手続法となる。第5に，国際請求の場合には，国内救済を尽くすことが必要とされるが，IIA 仲裁の場合には，このことは多くの場合付託要件とされない。第6に，国家の国際請求では国家の蒙った損害が請求されるが，IIA 仲裁の場合は，投資家の蒙った損害が請求される。第7に，ICSID 以外の仲裁フォーラムでは，国内裁判所（仲裁地裁判所）の介入が予定されていることである。

　これらの点はどう考えるべきであろうか。Zachary は，第1から第5までの点を論拠とする際に，「外交的保護」と呼んでそれを否定していることに注意が必要である。つまり，彼は，一般国際法上の外交的保護と国際条約に基づく国家の国際請求を区別しないで，一般国際法上の外交的保護に寄せて議論している。後者においては，国家は自らの権利義務の範囲を，相手国への権利主張の要件も含めて自由に決定することができる。この点を踏まえれば第1から第5までは，外交的保護ではなく条約上の国際請求の場合には，まったく問題にならない点である。国際請求の要件は，国家は条約においていかようにも決めることができるからである。Zachary の議論によるかぎり，条約上の国際請求ができればすべて国家は個人に権利を与えたことになるが，これは Zachary の本意ではないであろう。また第6点であるが，外交的保護の場合でも，個人の蒙った損害が賠償額の算定根拠になることは従来から多かった（実はこの点

から，国家の外交的保護権という法的構成自体のフィクション性が主張されるが，この点は後述）。

　もちろん，Zachary が投資家自身に対して条約当事国が義務を負ったと理解したい気持ちは分かる。たとえば，Sornarajah は，国内救済について沈黙する IIA について，仲裁付託前に国内救済を尽くすことが必要だと理解している。これは IIA における投資家の地位を国家の国際請求における個人の地位に引き寄せて理解したからだが，このような解釈は多くの IIA 当事国の意図に反するように思われる。また国際司法裁判所は，領事保護について，国際法は個人に権利を付与したと断言したことを（ラグラン事件）[18]，どのように考えるか。個人の国際法上の権利救済手続を欠く領事保護と比較した場合，仲裁を備える IIA 上の投資家の「権利性」ははるかに強いと言える。しかし，領事保護について国際司法裁判所が個人の国際法上の権利と解した根拠は明示されていない。結局決着をつけるのは，当事国が IIA 仲裁を設けることにどのような意義を付与したのかということであろう。

Ⅳ　まとめ──機能的アプローチの評価

　現在の IIA および IIA 仲裁を見る限り，国内裁判所代替と言える要素はほとんどなく，国家または個人の国際請求のための手続と考えるのが妥当である。しかしながら，IIA 仲裁において，ICSID ではなく，一般の国際商事仲裁規則に準拠するものが増え，それらについては，仲裁地手続法，そしてその地の裁判所が介入し，ニューヨーク条約に基づく執行も当然のことと考えられている。国際法上の手続と国内法上の手続がまさに，投資家の便宜に適うように適用されている。

　IIA に投資家対国家の仲裁手続が置かれなければ，またそれが準拠する仲裁規則が ICSID 仲裁規則だけならこのような理論的問題は起こらなかった。伝統的な通商航海条約と同じように捉えて，国家を権利者，そして個人を単なる

受益者と考えればすんだ。問題はIIA仲裁が置かれ，さらに一般の国際商事仲裁規則に準拠することが認められたことによって，IIAの性格が変わったのか，または変わっていないのか。

機能を重視して作成されたIIA仲裁がいっそう機能的に運用され，それが投資家・投資財産の保護，ひいては国際投資の促進に資すると理解されている。その意味では，本稿で問題としたような性質論は完全に吹っ飛び，従来の国際法上の制度とは別種の，「自己完結的な制度（self-contained regime）」として定着したと言うほかない。

しかしながら，法理的には，アンブレラ条項のように相反する仲裁判断が下されている。IIA中の規定であって，国家と投資家で結ばれた国内法上の契約を遵守する義務を定めるものを「アンブレラ（umbrella）条項」とよぶが，IIAによって遵守が義務づけられた契約は，投資家と国家が結んだすべての契約か，または公権力の保持者としての資格によって投資家と結んだものに限られるか[19]。この対立を正しく解消するための処方箋は，控訴審を作るか，今後の判断の集積を待つこと（wait and see）であるとよく言われる[20]。しかし，より本質的には，IIA仲裁をもつIIAにおける投資家の法的地位の性質決定が行われていないことがそもそもの問題なのである。多くの仲裁が，十分な国際法上の検討なしに下されたためにこのような事態が起こった以上，今更施す術はないかも知れない。

他方，外交的保護といい，条約に基づく国家の国際請求といい，いずれも個人の権利利益を保護するための行為を，国際法上の制度と構成したときの，いわばフィクションでしかないことは広く知られてきたことである[21]。なぜ個人の損害を国籍国が自己の権利として主張できるのか。個人の蒙った損害がなにゆえに国家の損害となるのか。国家間条約を使って，投資家の保護と投資の促進を最大限図ろうと工夫されて出来たのが現在のIIAであり，IIA仲裁である。国家が自国投資家等の保護を図るための効率的な仕組みを追求した結果，IIA

およびIIA仲裁が作られ,外交保護等の従来のフィクションとの整合性がつかない事態に立ち至った。その意味では,IIAおよびIIA仲裁は,国家の国際請求,ひいては外交的保護の新たなドグマティーク作りのきっかけになるのかもしれない。

(1) UNCTAD, *International Investment Rule-making:Stocktaking, Challenges and the Way Forward* (2006), p. 26.
(2) Rudolf Dolzer and Christoph Schreuer, *Principles of International Investment Law* (2008), pp. 222.
(3) *The United Mexican States v.Metalclad Corporation,* Date: 20010502,2001 BCSC 664, pp. 〈http://ita.law.uvic.ca/documents/Metaclad-BCSCReview.pdf〉
(4) *Amco Asia Corporation and others v. Republic of Indonesia,* ICSID Case No. ARB/81/1.
(5) エチル(Etyl)事件については,西本宏治(小寺彰監修)「Ethyl事件の虚像と実像〔上〕」国際商事法務33巻9号(2005)1193頁以下参照。
(6) MAIについては小寺彰「補論 多数国間投資協定(MAI)」『WTO体制の法構造』(2000)181頁以下参照。
(7) たとえば例外条項。この点については,Dolzer and Schreuer, *op. cit.,* pp. 169-171 参照。
(8) コンセッション契約については,Peter Fischer, "Concessions," in R. Bernhardt ed., *Encyclopedia of Public International Law,* Vol.1 (1992), p. 719 参照。
(9) 学説上この点を曖昧にするものが国際的にも多いが,国際司法裁判所ELSI事件はこの点を明確に区別した(*Case Concerning Elettronica Sicula S.P.A.* (*ELSI*), Judgement of 20 July 1989, ICJ Report, 1989, p. 58)。もちろん両者を外交的保護と一括して捉えて,一般国際法に基づく場合と特定の条約に基づく場合を分けて考えてもよい。
(10) ジョン対ドイツ事件では国家措置の収用該当性が肯定された。Eur. Court H.R., Grand Chamber Judgment, *Jahn and others v. Germany,* Judgment of 30 June 2005, available at: 〈http://cmiskp. echr.coe.int/tkp197/portal.asp?sessionId=3511702&skin=hudoc-en&action=request.〉.
(11) 個々の仲裁判断を拠り所にして仲裁判断の隠れたモチーフを探るというアプローチによって,本稿の問題を解くことも理論的には可能であるが(本稿末尾参照),本稿ではまず従来の国際法上の制度を前提にして,それとの異同を検討するという方法によって本稿の問題に応えることにした。
(12) M. Sornarajah, *The International Law on Foreign Investment* (1994), p. 266.
(13) *Wena Hotels Ltd. v. Arab Republic of Egypt,* ICSID Case No. ARB/98/4 (United

Kingdom/Egypt BIT) Award on Merits, 8 December 2000.
(14) たとえば, Ole Spiermann, "Applicable Law," in Peter Muchlinski, Federico Ortino and Christoph Schreuer, ed., *The Oxford Handbook of International Investment Law* (2008), pp. 107-108.
(15) Zachary Douglas, "The Hybrid Foundations of Investment Treaty Arbitration," *British Year Book of International Law*, Vol. 74 (2003), pp. 162-164 および Campbell McLachlan, Laurence Shore and Matthew Weniger, *International Investment Arbitration: Substantive Principle* (2007), pp. 61-65 は, 投資家の権利を国家から派生する (derivative) 権利と見るか, 直接的 (direct) 権利と見るかを議論の出発点とする。
(16) たとえば, Sornarajah, *op. cit.*, pp. 265-272.
(17) Douglas, *op. cit.*, pp. 160-184. なお, 森川俊孝も同じ結論であるが, 根拠は特に示していない (森川俊孝「投資条約における国家と投資家との間の国際仲裁の法的メカニズムと機能」国際法外交雑誌100巻1号 (2001) 48頁)。
(18) *LaGrand Case* (Germany v. United States of America), Judgment of 27 June 2001, ICJ Reports, 2001.
(19) 詳細については, 濱本正太郎「投資保護条約に基づく仲裁手続における投資契約違反」〈http://www.rieti.go.jp/jp/publications/dp/08j014.pdf〉参照。
(20) OECD, *Improving the System of Investor-State Dispute Settlement: an Overview*, February 2006, pp. 8-12.
(21) たとえば, International Law Commmission, *First Report on Diplomatic Protection*, by Mr. John R. Dugard, 7 March 2000, A/CN. 4/506, pp. 24-27 参照。

(東京大学大学院総合文化研究科教授)

論　説　　国際投資紛争の解決と仲裁

投資協定仲裁の実務
―― 具体的紛争事例の紹介 ――

手 塚 裕 之

1　報告対象事例
2　事案の概要
3　当事者の主張の概要
4　裁判所による検討
5　当事者の投資に関する主張の検討
6　他 の 論 点
7　費　　用
8　仲裁判断主文
9　コメント――国際商事仲裁実務との比較における ICSID 仲裁実務の特徴

1　報告対象事例

　本報告は，最近の投資協定仲裁事件において，契約に関わる紛争の投資仲裁適格が争われ，裁判所（仲裁廷）が過去の投資協定仲裁判断例等の検討に基づきある程度詳細に仲裁廷の管轄についての判断理由を示し，またそれに至る一連の手続経緯についてもかなりの程度詳細に触れた一事例を取り上げることにより，国際商事仲裁の実務との比較における投資協定仲裁の実務の特徴について述べることを目的とするものである。
　本報告の対象とする投資協定仲裁事件は下記の通りである。

　Malaysian Historical Salvors, SDN, BHD v. Malaysia (Case No. ARB/05/10)

仲裁判断及び当事者提出書面はICSIDウェブサイトより入手可能である。

同事件の手続経緯の概要は以下の通りである。

　　登録日　2005年6月14日
　　仲裁裁判所（裁判所）構成日　2005年11月1日
　　裁判所の構成　単独仲裁人　Michael Hwang（シンガポール）
　　仲裁判断日　2007年5月17日
　　取消請求登録日　2007年9月17日
　　特別委員会構成　2007年10月30日
　　委員長　Stephen M. Chwebel（米国）
　　委　員　Mohamed Shahabuddeen（ギアナ）
　　同　　　Peter Tomka（スロヴァキア）
　　特別委員会第一回セッション開催日　2008年3月31日

2　事案の概要

(1)　投資紛争解決国際センター（ICSID）仲裁申立までの経緯
・1991年8月3日　申立人（海難救助会社）は相手方（マレーシア政府）との間でマラッカ沖で1817年に沈没した英国船ディアナ号の探査・引揚げについての契約を締結した。

　申立人は引揚げ作業について全リスクを引き受け，引揚げ品はクリスティーズでオークションを行った上で，競売の収益及び相手方が売却を留保した品物の価額に応じた報酬（1000万米ドル以下は70％，2000万米ドルまでは60％，それを超えれば50％）を得ることとされた。

・1995年3月　4年間の作業を経て，申立人は2万4000件の物品を引揚げた。アムステルダムの競売では，約298万米ドルの売却実績が得られた。しかし，申立人に対しては，120万米ドル（約40％）の報酬しか払われず，また売却留保品中の中国骨董の価値についても争いが生じた。

・1995年7月　契約中の仲裁条項（マレーシア仲裁法に従い，クアラルンプールを仲裁地として行う）に従い，申立人は仲裁申立を行った。これに対し，Kuala

Lumpur Regional Centre of Arbitration（KLRCA）が選任した仲裁人は申立人の請求を棄却する仲裁判断を行った。申立人はKLRCA及びマレーシア高等裁判所でこれを争ったが，いずれも却下された。申立人は更に2000年12月，Chartered Institute of Arbitrators（CIArb）に仲裁判断の審査を求めたが，2001年1月にこれも却下された。

(2) ICSIDでの手続
- 2004年9月30日　ICSIDは申立人より仲裁申立書を受領した。申立書では英・マレーシアBIT上のICSID仲裁条項が援用されていた。同日ICSIDは申立書受領を確認し，マレーシア政府及びワシントンDCのマレーシア大使館にコピーを送付した。
- 2004年11月1日付けレター　ICSIDは下記の点について追加情報の提供を申立人に要請した。
  a) 申立人が行ったICSID条約上，及びBIT上の「投資」は何か？
  b) BIT第1条(b)(ii)のもとでの投資の種類は何か？
  c) 当事者間の紛争，とくに，いかなるBIT違反を主張するのか？
- 2004年12月30日付けレター　ICSIDは，申立人に対して，BIT第7条(1)による国内的救済を求めることにより紛争解決合意を目指す試みの有無を問い合わせた。
- 2005年2月18日付けレター　ICSIDは，申立人に対して，Gruslin事件の仲裁判断との関係で，本件がapproved projectと言えるかについての意見を求めた。
- 2005年6月14日　仲裁申立（改訂版）を登録。
- 2005年6月24日付けレター　申立人は，単独仲裁人によりワシントンDCで仲裁を行うことを提案。
- 2005年7月26日付けレター　相手方は，単独仲裁人によることは同意し，仲

裁地はバンコクを提案した。その後両当事者は単独仲裁人は ICSID 事務局長が選任すること，仲裁手続地は仲裁裁判所（Tribunal）が決定することで合意した。

・2005年10月 4 日　センターは，Michael Hwang 氏を仲裁人に選任する意向を両当事者に通知。当事者はこれに同意した。11月 1 日付けレターでセンターは当事者に仲裁人選任を通知した。その後，仲裁地及び第一回のセッション日程について多数の書面が交換された。

・2005年12月24日　第一回セッションはハーグで12月29日に行うことが決定された。12月23日，相手方は，センターの管轄に対する異議を提出した。これにより実体審理はサスペンドされることとなった。

・2005年12月29日　第一回セッションがハーグの Hotel le Meridien Des Indes で開催された。仲裁規則41条(3)により，相手方の管轄についての異議に関する書面及び口頭手続の日程が合意された。その他の手続事項については，事前に裁判所書記より配布の暫定議題に従い討議された。当事者は，仲裁で提出される全ての主張書面及びその根拠資料並びに仲裁判断をセンターが公開できる権限を与えた。ただし，相手方は，公開前にセンシティブな情報を redact できる権利を留保した。セッションの全ての結論は仲裁人と裁判所書記がサインした要約版議事録に反映され，音声録音の CD-ROM とともに当事者に提供された。

合意された日程に従い，両当事者は管轄についての主張書面（Memorial）を2006年 3 月16日の期限までに同時に提出し，応答書面（Reply Memorial）を 4 月17日までに同時に提出（ハードコピー及び電子ファイル）した。

・2006年 5 月25日　合意された日程に従い，管轄についてのヒアリングはフランクフルトの German Institute of Arbitration の施設で開催された。逐語的筆記録及び音声録音 CD-ROM が当事者に提供された。

- 2006年5月26日　裁判所は，当事者に対して，6月26日までに post-hearing submission を提出するよう指示した。その後さらに当事者から任意の追加書面が提出されたが，裁判所はそれらは検討上有益でないと判断した。
- 2006年11月21日及び28日，07年3月14日付け各レター　裁判所は，当事者に対して，裁判所が特定した ICSID 仲裁判断の一定の側面についての追加の主張を要請した。

3　当事者の主張の概要

(1)　申　立　人

- 本契約における申立人の performance は BIT の第1条(a)(iii)及び(v)の「投資」に該当する。

  (iii) claims to money or to any performance under contract, having a financial value;

  (v) business concessions conferred by the law or under contract, including concessions to search for, cultivate, extract or exploit natural resources.

- 本契約は下記 BIT の第1条(b)(ii)の approved project に該当する。

  (ii) [investment shall refer:] in respect of investments in the territory of Malaysia, to all investments made in projects classified by the appropriate Ministry of Malaysia in accordance with its legislation and administrative practice as an "approved project".

- 相手方は BIT の2条（投資保護），4条（収用），5条（repatriation）及び（ICSID 仲裁への付託を拒否した限りにおいて）7条に違反する。

(2)　相　手　方

- 本件紛争は BIT に定義する「投資」に関わるものでない。
- 本件紛争は BIT にいうところの approved project に関わるものでない。
- 本件紛争の対象事項は純粋に契約的なものである。

・本契約から生じた紛争は既にマレーシア仲裁で解決済み。

4 裁判所による検討

(1) 前提として

相手方は複数の異議理由を挙げるが，それらはいずれかひとつでも認められれば管轄が否定されるものである。よって，裁判所は最初の異議理由，すなわち本件において BIT 及び ICSID 条約（以下「条約」）にいう「投資」は存在しない，との点をまず判断する。

(2) 最 初 に
・申立人は本契約が条約25条(1)にいう「投資」及び BIT にいう「投資」にいずれも該当することを示す必要がある。
・Schreuer は The ICSID Convention: A Commentary (2001) において，条約に言う「投資」を定義することは現実的でないが，典型的ないくつかの特徴を挙げることはできる，として，一定の duration を有すること，regularity of profit and return，リスクの引受，コミットメントが substantial であること，国家の発展への重要性，の5つを挙げる。これらは必ずしも管轄の要件とまでは言えず，典型的特徴だとしている。
・裁判所は，Schreuer の見解は2つの ICSID 先例類型（後述）のひとつだと考える。

(3) 申立人の「投資」に関する主張
・申立人は自己の資金や他の経済的資源を投資し，リスクを引き受けている。
・Black's Law Dictionary の investment の定義にも合致する。
・Alcoa Minerals[(1)] で裁判所は contribution of capital が投資の一種類だと認定している。

・Salini, Joy Mining, L.E.S.I.-DIPENTAの先例によれば，申立人のなした本契約における contributions, commitments and outlays はこれら先例による基準を満たす。

(4) 相手方の「投資」に関する主張
・本契約の目的は考古学的関心及び歴史的遺物の研究のみを目的としており，条約25条の「投資」に当たらない。
・本件は，Saliniによる「投資」の要件を満たさず，マレーシアの経済的発展に寄与していない。

5 当事者の投資に関する主張の検討

(1) 当事者の依拠する先例

申立人は Alcoa Minerals, Salini, L.E.S.I.-DIPENTA に主として依拠する。相手方は Joy Mining, Mihaly, Jan de Nul, SGS v. Pakistan に主として依拠する。

(2) 投資に関する他の先例

2006年11月21日，裁判所は当事者に対して，当事者がそれまで取り上げていなかった Bayindir, CSOB における管轄についての決定につきコメントするよう指示した。

2006年11月28日，裁判所は Patrick Mitchell の特別委員会の最近の決定についてコメントするよう当事者に指示した。

2007年3月14日，裁判所はさらに当事者に対して PSEG における管轄についての決定についてコメントするよう指示した。

(3) 条約における投資概念は客観的

Salini 及び Joy Mining によれば，投資は BIT 上の投資概念と条約上の投資概念双方を満たす必要がある。

(4) 条約上の投資概念についての公表された重要先例は Salini, Joy Mining, Jan de Nul, L.E.S.I.-DIPENTA, Bayindir, CSOB, Patrick Mitchell の 7 つである。条約は投資の定義をしておらず，ICSID 先例には先例拘束性はないが，ICSID 裁判所により決定された同種事件についての判断は問題についての正しいアプローチを決める上で有益である。

(5) Mihaly, Alcoa, SGS v. Pakistan

当事者が依拠するこれら 3 件は，裁判所は本件にとり重要とはみなさない。

相手方が依拠する Mihaly は，契約前の支出について投資該当性を否定した。しかし，これはスリランカ政府が契約関係に入らないよう十分注意したということを重視したもので，本件のように契約が既に成立している場合とは異なる。

申立人が依拠する Alcoa は資本の投下を投資と認定した。しかし，ここでは多額（substantial amounts）の投資があるが，本件ではそれほどの額の投資はない。

SGS v. Pakistan はスイス・パキスタン BIT 上の投資に関するもので，条約上の投資概念については役に立たない。

(6) 投資の意味についての検討

(a) ウイーン条約法条約31条，ICSID 条約前文，世銀常務理事会のレポート

これらによれば，「投資」は受入国の経済的発展に寄与するものとして理解されるべきである。

(b) 「典型的特徴」（Typical Characteristics）あるいは「管轄要件」

(Jurisdictional Requirements) としての「投資」の「目印要素」(Hallmarks)

（aa）序　論

投資の目印要素を典型的特徴と捉えるアプローチと，管轄要件と捉えるアプローチがある。Schreuer は前者の，Joy Mining は後者のアプローチを採る。Salini はどちらにも読める。後者は全ての要素が必要条件と考え，前者は全体的考察をする。しかし，実際には，先例においては裁判所は，結論を出しやすいアプローチをとっているように見える。全要素が明らかに揃っていれば（あるいはどれかが明らかに満たされなければ），管轄要件説で決定を説明することは比較的容易である。何らかの要素が性質上あるいは程度において存在はするがそれほど明らかでない場合に，管轄を肯定するには典型的特徴説に依る傾向が見られる。いずれにしても ICSID 裁判所は教条主義的ではなく，経験主義的分析をする傾向がある。管轄要件説でも，ある要素が弱くても，各要素は相互に関連しているとして，他の要素が強ければ（あるいは全体的考察のもとに）要件充足を認めている。

（bb）　7件の検討（要約）

・Salini は各要素は interdependent であるとし，全体的に評価すべきだとする。また，当該建設契約は受入国の経済的発展に貢献するとした上で，投資該当性を認めている。

・Salini は，"generally considers that investment infers"という文言は典型的特徴説的であるが，"criteria"という用語は管轄要件説的である。しかし，各要素が相互依存的であり，全体的評価が必要だとしており，具体的事実に基づき全体的考察をしている。

・Joy Miningは，"an activity must have…"と述べ，全体的考察の必要性を述べつつも，管轄要件説的である。当該契約は（mining site 用機械の）普通の売買契約であり，regularity of profit and return もなく，通常の商業的契約におけるリスクを超えたリスクの引受もなく，エジプトの経済への

重要な貢献もない，としている。

- L.E.S.I.-DIPENTA の文言も管轄要件説的である。投資に該当するには，3つのconditionsを満たす必要がある，としている。
- Patrick Mitchell も essential element という管轄要件説的表現を用いている。受入国の経済的発展への貢献は essential-although not sufficient characteristic or unquestionable criterion であるとしつつ，かかる要件の充足は柔軟に認める（in one way or another で貢献していればよい）。
- CSOBは典型的特徴説と見られる。不良債権回収特別目的会社の設立とそれへの貸付について，投資該当性を検討する上で，裁判所は各要素は formal prerequisite ではない，としている。
- Bayindir では，the notion of investment presupposes the following elements と言いつつ，それらは全体として考察されるべきで，各事例の状況によるのだとしている。
- Jan de Nul は Salini テストは各要素を indicative なものだとしている，と述べる。
- いずれにしても，本件裁判所は，先例の考察の目的は先例に従属的に従うことではなく，投資概念についての ICSID 先例の大きな流れを見るためだと考える。

(c) 本件における「投資」の各要素の検討

各要素がどの程度充足されているかを具体的事実に即して，かつ，全体的に評価する。(以下，各要素の評価については結論のみを記す。)

  (aa) Regularity of Profit and Return の欠如は本件では重要でない。
  (bb) Contribution は認められるが Salini 等の先例ほどの規模ではない。
  (cc) 契約期間については，約4年で，Salini の言う2ないし5年という基準を量的には満たすが，契約期間は偶然の要素にもより，また受入国の経済的発展への貢献がないので，質的にはこの要素は満たされな

い。ただし，そのことは決定的ではない。
- (dd) リスクの引受については，商業取引上のリスクを超えたものとは認められない。
- (ee) 受入国の経済的発展への貢献については，先例はこれを明示的に，あるいは黙示の前提として要求している。本件のように他の要素が決定的でないか，あるいは表層的にしか充足されていない場合には，受入国の経済発展への重要な貢献がなければならない。
- (ff) Salini のようなインフラ契約と違い，本件では受入国にもたらされるのは，主として文化的・歴史的な利益にすぎない。引揚げ事業としては最大の投資額である，ということは判断基準とはならない。先例上，受入国の経済的発展への重要な貢献と認められたのは，銀行インフラの発展に不可欠な回収会社（CSOB）であるとか，永続的公共インフラ（Jan de Nul, Bayindir）である。金額の大小は決定的ではない（Mihaly）が，本件では CSOB, Jan de Nul, Bayindir 等の先例に見られたような受入国の経済的発展への重要な貢献は認められない。

(d) 結　　論

以上により，本件契約は条約25条(1)にいう「投資」に当たらない。

(7) BIT 上の「投資」該当性について

管轄が認められるためには，条約上の投資該当性と BIT 上の投資該当性の両方が必要であり，前者が満たされないので，後者を判断する必要はない。

6　他の論点

以上によれば，他の論点についても検討する必要がない。

7 費　　用

　裁判所は費用負担について裁量を有する。裁判所は敗訴当事者に全費用を負担させることもできるが，ICSID の実務においては，結果にかかわらず弁護士費用は各自負担，仲裁費用は折半が通例であるので，そのように命ずる。

8 仲裁判断主文

(a) センターは管轄がなく，裁判所は申立人の請求を判断する権限がない。
(b) 各当事者は仲裁費用の半分を負担せよ。
(c) 各当事者は各自の弁護士費用を負担せよ。

9 コメント——国際商事仲裁実務との比較における ICSID 仲裁実務の特徴

(1) 手続法，実体法

　投資協定仲裁は，UNCITRAL 仲裁規則のように国際商事仲裁においても用いられる手続規則に基づき行われることもあるが，多数の投資協定仲裁は，本件のように ICSID 条約及び ICSID 調停・仲裁規則に従い行われている。ICSID 仲裁の手続法的な特徴として，国家裁判所による介入の排除がある。近代的な国際商事仲裁においては，国家裁判所が仲裁で問題となる法解釈に介入するというような仲裁判断の実体的内容への介入は原則排除されているが，仲裁地の国家裁判所による仲裁判断取消（UNCITRAL モデル法34条参照）や，仲裁判断の承認・執行を求められた国の国家裁判所による承認・執行拒否（モデル法36条参照），仲裁廷が行った自己の管轄に関する決定についての裁判所による判断（モデル法16条(3)）等の，主として手続的側面に着目した国家裁判所による介入は，限定的とはいえ存続している。ICSID 仲裁においては，独立委員会による仲裁判断の取消の請求という ICSID 手続内部の審査制度を採用する一方，国家裁判所の介入は排除されている。

ただし，実際の手続は，後述のプレーヤーの問題にも関係するが，国際商事仲裁でよく用いられている International Bar Association の証拠規則（IBA Rules on Taking of Evidence in International Commercial Arbitration）に準拠して文書提出を命ずる事例なども見られ，国際商事仲裁と共通する面も見られる。

実際の手続面で大きく異なる点としては，国際商事仲裁は原則として非公開であり，裁判所における取消申立手続や執行手続の関係で，仲裁判断の内容が公になることや，当事者名を伏せて仲裁判断の要旨が仲裁機関により公開されることはあっても，仲裁判断そのものは通常は公開されない。これに対して，ICSID 仲裁では，原則として仲裁判断そのものが公開され，近時は多くの事件において，当事者の提出書面についても（必要な場合には秘密情報の削除をした上で）公開されている。このことは，ICSID 仲裁が国家利益に関わるもので，透明性確保の必要性が高いということの他に，後述の，先例の持つ実際上の意味合いからも，公開の必要性が高いということが，背景にあるものと考えられる。

他方，投資協定仲裁で適用される実体法は，基本的には BIT その他国家間の条約という公法的な法であり，特定の国家の契約法や不法行為法等の実体法や契約の解釈そのものが問題となる国際商事仲裁とはかなり異なる。国際商事仲裁においては，事案に適用される特定国の準拠法の内容を，当該国家の裁判所の判例や学説等に基づき明らかにすることが，準拠法適用上重要な作業となることが多いが，投資協定仲裁においては，ウィーン条約法条約その他，条約解釈の手法に従い，実体法の内容を確定する作業が行われる。

(2) プレーヤー

現実の投資協定仲裁事件の仲裁人の顔ぶれを見ると，かなりの事件において，国際商事仲裁における仲裁人としての経験と名声を有する国際商事仲裁専門家が，投資協定仲裁の仲裁人として選任されている。いわゆる仲裁マフィア，と

呼ばれる人たちである。

　この点，投資協定仲裁と同様，国家を当事者とし，中立的なパネルにより，条約に基づき紛争を解決するWTO紛争処理パネル手続の実務においては，パネルのメンバーの多くは元外交官，あるいは国際法学者であり，国際商事仲裁のプレーヤーとの重なりは投資協定仲裁の方がより大きいと言える。WTOパネルにおいては，証人尋問が行われることは基本的に想定されておらず（専門家証人的なアドバイザーが意見陳述をすることはある），また裁判や国際商事仲裁で見られるような，文書提出命令の申立も基本的には行われず，必要な情報は，相手国に対する質問や説明要求により得るのが原則である。他方，投資協定仲裁では，前述のように，IBA証拠規則に準拠して文書提出命令等の証拠問題を解決する例も見られるが，当該規則はその名称上も明らかなように，本来的には国際商事仲裁を念頭に制定されたものである。それにもかかわらず，投資協定仲裁においても，かかる証拠規則を適用し，あるいはこれに準拠した処理を行う事例が相当数見られるのは，当該規則がコモンロー的証拠法と大陸法的証拠法の妥協の産物として，それなりに仲裁人の法的バックグラウンドを問わず利用しやすい合理的なものとなっている，ということに加えて，国際商事仲裁におけるプレーヤーが投資協定仲裁のプレーヤーと多くの場合重なっている（仲裁人だけでなく，代理人も）という現実が，その背景となっていると思われる。

(3) 先例の意味

　ICSID仲裁においては，独立委員会の判断もコモンロー的な意味での先例拘束性はなく，ましてや個々の仲裁事件の裁判所（仲裁廷）の判断には，先例拘束性はない。しかしながら，本件においても述べられているように，「ICSID先例には先例拘束性はないが，ICSID裁判所により決定された同種事件についての判断は問題についての正しいアプローチを決める上で有益である。」

本件の裁判所は，ICSID条約上の「投資」概念について，多数の先例を分析・検討しつつ，これを大きく二つの類型に分類し，投資の目印要素を典型的特徴と見る考え方と，管轄要件と見る考え方に分けた上で，現実的考察から，両者は必ずしも相対立するものとは言えず，当該事件で結論を導きやすい方の考え方が採られがちであることを指摘し，いずれにしても教条主義的ではなく，全体的考察を経て現実的に検討するのが先例のアプローチであるとして，裁判所自らもそのような視点で，各目印要素について考察をしている。

(4) 管轄問題の重要性

国際商事仲裁においては，多くの場合，仲裁合意の当事者でもある契約当事者が仲裁事件の当事者となり，当該契約から生じ，あるいはこれに関連する紛争が仲裁の対象となる。国際商事仲裁において，仲裁廷の管轄の有無が問題となる典型的な事例としては，法人の代表者個人や権利義務承継人等，契約の直接の当事者でない者が仲裁合意により拘束されるかどうかが問題となる場合（いわゆるnon-signatory）等，仲裁合意の主観的範囲が争われる場合，契約終了後に生じた紛争や仲裁合意を含まない別契約に関連する紛争その他，仲裁合意の客観的範囲に含まれる紛争かが争われる場合等があるが，仲裁合意自体は主契約とは分離独立して存在し，主契約についての無効・取消事由があっても当然には仲裁合意の効力には影響しないのが近代的仲裁法の原則であり（モデル法16条(1)参照），また，仲裁合意の範囲についても，国家法上仲裁による私人間の紛争解決を認めない種類の紛争（たとえば，特許権の有効性そのものに関する紛争は多くの国で仲裁可能性を否定している）を別にすれば，国家裁判所によらず，仲裁により紛争解決を行うという当事者の意思を尊重して，これを広く解することが多いと言える。

これに対して，投資協定仲裁においては，投資家と国家との間の投資に関する契約そのものに定められた仲裁条項を根拠として仲裁申立がなされるとは限

らず，国家間の条約である投資協定上の紛争解決条項を根拠として，投資家が国家を相手に仲裁申立を行う例が多く，投資要件その他，仲裁裁判所の管轄が問題となる例が非常に多い。また，実際の事案において，管轄が否定される事案もかなり多く，その場合，投資家にとっては，いわば入り口論でそれ以上仲裁を進めることができなくなるため，管轄問題は非常に重要と言え，先例の的確な分析と有効な援用が重要となる。

(5) 取消請求手続

前述のように，ICSID仲裁の大きな手続的特徴として，国家裁判所の介入を排除しつつ，ICSIDの手続内で，特別委員会による取消の請求という審査制度を採用していることがある。これは，WTOの紛争処理上級委員会のような，特定の委員の中から構成される（7名中3名）のではなく，まさにアドホックに構成される委員会であり，それだけに判断の一貫性を保証することは難しいと言える。しかしながら，本来的には，取消請求の理由は重大な手続的瑕疵に限定されており（条約52条(1)(a)ないし(e)），適用されるべき実体法（条約）の解釈の誤りそのものが取消事由になるものではなく，WTOの上級委員会のように，パネル報告の対象とされた「法的な問題」やパネルの「法的解釈」を上訴の対象とするものではないため，必ずしも特定の委員により，ある程度統一した法解釈が示される必要があるとまでは言えない。もっとも，条約に定める取消請求事由は極めて限定的であるにもかかわらず，具体的適用において，独立委員会が事実上実体再審査をしているかのような判断をした事例や，仲裁判断の理由を欠いているというよりは損害額認定の理由付けが特別委員会から見て十分でないため取消を認めたのではないかと疑われる事例なども見られ，[12] ICSID仲裁の効率性と信頼性確保のためには，独立委員会による重大な手続的瑕疵の審査という制度趣旨にかなった運用がなされることが重要と言える。

(1) Alcoa Minerals of Jamaica, Inc v. Jamaica (ICSID Case No. ARB/74/2).
(2) Salini Costruttori S.p.A. and Italstrade S.p.A. v. Kingdom of Morocco (ICSID Case No. ARB/00/4), 42 ILM 609.
(3) Joy Mining Machinery Limited v. Arab Republic of Egypt (ICISD Case No. ARB/03/11).
(4) Consorzio Groupement L.E.S.I.-DIPENTA v. People's Democratic Republic of Algeria (ICSID Case No. ARB/03/08).
(5) Mihaly International Corporation v. Democratic Socialist Republic of Sri Lanka (ICSID Case No. ARB/00/2).
(6) Jan de Nul N.V. Dredging International N.V. v. Arab Republic of Egypt (ICSID Case No. ARB/04/13).
(7) SGS Société Générale de Surveillance S.A. v. Islamic Republic of Pakistan (ICSID Case No. ARB/01/13).
(8) Bayindir Insaat Turizm Ticaret Ve Sanayi A.S v. Islamic Republic of Pakistan (ICSID Case No. ARB/03/29).
(9) Ceskoslovenska obchodni banka, a.s. v. Slovak Republic (Case No. ARB/97/4).
(10) Patrick Mitchell v. The Democratic Republic of Congo (ICSID Case No. ARB/99/7).
(11) PSEG Global Inc and Konya Ilgin Elektrik Üretim ve Ticaret Limited Sirketi v. Republic of Turkey (ICSID Case No. ARB/02/5).
(12) 若干古い事例であるが,拙稿「世銀ICSID―ICSIDによる仲裁の特色と紛争解決手続としての問題点」公正貿易センター『紛争解決手続・手段の諸類型』1996年5月に言及の事例を参照されたい。

(西村あさひ法律事務所 パートナー・弁護士)

論　説　国際投資紛争の解決と仲裁

投資協定・経済連携協定における我が国の取り組み

三宅　保次郎

I　はじめに
II　投資協定を取り巻く経済環境
　1　企業から見た投資協定の重要性
　2　実際に投資する前に関連協定の精査が必要
　3　第三国の協定に便乗することも選択肢
　4　投資協定が「産業空洞化」をもたらすわけではない
III　日本の投資協定の構造
　1　これまでの協定
　2　経済連携協定の投資章と投資協定とはほぼ同じ内容
　3　経済連携協定におけるサービス業投資の扱い
　4　投資章とサービス章の整理規定
　5　投資「自由化」協定は必ずしも規制緩和を意味しない
IV　世界の投資協定仲裁の現状
　1　日本には縁遠い投資家対国家仲裁
　2　国家間の仲裁は皆無
　3　実際に仲裁に行くのではなく交渉材料として使う
V　今後の日本の投資協定交渉の方向性
　1　交渉中の協定
　2　締結候補国についての考え方
　3　保護協定の重要性
VI　結　語

I　はじめに

　本稿では，未だ必ずしもその意義が十分に認識されているとは言い難い投資協定について，企業から見た存在意義を概観し，日本の投資協定の構造及び投

資協定仲裁の実際の使われ方に触れた後，日本政府として今後，投資協定交渉をどのように進めていくべきかについて，基本的な考え方を示したい。[1]

II 投資協定を取り巻く経済環境

1 企業から見た投資協定の重要性

日本の貿易収支は約9.5兆円であるのに対し，所得収支は約13.7兆円と，貿易収支を大きく上回っている。[2]所得収支が貿易収支よりも高いという逆転現象は2005年に初めて起こり，この傾向が2年間続いている。もはや，貿易よりも投資で稼ぐ時代であるといえる。

日本企業が海外に進出したときに，現地法人の財産を保護したり，適正な待遇を確保したりするのが投資協定である。具体的には，投資協定は違法な国有化はもとより，国籍による差別を禁じ，受入国政府がなした約束を遵守させること（約束遵守条項。アンブレラ条項とも呼ばれる）などにより，投資家の事業活動について様々な保護を与えている。投資協定の定める義務に投資受入国が違反した場合，企業は世界銀行のICSID（投資紛争解決国際センター）で行うような国際仲裁に付託することができる。典型的には，**図表1**のような効果が期待される。

ところが，租税条約や社会保障協定に比べると，投資協定の意義は企業経営者にあまり知られていないとの印象を受ける。投資協定によって具体的にどのような便益が得られるかについての知識が，企業の経営層に広く浸透することが望まれる。

2 実際に投資する前に関連協定の精査が必要

海外投資などの経営判断を行うに際し，国際法を含めた法的ルールを考慮しておくことは，財務上の利益に直結する。投資協定の例ではないが，日本企業が実際に経験した事例の中には，当初日本から南米のA国に直接投資をして事

図表1　投資協定の効果（協定で改善しうる投資障壁）

投資協定を締結することにより，外国での事業活動について次のような規律を確保できる。
1．投資財産の保護＆投資家に対する公正な待遇
　①一度受けた**事業許可を後で撤回されない**
　②事業資産を**国有化されない**
　③**規制が強化されたため事業が継続できなくなる**事態を防ぐ
　　（間接収用"indirect expropriation"）
　④相手国政府に**投資契約・コンセッション契約・投資インセンティブをきちんと守らせる**
　　（約束遵守条項）
　⑤**日本への送金の自由**を確保する
2．**現地資本以外**の外国のライバル企業との間で**差別的な待遇を禁止**（**最恵国待遇**（MFN））
3．**現地資本**のライバル企業との間で**差別的な待遇を禁止**（**内国民待遇**（NT））
4．投資家及び投資財産に対して，**公正かつ衡平な待遇**（FET: Fair and Equitable Treatment）を与える義務
5．協定によっては，次のような投資許可要件を禁止しているものもある。（**パフォーマンス要求**（PR）の禁止）
　①一定割合・一定人数の**現地人を雇用**するよう要求すること
　②**取締役，経営者**等が一定の**国籍**であることを要求すること
　③現地資本のパートナーに**技術移転**するよう要求すること
　④現地で**一定程度の研究開発予算**を投じるよう要求すること
　⑤一定地域の管理拠点（headquarter）を現地に置くよう要求すること
　⑥一定地域に対して，排他的に産品を供給するよう要求すること（他国に別の給拠点を設立しないこと）
→相手国がこれらの義務に違反した場合，投資家は国家を相手に**国際仲裁**に訴えることができる。

出典：著者にて作成

業活動していたが，租税上の利益のためオランダに特定目的会社をつくり，オランダからの投資に切り替えようとしたところ，A国の租税当局から多額の譲渡益課税を徴収されることになると分かり，断念したという例も報告されている。投資協定に限らず，租税条約や社会保障協定など，関連しうる協定について，実際に投資を行う前に精査しておくことが必要となる。

3　第三国の協定に便乗することも選択肢

　日本の企業だからといって，日本の締結した協定しか使えないということもない。第三国が締結している投資協定に便乗することも場合によっては可能で

ある。例えば，サルカ事件(3)はロンドンの日系企業がオランダにペーパーカンパニー（サルカ社）を作り，チェコに投資をしていた事例であるが，オランダ＝チェコ投資協定が，保護される投資家の要件について，投資母国（この場合はオランダ）の法律に従って設立された企業であればよいとの規定となっていたため，サルカ社は日系企業の所有するペーパーカンパニーであったがオランダ＝チェコ投資協定上の投資家に該当するとして保護の対象とされたという事案である。

ただし，協定によっては投資家の要件として投資母国で実質的な事業活動を行っていることを要件とするものもあるし(4)，利益否認条項といって第三国の投資家が所有支配するペーパーカンパニーに対しては協定上の利益を与えることを投資受入国が否認することができると規定しているものもあるため(5)，ここでも事前の精査が不可欠となる。

4 投資協定が「産業空洞化」をもたらすわけではない

投資協定で対外投資を促進するという考え方に対しては，日本の産業空洞化につながるのではないかとの懸念が時として聞かれる。しかし，投資協定とは日本国内で事業活動を行うことが非効率となっている，あるいはサービス業のように消費地に供給拠点を設ける必要がある等の理由で，新たな商機を求めて外国に進出しようとする企業が，外国における投資環境に不安を感じているような場合に，そうした不安を低減させることによって海外進出を後押しするものである。投資協定は，本来国内で事業活動すべき企業を無理矢理に海外に転出させるようなものではない。投資協定は，本来海外に出ていくべき企業が出ていくのを手助けするため，相手国のカントリーリスクを下げることにより，投資を円滑化させるものである。したがって，実際に日本の産業が空洞化しているのかどうかはともかくとして，「産業空洞化につながる懸念があるから投資協定を締結すべきではない」という理屈には，同意しがたい。

Ⅲ　日本の投資協定の構造

1　これまでの協定

日本はこれまで，14本の二国間投資協定（BIT）と，8本の経済連携協定（EPA）に署名している。それぞれの署名日，発効日は**図表2**のとおりである。

2　経済連携協定の投資章と投資協定とはほぼ同じ内容

EPA投資章の規律内容は，BITとほぼ同じである。BITで通常規定されている，透明性に関する条文（法令の公表義務やパブリックコメントの機会を確保する努力義務，相手国からの質問に対する回答義務など）と国家間の紛争解決手続は，EPAにおいては投資章ではなく，総則章と紛争解決章にそれぞれ規定されている。[6]しかし，これらは協定内における規定場所が異なるというだけのことであり，内容はBITと同じものである

3　経済連携協定におけるサービス業投資の扱い

通常のBITでは，化学産業のような製造業も，農業，電気通信業のような非製造業も，すべて投資として一律に扱われる。他方，EPAでは，GATS（WTOのサービス貿易一般協定）がサービス業の投資を「第三モード」のサービス貿易として自由化交渉の対象としていることの影響も受けて，EPAの中で投資章とは別にサービス章を設け，内国民待遇，最恵国待遇，国内規制などの規律を定めている。EPAによっては，金融業，電気通信業，人の移動について，独立の章や附属書を設けて特則を定めている例もある。[7]

4　投資章とサービス章の整理規定

EPAの場合，サービス業投資をサービス章と投資章のどちらで規律するかを整理する必要が出てくる。日本の例では，チリ，メキシコとの協定では，

図表 2　日本の投資協定

相手国	署名日	発効日
1　投資保護協定		
1　エジプト	1977年1月28日	1978年1月14日
2　スリランカ	1982年3月1日	1989年8月4日
3　中　国	1988年8月2日	1989年5月14日
4　トルコ	1992年2月12日	1993年3月12日
5　香　港	1997年5月15日	1997年6月18日
6　パキスタン	1998年3月10日	2002年5月29日
7　バングラデシュ	1998年11月10日	1999年8月25日
8　ロシア	1998年11月13日	2000年5月27日
9　モンゴル	2001年2月15日	2002年3月24日
2　近年の投資協定（外資参入規制への規律を含む）		
10　韓　国	2002年3月22日	2003年1月1日
11　ベトナム	2003年11月14日	2004年12月19日
12　カンボジア	2007年6月14日	2008年7月31日
13　ラオス	2008年1月16日	2008年8月3日
14　ウズベキスタン	2008年8月15日	（未発効）
3　経済連携協定（外資参入規制への規律を含む投資章あり）		
1　シンガポール	2002年1月13日	2002年11月30日
2　メキシコ	2004年9月14日	2005年4月1日
3　マレーシア	2005年12月13日	2006年7月13日
4　フィリピン	2006年9月9日	（未発効）
5　チ　リ	2007年3月27日	2007年9月3日
6　タ　イ	2007年4月3日	2007年11月1日
7　ブルネイ	2007年6月18日	2008年7月31日
8　インドネシア	2007年8月20日	2008年7月1日

出典：公開情報を基に著者にて作成

　サービス業の投資，いわゆる第三モードの投資については，サービス章で扱わず，投資章に委ねることとしている。他方，ASEAN6 との日本のEPAでは，[8] サービス業投資について，サービス章と投資章の両方が重畳的に適用されることとし，規定内容に不整合が生じる場合には，不整合が生じている限りでサービス章が優先することとしている。

　ASEAN6 との日本のEPA投資章では，NT, MFN, PR（パフォーマンス

要求)の規律に対する例外となる措置を一覧にした表(留保表)としてネガリスト方式を採用している。他方,サービス章では,相手国がいずれもネガリスト方式に強く反対したため,NT,MFN 等を約束する分野を一覧にするポジリスト方式の約束表を採用することとなった。このため,これら ASEAN6 との EPA においては,投資章において日本側はサービス業投資についても留保表で個別サービス分野について留保を行っているが,(投資許可段階についてはポジリスト方式を採用するタイとの EPA を除き) ASEAN 各国側は投資章の留保表においてサービス業一切を留保することで,サービス業投資の規律をサービス章に委ねている。

5 投資「自由化」協定は必ずしも規制緩和を意味しない

　NAFTA を含め,米国が近年締結している FTA の投資章は,投資保護規律のみならず外資参入規制に対する規律も定めている。こうした協定を,通常の投資保護協定と区別して,投資自由化協定と呼ぶことがある。通常の保護協定が基本的に受入国に設立された投資財産を保護するに留まるのに対し,投資自由化協定は,こうした投資保護規律に加え,投資許可段階(投資財産の設立,取得,拡張)についても,一定の例外分野を除き,内国民待遇を与えるよう規定する。FTA 投資章に限らず,二国間投資協定においても投資自由化を規定している例がある。[9]

　ここで投資「自由化」協定といっても,基本的には,既に自由化されている現行の国内制度を国際法的に保証するための協定であり,協定を締結した結果として現行の外資規制を緩和するという性格のものではない。そうではなくて,現行の外資規制を留保表として附属書で一覧できるようにし,例外となる分野を除いて現状以上に規制を強化できないようにすることで,国際約束として外資規制の透明性と予見可能性を高めることが「自由化」部分の主眼である。

Ⅳ 世界の投資協定仲裁の現状

1 日本には縁遠い投資家対国家仲裁

投資協定に基づく投資家対国家の仲裁手続は，知られているものだけでも世界でこれまで累積290件に上っている[10]。他方，日系企業が投資協定仲裁を付託した例は，欧州子会社が申立人となった前述のサルカ事件を除いては，知られていない[11]。日本政府が投資協定仲裁で被告として訴えられたことも，これまでない。

2 国家間の仲裁は皆無

投資協定の解釈適用について，国家間で投資仲裁手続が使われることは皆無である。国家間では，もし何らかの紛争が生じたとしても，それを国際仲裁に付託するのではなく，二国間の協議で解決するのが一般的だからと考えられる[12]。

国家間の投資協定仲裁として知られている唯一の例とされているのは，チリ企業 Lucchetti とペルー政府との間の，投資家対国家仲裁にまつわるものである[13]。チリ企業 Lucchetti がペルーでスパゲティ工場を操業していたところ，ペルー政府の環境規制により事業停止に追い込まれた。この紛争につき Lucchetti がペルー政府を相手に ICSID 仲裁手続を提起したところ[14]，ペルー政府は，投資家の母国であるチリ政府を相手にペルー＝チリ BIT に基づき国家間仲裁を提起した。ペルー側は Lucchetti との投資家対国家仲裁手続において，この一連の紛争はペルー＝チリ BIT の解釈に関するチリ政府とペルー政府との国家間紛争であり国家間仲裁の判断が出るまで投資家対国家の仲裁手続は停止すべきであると主張したが，仲裁廷はこの主張は受け入れなかった。このため，当該国家間仲裁手続はペルー政府による申立てが行われただけに留まり，実際に仲裁廷が設立されるには至らなかった。

3 実際に仲裁に行くのではなく交渉材料として使う

　投資協定仲裁への付託は，いわば，紛争解決の最後の手段である。企業の立場からすると，相手国との紛争はできる限り円満に解決することが望ましく，法的手段に訴えることは回避したい。仮に仲裁手続で勝利したとしても，その後，どのような嫌がらせを受けるかも分からない。このため，投資家が国際仲裁への付託に踏み切る場合としては，莫大な投資をしたにもかかわらず相手国政府の措置によって事業の継続が不可能となるとか，甚大な損害が発生した場合であって，今後，相手国において一切の事業活動を行うことがないと判断した場合に，投下資本を回収するために仲裁に訴える場合が多いように見受けられる。

　実際に投資仲裁で争われた事例を見ても，インフラや資源開発など巨額の投資が絡むものが多い。公表されている投資仲裁の39％を占めるのは電力，通信，水道，廃棄物処理などのインフラ系サービス分野であり，24％を占める第一次産業関連の紛争はすべて鉱業及び石油ガス採掘に関する紛争となっている。仲裁付託のための弁護士費用だけで数千万円から数億円かかり，仲裁の解決に2から4年程度の時間がかかることも背景にあろう。

　これを逆に言うと，中小企業が海外進出する場合など投資規模が小さいときには，投資仲裁は費用の面で使いづらい場合が多いと思われる。そこで，多くの紛争においては実際に仲裁付託までしなくとも，投資協定違反の可能性があり，したがって国際仲裁に付託し得ることを「脅し」として使い，相手国政府との交渉材料として活用することが得策であり，現実にもこうした潜在的なケースが多いのではないかと考えられる。

V　今後の日本の投資協定交渉の方向性

1　交渉中の協定

　現在，次のようなBIT及びEPA交渉が進んでいる。EPAについては，ス

イス，豪州，インドと EPA 交渉を進めており，それぞれに投資章が含まれている。また，日本と ASEAN 全体との EPA である AJCEP においても，投資及びサービスの自由化を将来，交渉することとしている[17]。現在進行中の BIT 交渉の相手国は，日中韓（三か国間の投資協定交渉），ペルー，サウジアラビア，カタールである。

2 締結候補国についての考え方

世界に約2,600の投資協定が存在し，ドイツ，スイスなど欧州各国が100前後を締結しているという状況にあって[18]，日本の投資協定は EPA を含めても22と，数を見ると出遅れていると言わざるを得ない[19]。投資協定は，あって当たり前のインフラである。今後，日本としても，投資協定を速やかに締結することが必要である。

当然ながら，ただ数を稼げばよいというものではない。政府全体として協定交渉にかけられる資源に限りがある以上，必要性が高い国を絞り込む必要がある。日本側から見て，投資協定を締結すべき優先順位の高い国については，基本的には次のように考えるべきであると思われる。

そもそもの前提として，日本が他の先進国と投資協定を締結する必要性は認めがたい。米国と投資協定を締結してはどうかとの意見も時として聞かれるが，投資協定とは本来，政情不安や国有化の懸念など，カントリーリスクの高い国に進出した企業の投資財産を保護し，企業に対し一定の待遇を確保するために締結するものである。投資受入国としても，投資財産や投資家を保護すると国際的に約束することにより，相手国投資家に対して良いメッセージを発し，以て自国への投資を呼び込むことを期待している。このように，投資協定は，基本的には先進国と途上国との間で締結される"win-win"の協定である。

したがって，日本が投資協定を締結すべき国の第一の類型は，投資環境不安の高い国であって，日本からの投資が多い国，または今後日本からの投資が見

込まれる国，ということになろう．例えば，ポーランド，ハンガリーなど東欧の国が主に想定される．

第二の類型としては，資源国であって，エネルギー憲章条約（ECT）[20]が適用されない国である．ECT 加盟国でない中東の産油国，例えば UAE，オマーンや，レアメタル産出国である南ア共和国などが挙げられる．

第三の類型としては，地域進出の橋頭堡となる国である．例えばメルコスール市場への進出拠点としてのブラジル，EC 市場への製造販売拠点としてのポーランドなどが考えられる．なお，ブラジルはこれまでに署名した14の投資協定が，議会の反対によりいずれも発効していない[21]．最近はブラジルも米国からの要望を受けて BIT 締結の検討を進めているようであるが[22]，日本としては，ブラジルとの投資協定への努力は進めつつ，並行して，官民が参加した協議枠組みなどを設立して個別の投資環境不安を一つ一つ解決していくことが，ビジネス環境整備のための近道と思われる．

日本政府として交渉に割くことができる資源や国会審議など各種の国内的な手続を勘案すると，以上のように相手国を絞り込みつつ，年間4から5本程度のスピードを目安に，速やかに投資協定を締結していくべきと思われる．

3 保護協定の重要性

(1) 自由化重視から保護重視への回帰　従来，日本政府は東南アジア諸国との経済連携協定交渉において，投資許可段階の内国民待遇義務（いわゆる「プレ NT」[23]）を追求してきた．しかし，相手国によっては必ずしもプレ NT を追求する必要はなく，設立後の投資財産保護のみを主眼とする通常の投資保護協定を締結すれば足りる国も多いように思われる．

通常の投資保護協定には，プレ NT は含まれないものの，プレ MFNは規定されている[24]．このため，外資参入規制に関し，第三国の投資家との関係で日本の投資家の待遇が劣後することはない[25]．外資規制が十分に緩和されている国や，

外資規制が投資に際して実際上の障壁となっていない国については，不必要にプレ NT を追求せず，通常の投資保護協定を締結すれば足りると思われる。

(2) エジプトとの BIT は改正すべきでない　例えば，日本が最初に締結した投資協定である日エジプト BIT について，「1977年署名（1978年発効）と古いものであるから改正すべきである」と主張されることがある。しかし，日エジプト BIT は，古い協定ではあるものの，プレ MFN を含め，保護協定として十分な内容を備えていると評価できる。

また，日エジプト BIT でプレ NT 義務を規定する必要性も皆無である。米エジプト BIT 及びカナダ＝エジプト BIT は，航空，通信，漁業，海運，金融などごく一部業種を除いてプレ NT 義務を定めており，日エジプト BIT の MFN 規定により，エジプト側のこうした高度な投資自由化義務を日本の投資家も既に享受している。

エジプトが豪州，チリ，英国，カナダ，米国等と結んだ BIT では，MFN の条項において，FTA の枠組みで第三国に与える待遇については MFN が適用される待遇の対象外とする，「FTA 例外」が規定されているのに対し，日エジプト BIT では MFN に「FTA 例外」が規定されていない。仮に，将来，日エジプト BIT の改正交渉を行う場合，エジプト側から「FTA 例外」を規定するよう要求され，現行の例外無き MFN から後退してしまう虞が強い。

(3) その他の日本の保護協定も改正すべきでない　日エジプト BIT と同様，その他の既存協定についても，投資家対国家仲裁の事前の付託合意の範囲が収用の補償額に関する争いに限定されている日中 BIT を除けば，ロシア，モンゴル等との既存の 8 つの日本の通常の投資保護協定について，改正する必要はなく，また，改正すべきでもないと思われる。

(4) 外資規制の自由化ニーズが小さい国もある　外資規制の緩和を求める必要性がほとんど無い国も多い。敢えて国名は挙げないが，次で示す国と将来，仮に日本が投資協定を締結する場合，プレ NT を規定する必要性は皆無だと

投資協定・経済連携協定における我が国の取り組み 147

思われる。この国は，単一経済に依存した経済体制からの脱却を目指すとともに，若年失業者対策のため，国内産業を育成すべく，外資を積極的に誘致している。ところが，政府による現地人雇用要求や裾野産業の不在等のため，外国からの投資はあまり進んでいないのが現状である。この過程において，外資規制はこの国への進出を阻む要因とはなっていない。この国における外資規制は，製造業で3業種（エネルギー鉱業，軍事産業，民生用爆発物製造業）のみ，非製造業では漁業，人材供給業，不動産仲介業などわずかの業種に限られており，むしろ極めて高いレベルの自由化が既に達成されていると評価できる。[34]したがって，この国とのBIT交渉においては，プレNT規律への交渉に過度に資源を投入すべきではなく，むしろ投資保護規律を充実させることに焦点を当てるべきと思われる。

(5) TRIMs協定を超えるパフォーマンス要求禁止には柔軟に対応すべき

パフォーマンス要求（以下，「PR」と略す）とは，外国人投資家に投資財産の設立を認める際の条件として，合弁相手方に技術を移転するとか，従業員の一定割合は現地人を雇用するなど，一定の要求を受入国政府が投資家に対して求めるものである。現地の材料を一定割合使用するよう求めるとか（いわゆるローカルコンテンツ要求），外貨準備維持の観点から，輸入できる額を輸出額に比例させて制限するなど，内国民待遇違反または貿易数量制限に該当する要求であれば，それはGATT違反であり当然に禁止されることがWTO協定の一部であるTRIMs協定で確認されている。しかし，それ以外のPRについては国際的な規律が存在しない。このため，いかなるPRを禁止すべきかがOECDのMAI交渉で議論され，これを受け，NAFTA型の投資協定では，技術移転や取締役の国籍など，一定のPRを禁止するものが多い。

ここで，PRをTRIMs協定で規定しているものとTRIMs協定を超えるものに区別して考えることが重要である。相手がWTO加盟国であれば，TRIMs協定で既に確認的に禁じられているPRを，課さないと投資協定にお

いても約束することは比較的容易なはずである。これにより，TRIMs違反のPRが課された場合，WTO協定に基づき国対国の紛争解決手続が活用し得るのみならず，企業が自ら投資協定に基づき投資家対国家の仲裁手続に訴えることも可能となる。

では，TRIMs協定を超えるPRについてはどのように考えるべきか。これらについては，二国間の協定ではなく，MAIでかつて議論されたように，多数国間の協定で規定することが適切であるように思われる。たとえばメキシコが，日本との二国間の協定において，技術移転要求を課すことを日本人投資家に対してだけ禁止されたとする。そうすると，場合によっては，第三国の投資家が技術移転要求を呑んででもメキシコ当局から投資の許可を得ているのに，日本の投資家に対しては技術移転を要求できないため，メキシコの当局が日本の投資家に対しては何かしら理由を付けて投資を許可しないというような事態が発生し，日本の投資家がかえって不利な立場におかれるという場合があり得る。こうした事態を防ぐため，最恵国待遇を貫徹する観点から，日メキシコ経済連携協定の投資章では，PR禁止を，相手国投資家に対してのみならず，第三国投資家に対しても義務づけている(35)。NAFTAでも同様の規定を置いている(36)。

実際上も，PRは個別の投資インセンティブとして用いられており，例えば，巨額の投資をしてくれる見返りとして現地人雇用要求義務を一定期間免除するというように使われている。このため，PRを一律に禁止することは，投資受入国の投資インセンティブの手段を奪う結果となる。実情としてもTRIMs協定を超えるPR禁止を二国間交渉によって獲得することはたいへん難しい。

すなわち，二国間の協定でPRを禁止することは，協定当事者間の交渉コストにおいて第三国に対してもPR禁止の便益を与えようとすることに他ならない。したがって，PR禁止は，二国間交渉で規定するのではなく，MAIのような多数国間で規定することがより馴染むように思われる。

自国民雇用要求など，特定のPRが重大な投資障壁となっている国に対しては，PR禁止をBIT交渉において追求すべき場合もあろう。しかし，場合によっては，TRIMs協定を超えるPR禁止については柔軟に対応することも必要と思われる。

(6) モデルBITの策定も選択肢　日本政府は近年，プレNTを含むNAFTA型の投資協定を追求してきたが，今後は，通常の保護協定を中心に締結を進めていくべきであるように思われる。重要国と効率的に協定を締結していくためには，手本となる投資協定のひな形（モデルBIT）を策定し，公表することが得策である。欧米を中心に，モデルBITを策定している国は多い。[37] 投資保護協定で規定される内容は世界的にほぼ統一されている。近年の投資仲裁判断の動向も踏まえつつ，モデルBITを作成することは比較的容易である。

日本のモデルBITを公表し，これをそのまま受け入れるのであれば，相手国の求めに応じて原則としてBITを締結するとの意思を表明し，また，制度的な検討は必要であるが，モデルBITそのままであれば，内閣法制局及び国会での実質的な審議を不要とするような方策を講じることにより，投資協定の締結を促進すべきであると思われる。

Ⅵ　結　語

以上見てきたように，投資協定は，海外で事業を展開する日本企業にとって極めて有効な武器となりうる。日本がこれまでに締結した投資協定は22と少なく，未締結の重要国が多く残されている。投資「自由化」に固執せず通常の投資保護協定も選択肢としつつ，優先順位に基づいて速やかに投資協定を締結していくことが必要である。

(1) なお，本稿の記述のうち意見に関わる部分については，政策決定過程での議論を喚起するために個人的な見解も記した。したがって筆者が所属する組織としての見解と必ずしも一致しない部分もあり得るが，筆者個人の見解としてご意見，ご批判を賜りたい。

(2) いずれも2006年。財務省／日本銀行「国際収支統計」による。
(3) *Saluka Investments BV (The Netherlands) v. The Czech Republic*, partial award, 17 March 2006 ‹http://ita.law.uvic.ca/documents/Saluka-PartialawardFinal.pdf›.
(4) 例えばスイスの締結した殆どのBITがこのタイプである。日本の例には日シンガポールEPA第72条(h)‹http://www.mofa.go.jp/region/asia-paci/singapore/jsepa-1.pdf›の他、日フィリピンEPA第88条(e)‹http://www.mofa.go.jp/region/asia-paci/philippine/epa0609/main.pdf›にも類似の規定がある。
(5) 日本の多くのEPA投資章でこうした利益否認条項を規定している。例えば、相手国への事前の通知及び協議を要件としているものに日チリEPA（第86条第2項）‹http://www.mofa.go.jp/region/latin/chile/joint0703/agreement.pdf›、通知及び協議の要件はあるが通知の相手方を特定していないものに日メキシコEPA（第70条第2項）‹http://www.mofa.go.jp/region/latin/mexico/agreement/agreement.pdf›、日マレーシアEPA（第91条第2項）‹http://www.mofa.go.jp/region/asia-paci/malaysia/epa/content.pdf›、事前の通知及び協議要件がないものに日タイEPA（第113条第2項）‹http://www.mofa.go.jp/region/asia-paci/thailand/epa0704/agreement.pdf›、日韓BIT（第22条第2項）‹http://www.mofa.go.jp/policy/treaty/submit/session154/agree-6-1.pdf›、日ベトナムBIT（第22条第2項）‹http://www.mofa.go.jp/region/asia-paci/vietnam/agree0311.pdf›がある。日本の伝統的な保護協定（エジプト、スリランカ、中国、トルコ、香港、パキスタン、バングラデシュ、ロシア、モンゴル）には、投資家の定義に実質的事業活動の要件もなければ、利益否認条項もない。
(6) 例えば日マレーシアEPAでは、透明性は総則章（第3条）、国家間の紛争解決手続は紛争解決章（第13章）に規定されている。
(7) 日本のEPAでは、金融サービスについて独立の章を設けているものとして日メキシコ、日チリがあり、GATSの附属書を編入するものに日タイがある。また、通信サービスについて、日シンガポールでは独立の附属書を設けている。自然人の移動については、日シンガポール、日フィリピン、日タイ、日インドネシア、日メキシコ、日チリでは独立の章を設けている。
(8) ASEAN6とは、シンガポール、マレーシア、フィリピン、タイ、インドネシア、ブルネイの6カ国を指して言う。ASEANには、この他にカンボジア、ラオス、ビルマ、ベトナムが加盟している。
(9) 例えば、カナダ＝ペルーBIT ‹http://www.international.gc.ca/trade-agreements-accords-commerciaux/agr-acc/fipa-apie/fipa_list.aspx?lang=en›.
(10) UNCTAD, *Latest developments in investor-State dispute settlement*, IIA Monitor No.1 (2008), at 1 ‹http://www.unctad.org/en/docs/iteiia20083_en.pdf›.
(11) 投資協定および投資仲裁の最新情報を得る手段として、次のメーリングリストが推薦できる。Investment Treaty News (ITN) ‹http://www.iisd.org/investment/itn/›.
(12) ここで念頭に置いているのは国際協定に基づく投資紛争仲裁である。世界の自由貿易

投資協定・経済連携協定における我が国の取り組み　　151

協定においては，例外的に MERCOSUR において，ブラジルの経済危機を契機に10を超える国家間仲裁が提起されている。

(13) UNCTAD, *Issues related to international arrangements - Investor-State disputes and policy implications,* [TD/B/COM.2/62], (14 January 2005) at footnote 3. ⟨http://www.unctad.org/en/docs/c2d62_en.pdf⟩.

(14) *Lucchetti S.A. and Lucchetti Peru S.A. v. Republic of Peru,* ICSID Case No.ARB/03/4

(15) UNCTAD, *Latest developments in investor-State dispute settlement,* IIA Monitor No.1 (2008), at 2 ⟨http://www.unctad.org/en/docs/iteiia20083_en.pdf⟩.

(16) 2008年8月15日現在。

(17) 第50，51条。⟨http://www.mofa.go.jp/policy/economy/fta/asean/agreement.html⟩。

(18) UNCTAD のレポートによると，2006年末時点で世界には2,573の投資協定が存在する。締結数の上位順に並べると，ドイツ（135本），中国（119本），スイス（114本），英国（103本），イタリア（100本），エジプト（100本），フランス（98本）となり，これにオランダ，ベルギー・ルクセンブルグ，韓国（いずれも80本以上締結）と続く。UNCTAD, *Recent developments in international investment agreements* (2006-June 2007) IIA Monitor No.3(2007) ⟨http://www.unctad.org/en/docs/webiteiia20076_en.pdf⟩ 及び UNCTAD の BIT データベースに基づき計数。

(19) 世界の各国が締結している投資協定のリストとその条文は，UNCTAD の次のデータベースから入手可能であるが，必ずしも最新情報でなく，また，掲載されている条文も最終締結版でないものが掲載されている例も見られたため（発見したものは既に訂正済み），最終的には相手国政府の条約担当部局に照会することが確実である。条文データベース：⟨http://www.unctadxi.org/templates/DocSearch_779.aspx⟩，各国ＢＩＴリスト：⟨http://www.unctad.org/Templates/Page.asp?intItemID=2344&lang=1⟩，UNCTAD の BIT ホームページ：⟨http://www.unctadxi.org/iia⟩。

(20) ECT の条文は次のサイトで入手できる。⟨http://www.encharter.org/index.php?id=7⟩。

(21) 背景事情の詳細なレポートとして José Gilberto Scandiucci Filho, *The Brazilian Experience with Bilateral Investment Agreements,* UNCTAD Expert Meeting on Development Implications of International Investment Rule Making, 28?29 June 2007, Geneva ⟨http://www.unctad.org/sections/wcmu/docs/c2em21p15_en.pdf⟩。

(22) 2008年2月1日に Woodrow Wilson International Center で行われたシンポジウムでも，米ブラジル双方の政府担当者が参加して投資協定の可能性につき議論している。イベントの様子が次のサイトで公開されている。⟨http://www.wilsoncenter.org/index.cfm?fuseaction=events.event_summary&event_id=366406⟩。

(23) "NT for pre-establishment phase"を略してこのように称される。

(24) 例えば，日ロシア BIT 第2条第2項は投資許可（admission）について最恵国待遇義務を定める。⟨http://www.unctad.org/sections/dite/iia/docs/bits/Japan_Russia.tif⟩。

(25) ただし，最恵国待遇義務の例外として，FTA や関税同盟等に基づく待遇を最恵国待

遇義務から適用除外する例もある。例えば，日マレーシア経済連携協定では，マレーシアがASEAN協定に基づいて他のASEAN加盟国の投資家に対して与える待遇をMFN義務の対象外としている。日マレーシアEPA第4附属書マレーシア側留保表5：⟨http://www.mofa.go.jp/region/asia-paci/malaysia/epa/⟩.

(26)　日エジプトBIT第2条第2項：⟨http://www.unctad.org/sections/dite/iia/docs/bits/Egypt_Japan.pdf⟩.

(27)　エジプト＝カナダBIT第2条第3項(a)及び第3条第3項(c)⟨http://www.international.gc.ca/assets/trade-agreements-accords-commerciaux/pdfs/EGYPT-E.PDF⟩，米エジプトBIT第2条第3項及び附属書⟨http://tcc.export.gov/Trade_Agreements/All_Trade_Agreements/exp_002813.asp⟩.

(28)　エジプト豪州BIT第4条(a)：⟨http://www.unctad.org/sections/dite/iia/docs/bits/australia_egypt.pdf⟩.

(29)　エジプト＝チリBIT第4条第3項：⟨http://www.unctad.org/sections/dite/iia/docs/bits/chile_egypt.pdf⟩.

(30)　英国エジプトBIT第7条(a)：⟨http://www.unctad.org/sections/dite/iia/docs/bits/egypt_uk.pdf⟩.

(31)　エジプト＝カナダBIT第3条第3項(a)。

(32)　米エジプトBIT議定書第4項。

(33)　日中BIT第11条2項：⟨http://www.unctad.org/sections/dite/iia/docs/bits/china_japan.pdf⟩.

(34)　各国の外資規制については，JETRO（日本貿易振興機構）の各国別サイトに詳しい。⟨http://www.jetro.go.jp/indexj.html⟩.

(35)　日メキシコEPA（第65条第1項）。

(36)　NAFTA第1106条第1項：⟨http://www.nafta-sec-alena.org/DefaultSite/index_e.aspx?DetailID=160#A1106⟩.

(37)　例えば，次のような国のモデル投資協定が公表されている。ノルウェー：⟨http://www.regjeringen.no/nb/dep/nhd/dok/Horinger/Horingsdokumenter/2008/horing---modell-for-investeringsavtaler/-4.html?id=496026⟩，米国：⟨http://www.ustr.gov/assets/Trade_Sectors/Investment/Model_BIT/asset_upload_file847_6897.pdf⟩，カナダ：⟨http://www.international.gc.ca/trade-agreements-accords-commerciaux/agr-acc/fipa-apie/what_fipa.aspx?lang=en#structure⟩.

（在インド日本国大使館一等書記官，元経済産業省通商政策局通商機構部参事官補佐）

論　説　　国際投資紛争の解決と仲裁

国際投資仲裁の論点と課題

森　下　哲　朗

I　投資協定仲裁
  1　投資協定における規定
  2　投資に関する紛争処理の複層性
II　Umbrella Clause
  1　Umbrella Clause
  2　仲裁判断例の状況
  3　学　　説
  4　検　　討
III　上　訴
IV　手続の透明性
V　投資協定仲裁の課題

　近年，投資協定仲裁がブームである。投資家が投資協定に基づき外国国家を相手にICSID等での仲裁を申し立てる事例が急増している[1]。これまでのところ，わが国の企業による申立事例はほとんどないものの[2]，外国に投資したわが国の企業が外国政府から不当な取り扱いを受けた場合において，「企業が自らを守る術」として活用できるのではないかといった見方も示されている[3]。

　本稿では，近時，欧米でも関心を集めている幾つかの各論的問題を検討し，投資協定仲裁の課題について検討することとしたい。各論的問題としては，近時の欧米などの文献でも重要な問題として取り上げられている umbrella clause，上訴，透明性を取り上げる。

I 投資協定仲裁

1 投資協定における規定

投資協定には投資家に条約上の保護を与える実体的な規定と，仲裁という紛争解決手続を利用できる旨の手続的な規定が盛り込まれている。このうち，投資協定における仲裁に関する規定については，かつては，仲裁に付託できる対象を投資に関するもの一般として広く規定するものが主流であったが，最近では仲裁に付託できるものを当該協定で与えられた具体的な保護に限定するものが主流となってきていると指摘されている。[4]

前者のタイプとして，例えば，1998年に締結された「投資の促進及び保護に関する日本国政府とロシア連邦政府との間の協定」では，次のように規定する。[5]

第三条
1 いずれの一方の締約国の投資家も，他方の締約国の領域内において，投資財産，収益及び投資に関連する事業活動に関し，第三国の投資家に与えられる待遇よりも不利でない待遇を与えられる。
2 いずれの一方の締約国の投資家も，他方の締約国の領域内において，投資財産，収益及び投資に関連する事業活動に関し，当該他方の締約国の投資家に与えられる待遇よりも不利でない待遇を与えられる。
3 各締約国の投資家の投資財産及び収益は，他方の締約国の領域内において，常に公正かつ衡平な待遇を与えられ，並びに不断の保護及び保障を享受する。いずれの締約国も，自国の領域内において，不当な又は差別的な措置により，他方の締約国の投資家の投資に関連する事業活動をいかなる意味においても阻害してはならない。各締約国は，他方の締約国の投資家が行う投資に関して義務を負うこととなった場合には，当該義務を遵守する。

第十一条
1 いずれか一方の締約国と他方の締約国の投資家との間の紛争であって，当該他方の締約国の投資家による当該一方の締約国の領域内における投資に関するものは，可能な限り，紛争の当事者間の友好的な交渉により解決される。この1の規定は，当該他方の締約国の投資家が当該一方の締約国の領域内において行政的又は司法的解決を求めることができることを妨げるものと解してはならない。

2　いずれか一方の締約国の投資家が行う投資から生ずる法律上の紛争が友好的な交渉により解決されない場合には，当該紛争は，当該一方の締約国の投資家の要請に基づき次のいずれかに付託される。
　(1)　千九百六十五年三月十八日にワシントンで作成された国家と他の国家の国民との間の投資紛争の解決に関する条約（以下「ワシントン条約」という。）が両締約国間において効力を有する場合には，同条約の規定による調停又は仲裁
　(2)　ワシントン条約が両締約国間において効力を有しない場合には，投資紛争解決国際センターに係る追加的な制度についての規則に基づく調停又は仲裁
　(3)　国際連合国際商取引法委員会の仲裁規則に基づく仲裁
3　仲裁の決定は，最終的なものとし，かつ，紛争の当事者を拘束する。この決定は，その執行が求められている領域の属する国で適用されている仲裁の決定の執行に関する法令に従って執行される。
4　いずれか一方の締約国の投資家は，自己の行う投資から生ずる紛争に関し他方の締約国の領域内において行政的若しくは司法的解決を求めており若しくは当該紛争に関し適用可能な紛争解決の手続で事前に合意されたものに従った仲裁の決定を求めている場合又は当該紛争に関する最終的な司法的解決がなされている場合には，当該紛争をこの条に規定する仲裁に付託することができない。
5　（略）

これに対して，後者のタイプとしては，たとえば，2002年に締結された「日本・シンガポール新時代経済連携協定」では，以下のような規定が置かれている。

第八十二条

1　この章の規定の適用上，「投資紛争」とは，一方の締約国と他方の締約国の投資家との間の紛争であって，他方の締約国の投資家の投資財産に関し，この章の規定に基づき与えられる権利が侵害されたことを理由として又はこのことにより損失又は損害を生じさせたものをいう。
2　投資紛争が生じた場合には，当該投資紛争は，可能な限り，当該投資紛争の当事者間の友好的な協議により解決する。
3　投資紛争が投資家から書面による協議の要請のあった日から五箇月以内に友好的な協議により解決されない場合であって，当該投資家が解決のため当該投資紛争を(i)行政的又は司法的解決及び(ii)あらかじめ合意した適用可能な紛争解決手続のいず

れかに付託しなかったときは，当該投資家は，次のいずれかの手続によることができる。
  (a) 附属書ＶＣに規定する手続に従って仲裁裁判所の設置を要請し，当該投資紛争をその仲裁に付託すること。
  (b) 千九百六十五年三月十八日にワシントンで作成された国家と他の国家の国民との間の投資紛争の解決に関する条約（以下この章において「ICSID条約」という。）が両締約国間において効力を有する場合にあってはICSID条約の規定による調停又は仲裁に当該投資紛争を付託し，ICSID条約が両締約国間において効力を有しない場合にあっては投資紛争解決国際センター（以下この章において「ICSID」という。）に係る追加的な制度についての規則に基づく調停又は仲裁に付託すること。
  (c) 千九百七十六年四月二十八日に国際連合国際商取引法委員会により採択された国際連合国際商取引法委員会の仲裁規則に基づく仲裁に当該投資紛争を付託すること。
 4 各締約国は，投資紛争をこの条の規定に従って３に規定する国際的な調停又は仲裁に付託することについて，ここに同意を与える。（以下略）

2 投資に関する紛争処理の複層性

　一般の仲裁においては，仲裁という紛争解決手段が用いられるためには，当事者の仲裁合意が必要であるが，投資協定仲裁との関係においても，このような当事者間の合意という要素は存在すると考えられており，投資協定において投資家が仲裁に付託することを認めている点に投資を受け入れる国家側の意思を，実際に仲裁申立を行ったという行為に投資家側の意思を見出し，これによって仲裁合意が成立した，と考えるのが一般的である。[6]

　投資協定の下で仲裁に委ねられる事例には，投資家と外国国家との間の契約に関する紛争（たとえば，国家による契約不履行等に関する事案）と，そのような契約が存在しない場合の紛争（たとえば，許認可等に関する事案や，国家による収容等に関する事案）が存在するが，いずれの類型についても，実体面，手続面で，それぞれ複層的な構造となりえる。契約に関する紛争の場合には，実体面では

契約準拠法に基づく契約上の権利が存在することに加え，投資協定上の保護に基づく権利が存在しうる。他方，手続面でも通常の契約紛争で予定されている紛争解決方法に加え，投資協定に基づく仲裁という選択肢が存在しうる。契約に関しない紛争の場合であっても，実体面における当該外国国家の民事法，行政法等による救済，手続面における国家裁判所での訴訟提起等の紛争解決方法に加え，投資協定に基づく保護や紛争解決手段が投資家に与えられうる。

　このような複層性に関し，投資協定仲裁では，以下のような要因から紛争が複雑なものとなりうることが指摘されている(7)。

①特定の投資協定を根拠とする権利に基づく紛争：ある協定の下での保護と当該協定の下での仲裁とはセットになっているため，一つの紛争が複数の投資協定の対象となるような場合には，個々の協定に基づく主張について，それぞれ個々の協定で定められた別個の手続が行われてしまう。

②国内裁判所での手続を排除しない：投資家が投資協定上の保護を求めて投資協定仲裁により申立てを行った場合でも，別途特段の定めがなければ，これとは別に投資家は契約上の義務違反を主張して国内裁判所に訴えを提起することができる。

③国内救済原則の不適用：国際法の原則である国内救済原則が当然には適用されないため(8)，国内手続を経ることなく投資協定仲裁を利用することができる。

④一つの投資に関する投資主体の複層化：一つの投資について，実際に投資を行っている法人とその株主が，それぞれ独自の立場から別の投資協定に基づき仲裁を申し立てることがありうる(9)。

　以上のうち，複数の手続が並行して行われることに関しては，投資家が紛争を国家裁判所あるいは仲裁に持ち込んだ場合にはそのような選択は最終的なものであると規定したり，投資家が紛争を国家裁判所等に持ち込んだ場合には投資協定の下での国家側の仲裁に対する同意は無効となると規定する条項，いわゆる folk in the road 条項を投資協定に組み込むことによって(10)，コントロール

が試みられている。しかし、たとえば、国内手続で投資家が請求の根拠としているのが単に契約上のものであって投資協定上の保護に関する請求を含んでおらず、投資協定仲裁における投資家の請求が投資協定上の保護のみに関する場合には、双方の請求の根拠が全く異なるため、folk in the road 条項によって投資協定上の仲裁を利用することは妨げられないと考えられる。このように、実体面での複層性と手続面での複層性が絡み合い、投資に関する紛争は複雑なものとなる可能性を孕んでいるのである。

Ⅱ Umbrella Clause

1 Umbrella Clause

Umbrella clauseとは、前記のロシアとの投資協定の3条3項におけるように、締約国は相手国の投資家に対して行った投資に関する約束を遵守しなければならない、と規定する投資協定上の条項を指す。2006年10月のOECDのレポートによると、2500くらいの投資協定のうち、約40％が umbrella clause を含んでいるとされている。Umbrella clause が最初に用いられるようになったのは1950年代後半であるが、当初の学説や起草者は、国家が投資家との契約や約束に違反した場合には、全て条約違反となると考えていたとされている。

2 仲裁判断例の状況

実際に本件が投資紛争との関係で問題とされ、注目を集めるようになったのはつい最近のことであり、①SGS対パキスタン、②SGS対フィリピン、という二つの仲裁判断例がきっかけである。2003年のパキスタン事件は、パキスタン向輸出についての船積前検査業務契約についてパキスタン政府が契約の解除を通知したところ、スイス法人であるSGSが解除の違法を主張したものであり、パキスタンとスイスの間の投資協定11条には、"Either Contracting Party shall constantly guarantee the observance of the commitments it has entered into with respect to the investments of the investors of the other Contracting Party"との規定が置かれていた。仲裁廷は,「11条のテキスト自体は,投資家が締約国と締結した契約に関連して投資家が主張する契約違反を自動的に国際条約法違反のレベルへと引き上げることを意図したものではない。」(paragraph 166) 等と述べて,管轄権を否定した。これに対し,2004年のフィリピン事件は,パキスタン事件と同様,フィリピン向け輸出についての船積前検査業務契約についてフィリピン政府が契約解除を通知したところ,SGS が解除の違法を主張したものであり,フィリピンとスイスの間の投資協定10条 2 項には,"Each Contracting Party shall observe any obligation it has assumed with regard to specific investments in its territory by investors of the other Contracting Party"との規定が置かれていた。仲裁廷は,「二国間投資条約の目的が10条 2 項の有効な解釈を裏付ける。二国間投資条約は,投資の促進と相互保護のための条約である。前文によると,条約は『一方の締約国の投資家による他方の締約国の領域における投資のために望ましい環境を形成し維持する』ことを意図している。条約の解釈にあたっては投資の保護に有利なように不明確さを解決することが正当である。」(paragraph 116),「条約10条 2 項により,ホスト国が特定の投資に関して負担した拘束力ある約束(契約上の約束を含む)の遵守を怠ることは,条約違反となる。」(paragraph 128) と述べ,umbrella clause によって投資契約違反が直ちに投資協定違反となるという点で,パキスタン事件とは反対の立場に立った。しかし,同時に,umbrella clause は「そうした債務の程度や内容の問題を国際法上の問題に転換するものではない。そうした問題は依然として投資契約により規律される。」(paragraph 128) とも述べている。なお,本件では,SGS とフィリピンとの契約にフィリピンの国内裁判所への専属的な管轄合意があった。仲裁廷は,「投資協定における一般的な管轄条項が,自分達の契約上の紛争についての当事者による拘束力ある法廷地の選択に自動的に優先するという考え方は受け入れら

れない」（paragraph 153）と述べて，結論としては投資協定上の仲裁廷の管轄を否定した。ただし，条約によって私人にある権利が与えられている場合には，それは一定の公益を実現するために与えられているのであり，他に明文の定めがある場合を除き，国際法上は契約によって放棄することはできないとした上で，ここでの問題は仲裁廷が管轄権を有するかどうかではなく，当事者が契約（その契約については，他の法廷についての専属的な合意管轄がなされている）に基づく主張を仲裁の場で持ち出すことができるかどうかという admissibility の問題であると考えるべきであると述べている（paragraph 154）。

　これらの二つの事件をきっかけに，学説や実務の議論が活発となり，複数の仲裁判断例がこの umbrella clause についての判断を示した。③2006年のLG & E 対アルゼンチン事件は，アルゼンチンのガス事業を営む法人に投資していた米国法人が，ガス法により与えられていた保護が奪われたことにより損害を被ったと主張した事例であり，アルゼンチン・アメリカ二国間投資条約2条(2)(c)には，each party "shall observe any obligation it may have entered into with regard to investments" との規定が置かれていた。仲裁廷は，「umbrella clause と呼ばれるそうした条項は，かなり多く二国間条約に盛り込まれ，ホスト国が外国投資家に対する債務（契約から生じる債務を含む）を遵守するよう求めるものである。それゆえ，そのような債務は，二国間投資条約のもとで特別の保護を受けるのである。」（paragraph 170），「料金をペソへの換算前に米ドルで計算する……などの制定法の体系の下での保護をアルゼンチンが廃止したことは，申立人の投資についてアルゼンチンが負う義務に違反したことになる」（paragraph 175）と述べた。④2006年の Pan American Energy LLC and BP Argentina Exploration Company 対アルゼンチンは，アルゼンチンの石油，ガス，電気事業を営む法人に投資していた米国法人が，アルゼンチン政府による石油等についての法制等の変更により損害を被ったと主張した事例である。仲裁廷は，「umbrella clause は契約上の請求を条約上の請求に変えてしま

ことはできない……。いわゆる umbrella clause を広く解することによる結果は，国家法秩序と国際法秩序の間の境を破壊してしまう……。二国間投資条約を締結することによって，条約に体現された外国投資の保護の基準を尊重する義務を遙かに超えるような国際法上の責任を国家が負い，投資に関する国内法上又は国際法上のあらゆる約束の不履行について責任を負うとされてしまうことは，実に奇妙なことである」と述べたうえで (paragraph 110)，本件での umbrella clause は申立人の単なる契約上の請求や投資協定上の保護の違反に依拠しないような請求について仲裁廷が管轄権を有するようにすることはないが，他方で，国家が投資協定違反と考えられるような一方的な行為によって投資家の契約上の権利に介入したような場合には，契約上の権利の侵害から生じる請求を含む投資家の全ての請求について，仲裁廷は管轄権を有するとした (paragraph 112)。⑤CMS Gas Transmission Company 対アルゼンチンは，政府からライセンスを得てアルゼンチンのガス会社に投資した米国の投資家が，アルゼンチン政府が行ったガス価格見直しの凍結やドルとペソの交換に関する措置によって損害を被ったと主張した事案である。2005年の仲裁判断は，[20]「全ての契約違反が条約違反となるわけではない。条約の保護の基準は，条約上の権利や義務についての特定の違反，あるいは，条約の下で保護された契約上の権利の違反がある場合にのみ問題となる。契約の純粋に商業的な側面は，ある場面では条約によっては保護されない。しかし，政府あるいは公的機関による投資家の権利についての重大な介入がある場合にはそうした保護が与えられうる。」と述べた (paragraph 299)。⑥2007年の Sempra Energy International 対アルゼンチンは，⑤と同様の事実関係に関するものであるが，「SGS 対フィリピンの仲裁廷が支払についての契約上の紛争と協定上の紛争を区別する際に説明したように，契約の通常の商業的な違反は協定の違反と同じではない。また，SGS 対パキスタンが，umbrella clause が無限定に不当に拡大することを避けるために，そのような区別が必要であるとした点については賛成である。

Umbrella clause の問題と協定との関係での契約の役割を扱った決定はいずれも，違反が通常の契約当事者としての行為から生じたか，主権国家のみが有する機能や権限によってなされた行為を含むものかによって，契約違反と協定違反を区別してきた。」と述べたうえで，この事案において問題となった行為は単なる契約相手方による商業的な義務違反ではないとして，umbrella clause の保護の対象となるとした（paragraph 310-313）。

既述の2006年の OECD のレポートでは，仲裁判断例は，narrow interpretation，すなわち，umbrella clause により契約違反が直ちに条約違反になるわけではなく，限定的に解していこうという考え方，と，wide interpretation，すなわち，umbrella clause により全ての契約違反が条約違反になるといった考え方に大別されるとする。[21]上記の例では，③は wide interpretation，④⑤⑥ は narrow interpretation に分類されるのではないかと思われる。

3 学　説

学説も分れている。[22]Umbrella clause が起草されるようになった経緯や，投資の性格等に特に限定を付していない umbrella clause の文言に照らせば，国家による契約違反は当然に条約違反となるという見解がある。[23]また，SGS 対フィリピン事件が契約における専属管轄条項の存在を理由に管轄を否定した点についても，umbrella clause の意味を無にするものであって，契約違反と投資協定違反の違いを理解していないものである，として批判する見解がある。[24]これに対して，全ての契約違反ではなく，このような umbrella clause を導入した時の当初の意図などにより，主権的行為による契約への介入のみが umbrella clause の対象になると解するべきである，といった考え方も示されている。[25]このように国家による主権的行為による介入かどうかという観点から区別する考え方は，上記の④⑤⑥によっても基本的に採用されているように思われる。[26]しかし，このような考え方に対しては，ウィーン条約法条約における

条約の解釈準則からは正当化されえないといった批判や[27]、当初の意図が主権的権限行使を伴う違反に限定していたとはいえないことに加え，主権的権限行使を区別してきたのは国内救済の可能性を理由とするが，現在の投資協定仲裁は主権的権限行使に限らず単なる契約違反についても争えるので，主権的な権限行使かどうかによる区別は正当化されないといった批判がなされている[28]。また，既述の2006年10月のOCEDのレポートでは，条約の文言によってnarrow interpretationとwide interpretationが分かれるとし，たとえば，"shall observe"といったものはwide interpretationが妥当するが，"shall guarantee the observance"といった書きぶりのものはnarrow interpretationが妥当する，といった見方を示している[29]。

4 検 討

umbrella clauseを考えるうえでは，投資協定の手続的な側面と実体的な側面を分けて考える必要があると思われる[30]。

手続面では，投資に関する紛争を投資協定に基づく仲裁に委ねることができるという条項があることによって，投資家は契約上の権利についても投資協定仲裁を利用できる。これは，umbrella clauseの役割というよりも，紛争解決条項の効果である（冒頭のロシアとの投資協定の例でいえば，3条ではなく，11条の規定による）。ここでは，手続として投資協定上の仲裁が利用できるというだけであるので，仲裁の実体的規範は契約で合意された準拠法である。このような契約上の権利について，もし契約で特段の定め，たとえば，国内裁判所を専属的管轄裁判所とする旨の合意があれば，これは投資協定における一般的な合意との関係では特別の合意になるので，契約での特段の定めが優先することになると解される[31]。但し，このような契約における合意は契約上の権利についてのものであるので，投資協定上の権利については契約上の定めに関わらず，条約上の仲裁手続を利用できる。

これに対して，実体面では，もともと準拠法上，契約上与えられている権利に加え，umbrella clause が何か追加の実体的権利・保護を与えるのか，が問題となる。この点については，すでに多くの仲裁判断例において示されているように，umbrella clause によって契約上の権利の性格が変わってしまうというのは適切ではなく，条約の主体としての国家，主権国家としての国家が，主権国家として行った行為により投資家の契約上の権利を侵害した場合に限り，投資家は協定上の保護を求めることができると考えるべきであると思われる。[32] 従来，国家契約との関係では，準拠法としてはホスト国の国家法に加えて国際法によるといった規定が置かれたり，ICSID での仲裁との関係では，ICSID 条約の42条にそのような国際法の適用に関する規定があることにより，国家法のみならず，国際法が適用される場合が存在した。[33] Umbrella clause の実体面での効果は，そのような規定がなくても，国家が国家として行った行為によって投資家の権利を侵害した場合には，投資家は条約上・国際法上の保護を主張できるという効果があるということと理解すべきと思われる。[34] 他方，umbrella clause があるからといって，契約上の権利が直ちに国際法上の権利に転換され，何か新しい権利が付け加わるといったことはない。この点は，たとえば，④⑤でも示されている考え方である。

このように主権的な行為による介入か否かで区別する考え方に対しては批判が存在することは既述のとおりである。しかし，仮に，主権的行為による介入か否かで区別しないとした場合，少なくとも，純粋な契約違反が問題となるようなケースにおいて，一般的な契約法ルールを超える追加の実体的な権利や保護を投資家に与えるような内容は国際法にはないのではないかと思われる。たとえば，契約上の権利が国際法上の権利になることによって，pacta sunt servanda という国際法上のルールが妥当するのだといったとしても，pacta sunt servanda というルールは各国の契約法にも存在しているので，実際には国際法は何も加えていないか，あるいは，問題となっている状況の下では契約

は守らねばならないというかたちで国家側の抗弁を認めないという結論を先取りしていることになってしまうように思われる。また，従来の見解においてumbrella clauseによって契約違反が協定上の義務違反になる，といった際に，それは何を意味していたのか，が明らかではなかったように思われる。もし，そこにおいて契約違反について投資協定仲裁を用いることができるということが意図されていたならば，それは，umbrella clauseよりも紛争解決条項の効果というべきである。そうではなく，実体的な保護という面でも主権的行為説では不都合であるとする場合には，主権的行為以外による契約違反の場合に国際法上あるいは協定上何らかの具体的な保護が与えられるということが想定されていると思われるが，その具体的な保護の内容としてはどのようなものが考えられるのだろうか。(35)

Ⅲ 上　訴

通常の商事仲裁では上訴制度がない，というのが特徴の一つであるが，投資協定仲裁との関係では上訴制度の要否が議論されている。NAFTAとの関係では，2000年のMetalclad対メキシコ事件において(36)，産業廃棄物の免許を与えなかったことについて16.7百万米ドルの損害賠償を命じる仲裁判断が出されたところ，カナダ，British Columbia州で仲裁判断が取り消されるという事態が生じた。また，米国ではこうした投資協定仲裁は米国の主権に対する脅威であるといった見方も説かれるようになっているようである(37)。

現在でも仲裁判断を見直すための制度は存在するが，取消等の事由は非常に限定されている(38)。裁判所によるレビューを拡充することも考えられるが，仲裁地の国家裁判所の裁判官は投資に関する争点を知らず，複雑な条約や国際法の解釈にも慣れておらず，適度に仲裁判断を尊重することができないのではないかとして，国家裁判所が仲裁人よりも適切な判断ができるかどうかは疑問であるとも指摘される(39)。こうした観点からは，WTOのように，投資仲裁制度の中

にアピールの制度を設けるべき，といった考え方が示されることになる[40]。実際，米国が締結している投資協定においては，上訴制度の可能性を検討すること等に明示的に言及するものが現われている[41]。こうした中で，2004年のICSIDのペーパー "Possible Improvements of the Framework for ICSID Arbitration" では，上訴制度の設置がICSID仲裁をより良いものとするための論点の一つとして挙げられた。しかし，このペーパーによる提案に対しては，時期尚早であるとの反応が強く，少なくともICSIDにおいては一時棚上げとなっているようである[42]。

上訴制度を設けることによるメリットとしては，まず，仲裁判断ごとのばらつきをなくし，判断に一貫性を持たせることが挙げられる[43]。また，投資協定仲裁では環境規制，許認可等，公の施策が問題とされることが多い。このような投資協定仲裁で取り扱われる問題の重大性や公的な性格を考えるならば，通常の商事仲裁のように仲裁廷の判断の一回性を尊重する必要はなく，むしろ，より慎重を期すべく仲裁判断を見直すことができるような制度の方が望ましいといった主張もなされる[44]。他方で，上訴制度を設けることが本当に仲裁判断の一貫性や質の向上に寄与するかについては，懐疑的な見方も少なくない[45]。

また，実際にアピール制度を設けるとすると，いろいろな課題が存在する。費用の増加を考えると当事者が上訴廷の費用を負担できるのか，レビューの基準はどうか，アピールの組織はどのように設計すべきか，等，様々な難しい問題が指摘されている[46]。

上訴制度の当否は，具体的にどのような制度を設計するかにもより，抽象的な議論には馴染みにくいが，投資仲裁が国際投資や各国の政策等に与えるインパクトが大きくなればなるほど，限られた仲裁人に判断を完全に委ねてしまうことへの不安感が増すことは自然であるようにも思われる。

Ⅳ 手続の透明性

　一般の商事仲裁では手続を公開しなくてよいことが利点の一つとして挙げられるのに対し，投資協定仲裁では，手続の対象が行政や公的な性格の問題であること等もあって，透明性を高めることが重要であると指摘されている。[47]

　透明性が問題となるのは二つの局面がある。一つは仲裁判断，手続資料，ヒアリングの公開であり，もう一つは，第三者の手続参加，たとえば，手続において amicus curie として意見を述べること等が許されるか，という問題である。

　ICSID の手続では以前から事案の係属や仲裁判断の公開がなされてきたが[48]，ICSID は2006年に仲裁規則を改正し，手続の公開を強化した。すなわち，2006年の ICSID 規則の32条2項では，いずれかの当事者が反対しない限りは，仲裁廷は手続を公開することができる旨が規定された。[49]

　第三者の手続参加という問題は，NAFTA における Methanex Corp. v. US の事案で問題となった。この事案は，申立人であるカナダ法人が製造している成分をガソリンに利用することを環境保護の観点から禁止したカリフォルニア州の規制が問題となった事案であり，環境団体が amicus curie としての文書提出を申し出た。このような文書提出について，申立人はこれによって論点が追加されたり UNCITRAL の仲裁規則で保証されているプライバシーが侵害される等と主張して反対した。米国とカナダは申し立てを認めることに賛成したが，メキシコは反対した。結局，仲裁廷は，このような文書提出を認めることは UNCITRAL 仲裁規則では禁止されておらず裁量の範囲内として提出を認めた。[50]

　2006年の ICSID の仲裁規則の改定では，この点についても新たに37条2項を置き，仲裁廷は当事者と相談したうえで，第三者による書面の提出を許可することができることとされた。そこでは，書面の提出を許可するかどうかを決

定するにあたり，仲裁廷は，(a)書面の提出が当事者とは異なる視点を提供することにより仲裁廷が事実や法的問題について決定することを助けるか，(b)書面は紛争の対象の枠内にある事項についてのものか，(c)第三者は手続に重大な利益を持っているか，を考慮せねばならず，かつ，第三者による文書提出が手続を混乱させないこと，双方当事者に不当な負担を課さず，かつ，当該文書について意見を述べる機会を与えることを確保せねばならないとされている。

こうした透明性の向上については，現在の当事者への情報提供のみならず，将来の関係者にとっても予測可能性を高めるための情報提供につながること，公益に影響を与えるような手続についての正統性（legitimacy）を高め社会が仲裁判断を受容しやすくすること等のメリットが指摘されている[51]。他方で，コスト増という問題があるほか[52]，仲裁手続が非公開であることが重要であると考えている当事者がいることを忘れてはならないといった指摘もなされている[53]。

V　投資協定仲裁の課題

投資協定仲裁は急速に発展してきたこともあり，上記のほかにも，今後検討が深められるべき様々な課題を抱えている。

まず，仲裁合意という点では，国家の側は協定での規定を通じて，事前に包括的に合意を示していると考えられているが，この結果，実際には合意に基づく手続というよりも，投資家は一定の要件を満たせば誰でも訴えられることになる。NAFTAで様々な投資仲裁の申立が行われたことを受け，米国では言いがかり的な申立てをいかに防ぐかが議論されている。米国が敗れた例はないが，言いがかり的な仲裁に対応するための人的・金銭的な負担は膨大であるとされる[54]。

また，投資協定仲裁では殆どの場合に国家が被申立人であり，国家が外国投資家向けに自己の行政行為に対する不服申立制度を用意しているといってもよい状況である。その意味では，行政訴訟に近いともいえ，むしろ，仲裁ではな

く，行政法的な視点から，投資協定仲裁を見直すべきであるとの主張もなされている[55]。このような投資仲裁制度は，関係国の行政に対して少なからぬインパクトを与え，また，実体面・手続面で外国投資家を内国投資家に比して優遇することにも繋がりうる[56]。現在の投資仲裁において国家側の責任を判断する際に適用されるルールは主として国際法の領域で発展してきたものであるが，そのようなルールが国家の政策と投資家の利益の望ましいバランスを実現するために適切なものかどうかの検討も必要である[57]。我が国との関係でも，もし我が国が投資協定仲裁の被告となった場合，わが国の行政法学との関係で難しい問題は生じないのかを考えておく必要があるように思われる。既に条約で約束してしまったから仕方ないといった考え方があるとしても，予め行政法学の観点から考えられる問題を検討し，今後の条約作業等に反映させていくことも必要であると思われる。

　また，投資紛争を扱う仲裁人は商事仲裁を扱う仲裁人よりもより限られており，限られたサークルの中で公的にも重要な問題についての判断が積み重ねられていくことへの懸念が示されたり，投資仲裁では常に投資家が申立人であることから，身分保障のない仲裁人には投資家を勝たせることによって投資仲裁を盛んにするというインセンティブが働きかねないという指摘や，第三仲裁人について合意が整わない場合にICSIDが選定する仲裁人は世銀や米国の利益を反映した人になりやすいといった指摘もなされている[58]。このような懸念や指摘が当たっているかどうかは明らかではないものの，こうした懸念や指摘がなされること自体が投資協定仲裁への信頼性に影響を与えかねない。

　ブームに乗ることも重要であるが，今後，様々な課題を一つ一つ解決していくことが，投資協定仲裁が一部のプロや投資家のみではなく，社会からのより広い支持を得ていくために重要であると思われる。

(1) 仲裁機関付託された案件の動向については，『2008年版不公正貿易報告書』510頁以下を参照。

(2) 日系企業による利用例としては，サルカ事件が報告されている。サルカ事件については，小寺彰・松本加代「投資協定の新局面と日本　第2回サルカ事件」国際商事法務34巻9号1141頁（2006）。
(3) ロバート・グレイグ，クローディア・アナカー「二国間投資協定はいかにして日本の投資家を保護できるか」国際商事法務32巻12号1607頁以下（2004），三宅保次郎「投資協定の活用に向けて」日本貿易会月報2007年9月号59頁以下。
(4) 米谷三以「ICSID仲裁における適用法規：国際法の直接適用とその含意」RIETI Discussion Paper Series 08-J-024, 3頁（2008）。RIETI（経済産業研究所）のディスカッション・ペーパーは，同研究所のホームページ（http://www.rieti.go.jp）でダウンロード可能である。
(5) ロシアとの投資協定については，小寺彰・松本加代「投資協定の新局面と日本　第4回サハリンⅡと投資協定―実際の事例における投資協定の意義―」国際商事法務35巻2号169頁以下（2007）を参照。
(6) Rudolf Dolzer & Christoph Schreuer, Principles of International Investment Law (OUP, 2008), at 238ff., at 242.
(7) Campbell McLachlan, Laurence Shore & Matthew Weiniger, International Investment Arbitration: Substantive Principles (OUP, 2007), at 87ff.
(8) Dolzer & Schreuer, supra note 6, at 215.
(9) これが実際に問題となった事例として有名なのが，Lauder事件である。この事案では，米国の投資家であるLauder氏がオランダ法人を通じて，チェコのテレビ局に投資したが，チェコ政府のMedia Councilがメディア事業に関する許可を取り消したこと等に関し，オランダ法人自体がオランダとチェコの間の投資協定に基づき仲裁を申し立てるとともに，Lauder氏自身もアメリカとチェコの間の投資協定に基づき仲裁を申し立てた。2001年9月3日のLauder氏とチェコとの間の仲裁事件ではLauder氏の請求が棄却されたが（Lauder v. Czech Republic (UNCITRAL, 2001)），わずか10日後に出された2001年9月13日のオランダ法人とチェコとの間の仲裁事件ではオランダ法人の請求が認容された（CME Czech Republic BV v. Czech Republic (UNCITRAL, Partial Award, 2001)）。このように，同一の事案について，複数の手続が継続し，異なる判断が下されることとなった。本件については，中村達也「国際投資仲裁と並行的手続―国家法による規制，調整を中心として―」RIETI Discussion Paper Series 08-J-25（2008），4頁以下で詳しく紹介されている。
(10) Dolzer & Schreuer, supra note 6, at 216.
(11) McLachlan, Shore & Weiniger, supra note 7, at 90ff.
(12) McLachlan, Shore & Weiniger, supra note 7, at 103ff. 中村・前掲注(9)，29頁以下を参照。
(13) Dolzer & Schreuer, supra note 6, at 153.
(14) OECD "Interpretation of the Umbrella Clause in Investment Agreements" (Working

Paper on International Investment Nomber 2006/3), at 5.
⑮ Wong, Umbrella Clause in Bilateral Investment Treaties: of Breaches of Contract, Treaty Violations, and the Divide between Developing and Developed Countries in Foreign Investment Disputes, 14 Geo. Mason L. Rev. 135, 142ff. (2006).
⑯ SGS v. Islamic Republic of Pakistan (ICSID, Decision on Objections to Jurisdiction, 2003).
⑰ SGS v. Republic of Philipines (ICSID, Decision on Objections to Jurisdiction, 2004).
⑱ LG&E Energy Corp., LG&E Capital Corp., LG&E International, Inc. v Argentine Republic (ICSID, Decision on Liability, 2006).
⑲ Pan American Energy LLC and BP Argentina Exploration Company v. The Argentine Republic (ICSID, Decision on Preliminary Objections, 2006).
⑳ CMS Gas Transmission Company v. The Argentine Republic (ICSID, 2005).
㉑ OECD, supra note 14, at 15ff. また，仲裁判断の流れについては，濱本正太郎「投資保護条約に基づく仲裁手続における投資契約違反の扱い」RIETI Discussion Paper Series 08-J-014（2008），6頁以下を参照。
㉒ 主要な学説の整理については，OECD, supra note 14, at 7ff.
㉓ Wong, supra note 15, at 139ff., 163ff.
㉔ Wong, supra note 15, at 165ff.
㉕ Thomas Wälde, "The 'Umbrella' (or Sanctity of Contract/ Pacta sunt Servanda) Clause in Investment Arbitration: A Comment on Original Intentions and Recent Cases" in Transnational Dispute Management Vol.1-Issue 4 (2004).
㉖ このほかには，El Paso Energy International Co v. Argentine Republic (ICSID, Decision on Jurisdiction, 2006) もそうした判断例として挙げられる。
㉗ Dolzer & Schreuer, supra note 6, at 160ff.
㉘ 坂田雅夫「投資保護条約の傘条項が対象とする国家契約の違反行為」同志社法学58巻2号491頁（2006）。濱本・前掲注㉑20頁以下も，公権力としての行為と商行為との区別について否定的な見方を示す。
㉙ OECD, supra note 14, at 22. 濱本・前掲注㉑24頁以下も文言を重視すべきことを説き，umbrella clause 一般をひとくくりに論ずることには意味がないと主張する。
㉚ McLachlan, Shore & Weiniger, supra note 7, 109ff. はそのような見方に立っているものと思われ，たとえば，"The issue raised by umbrella clause is ...substantive"とする（at 111）。
㉛ 以上につき，McLachlan, Shore & Weiniger, supra note 7, at 115 を参照。本稿で示した私見は，基本的に同書に示された見解を支持するものである。
㉜ McLachlan, Shore & Weiniger, supra note 7, at 116ff.
㉝ ICSID 42条における国際法の適用については，米谷・前掲注⑷，20頁以下を参照。

(34) McLachlan, Shore & Weiniger, supra note 7, 115ff.
(35) なお，投資協定には国家が投資家に公正かつ衡平な待遇を与えることを約束する条項が盛り込まれることが多い（公平・衡平待遇条項の具体的な意味・機能については，小寺彰「投資協定における『公正かつ衡平な待遇』―投資協定上の一般条項の機能―」RIETI Discussion Paper Series 08-J-026を参照）。公正待遇違反かどうかについては，これまでの仲裁判断は「不当性」「差別性」「恣意性」といった基準を示しているとされるが（小寺・同上，15頁），こうした公正待遇違反に関する基準も，通常の契約違反との関係で，一般的な契約法ルールを超える何か特別の保護を投資家に与えることになるかは疑問に思われる。
(36) Metalclad Corporation v. The United Mexican States (ICSID. Additional Facility, 2000).
(37) Ian Laird and Rebecca Askew, Finality versus Consistency: Does Investor-State Arbitration need an Appellate System? 7 J. App. Prac. & Process 285, 287 (2005).
(38) ICSID 52条では annulment という手続を置いているほか，ニューヨーク条約等において一定の承認拒否事由が定められている。Gantz, An Appellate Mechanism for Review of Arbitral Decisions in Investor-State Disputes: Prospects and Challenges, 39 Vand. J. Transnat'L 39, at 49ff (2006).
(39) Gantz, supra note 38, at 54ff.
(40) Gantz, supra note 38, at 56ff.
(41) そうした協定の例については，Karl P. Sauvant, ed., Appeals Mechanism in International Investment Disputes (OUP, 2008), at 301ff. を参照。
(42) Christian Tams, Is There a Need for an ICSID Appellate Structure? in Rainer Hofmann & Christian Tams eds. The International Convention on the Settlement of Investment Disputes: Taking Stock after 40 Years (Nomos, 2007), at 223ff.
(43) ICSID, "Possible Improvements of the Framework for ICSID Arbitration", at paragraph 21 (2004). アピール制度を設けることのメリット・デメリットを整理したものとして，OECD, Improving the System of Investor-State Dispute Settlement: An Overview (2006), at 11ff.
(44) Gantz, supra note 38, at 54ff.; Laird and Askew, supra note 37, at 292.
(45) Jan Paulsson, What Authority Do International Arbitrators Have over States? in ICCA Congress Series No. 12, (Kluwer Law International, 2005) 132, at 148ff.; Tams, supra note 42, at 231ff.
(46) Gantz, supra note 38, at 57ff.
(47) Jack Coe, Transparency in the Resolution of Investor-State Disputes - Adoption, Adaptation, and NAFTA Leadership, 54 Kansas Law Review 1339, at 1339ff. (2006).
(48) Carl-Sebastian Zoellner, Third-Party Participation (NGO's and Private Persons) and Transparency in ICSID Proceedings, in Rainer Hofmann & Christian Tams eds.

(49)　The International Convention on the Settlement of Investment Disputes: Taking Stock after 40 Years (Nomos, 2007), at 186ff.
(49)　2006年以前の規則では，当事者が合意した場合に限り手続を公開できるとされており，原則と例外が逆転することとなった。
(50)　本件については，Coe, supra note 47, at 1370ff.
(51)　Zoellner, supra note 48, at 198ff.
(52)　Zoellner, Id., at 202ff.; Coe, supra note 47, at 1361.
(53)　Karl-Heinz Böckstiegel, Transparency and Third Party Participation in Investment Arbitration (Comment), in in Rainer Hofmann & Christian Tams eds. The International Convention on the Settlement of Investment Disputes: Taking Stock after 40 Years (Nomos, 2007), at 212.
(54)　Jack Coe, The State of Investor-State Arbitration - Some Reflections on Professor Brower's Plea for Sensible Principles, 20 Am. U. Int'l L. Rev. 929, 931ff (2005).
(55)　Gus Van Harten, Investment Treaty Arbitration and Public Law (OUP, 2007), at 63ff. 143ff.
(56)　Rudolf Dolzer, The Impact of International Investment Treaties on Domestic Administrative Law, 37 International Law and Politics 953, at 954ff. なお，投資協定において一般的に盛り込まれる公正・衡平待遇は内国民待遇とは独立した国際法上の要請であり，従って，仮に内国民待遇を与えていたとしても公正・衡平待遇違反となることがありうると考えられている（Dolzer & Schreuer, supra note 6, at 123）。
(57)　Harten, supra note 55, at 101ff.
(58)　Harten, supra note 55, at 167ff.

（上智大学法科大学院教授）

論　説　自由論題

GATT 第18条 C の援用可能性に関する考察
—— ドーハ開発アジェンダにおける S&D 交渉を題材に ——

児玉　みさき

Ⅰ　はじめに
Ⅱ　GATT 第18条 C の概要と問題点
　1　GATT 第18条 C における権利義務
　2　GATT 第18条 C の援用例
　3　GATT 第18条 C に対する評価と問題点
Ⅲ　ドーハ開発アジェンダ S&D 交渉における第18条に関する議論
　1　カンクン閣僚会議以前
　2　香港閣僚会議以降
Ⅳ　GATT第18条 C の援用可能性と再活性化に向けた課題
Ⅴ　おわりに

Ⅰ　はじめに

　世界貿易機関（World Trade Organization, 以下「WTO」という）は途上国の発展機会を奪ったとの批判がある。それは，途上国の産業が自由貿易体制の恩恵を享受できるほどの国際競争力を有しておらず，市場経済の淘汰の過程において生き残ることができなかったからだけではない。かつては高関税の維持により産業を保護してきた途上加盟国も，昨今の関税引き下げ交渉の結果，保護及び育成したいと考えている自国産業と競争関係にある産品に関しても低関税を受け入れざるを得なくなった。のみならず，国連貿易開発会議（UNCTAD）及びチャン教授は，WTO 加盟によって一括受諾した諸協定に基づく広範な履

行義務によって，かつては使用可能であり，かつ現在発展を遂げた先進国・新興工業国が実際に使用していた，国内産業保護措置などをはじめとする多くの開発志向政策が，もはやWTO不整合になったためだと指摘する。⁽¹⁾つまり，輸出補助金，ローカルコンテント等の投資関連要求など，多くの国内産業を促進するための政策手段が使用できなくなったとする。では，途上国は，経済発展を実現するための産業政策手段をWTO法により禁止され，もはや採用できなくなってしまったのだろうか。

1995年にWTOの下での多角的貿易体制が確立してから，13年が経つ。その間，途上国は多様な産業政策を模索してきた。WTO加盟国の政策はWTO諸協定に整合的であることが求められるが，同諸協定が適用される分野の大幅な拡大と，履行義務の強化・拡大のために，現在では非常に限られた余地しか残されていないといえる。多くの脆弱な経済をもつ途上国及び後発開発途上国は，上記の加盟後の義務履行に関する多大な負担と産業保護政策の放棄だけでなく，生産性を向上させる能力及び有効な産業政策を展開する能力の欠如を要因として，自由貿易からの利益を得ることはおろか，自国経済の発展の機会も見出せずにいる。⁽²⁾

発展の不平等⁽³⁾の認識に基づき，GATT及びWTOの下で途上国に対して特別かつ異なる待遇（Special and Differential Treatment, 以下「S&D」という）が提供されてきたが，その一形態として与えられた経過的期間は，通報された既存の措置を対象とするのみで，また，そのほとんどは既に失効してしまった。⁽⁴⁾多くの途上加盟国がその延長を要請しているが，その認可に関する要件は厳しく手続にも時間がかかるため，援用は困難な状況となっている。⁽⁵⁾また，残存するS&Dも，途上国の協定義務からの逸脱を許容するものはほとんどなく，有効な政策空間は非常に狭まっていると考えられる。⁽⁶⁾

このような状況の中で注目に値するのが，関税及び貿易に関する一般協定（General Agreement on Tariffs and Trade, 以下「GATT」という）第18条Cであ

る。同規定は，途上国が国内の幼稚産業保護のために協定義務から逸脱することを許容している規定である。また，同規定は今後新たに適用する措置も対象と解することができ，新規加盟国も利用することができる。これらの特徴から同規定は，採用可能な産業政策を見出せずにいる途上加盟国にとって，本来協定不整合な保護政策を正当化する手段として援用できる可能性を秘めていると考える。

とはいえ，このGATT第18条Cは，開発政策のための余地を提供しているにもかかわらず，現在では途上加盟国にあまり援用されていない規定である。複雑で負担の大きい手続及び厳しい要件のため，援用が困難になっているとの指摘も多数ある。果たして，同条を援用することはそれほどに困難なのであろうか。

これまでGATT第18条Cに関する詳細な考察は行われてこなかった。しかし，上記の途上国の政策空間の狭隘化の現状に照らせば，同規定措置の援用可能性は，再検討に値する論点である。さらに，現在の貿易交渉ラウンド，ドーハ開発アジェンダにおいても，第18条Cの援用手続の簡素化が焦点になっている。本稿では，Ⅱにおいて，なぜ同規定が利用されなくなってしまったのか，また援用したいと考える途上加盟国側からどのような批判がなされてきたのか，各国及び機関による主張ならびに先行研究を通じて詳細に検討し考察を加えると同時に，援用例を分析することで手続及び要件を明確にし，援用国にとってどのような点が負担となっているのか指摘する。さらに，Ⅲにおいて，現ラウンドにおける同条に関する提案及び議論を紹介し，中心的な論点を整理にする。そのうえで，多くの開発政策手段を放棄した途上国及び後発開発途上国に対する，新たな政策空間を提供する手段としての同規定の援用可能性の改善に向けた提言を行いたい。

Ⅱ GATT 第18条 C の概要と問題点

1 GATT 第18条 C における権利義務

WTO 諸協定の中でも,途上国の産業保護政策に大きく関連した規定がある。GATT 第18条は途上国に以下の自由を許容する特別待遇を与えている。第一に,ある特定の産業を確立するために必要な譲許表に含まれる関税を修正又は撤回する権利(セクション A),第二に,国際収支均衡の目的で数量制限を課す権利(セクション B),第三に,ある特定の産業を確立するために必要な保護措置を実施する権利(セクション C)である。同条は,途上国に対し,「その国民の一般的生活水準を引き上げるための経済開発の計画及び政策を実施するため,輸入に影響する保護措置その他の措置を必要とする場合があること並びにそれらの措置が,この協定(著者注 GATT)の目的の達成を容易にする限り」において,上記の特別な権利を与えている。

同条は,途上加盟国に対する政策柔軟性を提供するひとつの S&D として,貿易関連投資措置(TRIMs)協定にも言及されている。それは,GATT 協定だけでなく TRIMs 協定に抵触する措置であっても,同条に規定されている範囲において,一時的に逸脱が認められるということを意味する。特に GATT 第18条 C は,途上加盟国に与えられる柔軟性として,加盟国間での同意に基づいて特定の産業の確立を促進するために,協定に合致したその他の措置がとりえない場合,GATT 協定上の義務から逸脱した輸入制限措置をとることができると規定しており,それに関連して諸要件を定めている。同規定は途上加盟国に対し,幼稚産業を保護するために一時的に協定義務に不整合な措置をとることができる特別な権利を許容しているのである。

しかしながら,この第18条 C に基づく措置をとることのできる加盟国は限定されており,以下の条件を満たさなければならない。つまり,「経済が低生活水準を維持することができるにすぎず,かつ開発の初期段階にあること」が,

同規定措置の援用資格となる。また，同規定のもと援用する措置は，国民の生活水準を引き上げる目的でなければならない。S&D としての義務逸脱を適用し，同規定措置を援用しようとする加盟国は，関係国に措置に関して事前に通告及び協議し，同意を得なければならない。さらに，関係国が協議における同意なしに実施された措置により実質的な負の影響を受けるときは，対抗措置（retaliation）として「実質的に等価値」の譲許その他の義務を停止することができる。この規定により，対抗措置の反射として代償措置（compensation，補償と同義）が発生する。つまり，対抗措置の適用可能性を回避しかつ措置に関する同意を得るために，当該国は協議において関係国に対し代償を提供する場合が想定される。これが協議段階における補償要件を構成する。これら目的，事前通告及び協議，並びに補償の3要件が，措置発動に関する透明性を確保し同規定の濫用を防いでいる一方で，イ教授，ボラ教授及び UNCTAD が指摘するように，この手続は途上国，特に弱小な経済をもつ後発開発途上国にとって非常に面倒で時間がかかるものであり，補償のコストも高い。さらにこのような複雑な手続においては，通商政策に関する知識の十分でない途上加盟国にとって通告及び協議の際，措置の必要性について有効な主張を提供することは困難であると考えられる。1950年代後半に，セイロン（現スリランカ）が4度，またキューバが1度，第18条C措置の適用を通告し，そのうちセイロンが最初に通告した措置に関しパネルが設置されたが，手続はいずれも1960年までに終了している。それ以降，第18条措置はほとんど着目されることはなく，WTO 設立後も，援用された例は一つもない。

　なぜこれほどまでに，同規定は援用を敬遠されてしまったのか。その理由を導き出すべく，次節では，唯一第18条Cの援用に関してパネル手続が利用されたセイロンのケース及びその後の同措置に基づく通告に関する例を紹介し，同規定のもとでの援用資格，協議及び補償要件を具体的に検討していく。

2　GATT 第18条 C の援用例

　1957年，セイロンは第18条 C に基づいて，新たな幼稚産業保護措置について通告した。これに対し，GATT 第18条に関するパネルが設置され，当該措置を検討した。また，その後もセイロンは1958年，59年，60年と連続して，さまざまな産業分野を対象とした第18条に基づく保護措置を通告し，協議が行われた。通告された措置は，いずれも工業製造法（The Industrial Productions Act）に基づく，原則 5 年を期限とした対象産業の輸入者に対する国内製品購入要求（domestic purchase requirement）であった。その割合の例として，セイロン政府は，王冠コルク（crown corks）産業の分野においては，国内製品に対する輸入品の割合を最大で 5 ：1，木ネジ（wood screw）産業においては 9 ：1 とすると通報した。[24][25]

　パネルは，協議の段階において各産業に対する個々の措置に関する考察を進める前に，第18条 4 項(a)に基づく援用資格について検討した。つまり，セイロンが「経済が低生活水準を維持することができるに過ぎず」，「かつ，開発の初期段階にある」かどうかの判断を行った。前者の「低生活水準」については，1955年の一人当たり国民総生産（GNP）が$128であり，後者の「開発の初期段階」については，GNP における工業，鉱業，及び建設業の割合が約10%であり，ともに他の開発途上国よりも低く，工業諸国の割合を著しく下回るとして，セイロンは第18条 4 項(a)のもとでの援用資格を満たすと判断した。[26]

　次にパネルは，第18条16項に基づき，協議段階で考慮すべき論点を明示し検討を行った。この第18条 C の手続は，明示的に発展途上諸国の経済発展を増進することを意図しているが，その援用は規定の基準が満たされたときのみに限られる。パネルは，逸脱を認める際に考慮すべき要件及び要因として，以下の 3 つを明確に提示した。すなわち，①特定産業確立の目的の要件，②措置の必要性の要件，つまり特別な困難の存在と GATT 適合的な他のいかなる措置もとりえない状況があるかどうか，③措置の範囲の決定要因として，他国への

商業上及び経済上の影響という3点を考慮するとした。[27]

　第一の要件について，第18条1，2及び13項に基づき，当該措置の目的が特定産業の確立であるか，その産業がセイロン国民の一般的生活水準を引き上げるために確立されるか，当該措置はその産業の確立を促進するために必要か，が検討された。パネルは，第一に，対象産業が国内需要においてわずかな割合しか占めていないこと，第二に，国内物価レベルに対する輸入代替の効果として産業がもたらす追加的な国民所得，及び経済構造の多様化ならびに新たな雇用の創出による一般的生活水準に対する非直接的な効果を推定することが必要であるとした。以上に挙げた点について，セイロンは対象産業の雇用人数，賃金，物価等に関する数値も含めた資料を提出し，措置目的の正当性を主張している。パネルは，対象産業の確立が一般的生活水準にもたらす影響は小さいとしながらも，ほとんどの産業分野において措置の正当性を認めた。ただし，後に通報された措置に関する協議においては，当該措置の目的が国内産業保護ではないことが証明される必要があるとした。[28]ある産業については，過酷な国際競争からの保護目的であるとして，措置が許容されなかった。[29]またパネルは，国内産業の保護となってしまわないためには，当該措置は短期間で低水準の割合であるべきだとして，例えば木ネジ産業における国内製品に対する輸入製品の割合を，セイロンが主張した9：1よりも低い，7：1とするよう要求した。[30]

　第二の要件に関して，援用国は，関税や数量制限，又は補助金といったGATT整合的な措置では，政府が提示する目的の達成が困難であることを証明しなければならないとされた。パネルは，国内製品を市場で販売しようとする際に対象産業が直面する困難とは，かねてから海外製品を使用することに慣れてきた消費者の抵抗，又は海外の廉価な製品供給者との深刻な競争及び市場コントロールにより生じており，それらの困難はGATT協定上の関税や補助金といった措置によって除去できるものではないと判断し，当該措置の必要性を認めた。ただし，海外製品との競争は国内生産者に対し，生産効率及び品質

の向上といったインセンティブを与えるとの認識から，国内製品購入要求の割合を低くするよう要求したものもあった(31)。

　第三に，パネルは，他の加盟国の商業上又は経済上の利益に対する措置の影響を考慮すべきであるとして，措置の対象である産品輸入のみでなく，当該産業を確立するに当たって必要となるであろう原材料，資本設備，及び予備部品等，他の産品輸入に対して及ぼされる影響，又は賃金及び利益の向上による需要増加がもたらす国内生産及び消費財の拡大によって及ぼされる影響に関して推定を行った(32)。つまり，当該国に輸入される産品を輸出している他国の商業上及び経済上の利益に対する影響を，輸入産品に対する直接的影響だけでなく間接的影響も含めて幅広く考慮したのである。後に通告された措置に関する協議において，パネルは「第18条のもとでの将来的な逸脱許与において，加盟国は，開発の初期の段階にあり，開発の実現可能性が主に一次産品の輸出に依存している他の加盟国における経済発展の状況だけでなく，通告された措置が及ぼす他の加盟国の経済に対する影響も考慮すべきである(33)」と提議した。1959年の通告に関する協議においては，当該措置の他の加盟国に対する商業上及び経済上の利益に及ぼす影響を最小限にするために，保護措置は短期間で低水準の割合であることが望ましいとした。またある産業においては，そのような影響について，資本設備及び原材料等他の産品の輸入によって補償されうると判断し(34)，セイロンによる逸脱措置の許容を認めた。

　措置援用国は，以上の明確に掲げられた援用資格，及び協議における目的要件，必要性要件，他国への商業上及び経済上の影響への配慮に加えて，他国が負の影響を受けた場合の対抗措置の可能性も考慮に入れなければならない。GATT第18条21項は，他の加盟国が実質的な影響を受けた場合，「実質的に等価値の譲許その他の義務」の停止を適用することができると規定している。ただし，この停止を発動するためには，当該加盟国は措置によってもたらされた負の影響を通告し，措置援用国との協議の機会を与えなければならないとする。

上記のセイロンによる逸脱措置の通告においては，セイロンの通告した措置は一定の条件を付して締約国団によって同意されたため，他の加盟国から譲許停止のための協議に関する要請はなされなかった。そのため，対抗措置の適用及び補償要件に関して実際の援用例を用いた具体的な検討はできない。しかしながら，前述（Ⅱ.1）のように，援用国はこのような対抗措置を避けかつ同意を得るために，協議において実質的に等価値の譲許を代償措置として提供する場合がある。この協議における補償要件は第18条Cを援用しようとする途上加盟国にとって，大きなリスクと経済的負担をもたらすと考えられる。つまり，対抗措置を避けかつ同意を得るための代償措置は，実質的に等価値の譲許であっても，弱小な開発途上国における影響は経済大国におけるそれよりも相対的にはるかに大きく，同条援用に対する萎縮効果として十分すぎる作用をもたらすであろう。

　以上の分析から，第18条Cに基づく措置を援用するには，実体面での資格要件，目的要件及び必要性要件，並びに手続面での協議要件及び補償要件の合計5つの要件と，さらに協議において検討対象となる他国への商業上及び経済上の影響を考慮する必要があることが導き出された。資格要件については，一人当たり国民総生産と鉱工業の割合が基準となるが，具体的な数値的基準が規定されておらず，同パネルは相対的な要素を用い検討を行った。この援用資格の決定は，ケースバイケースで行われるため，一定の柔軟性が存在すると考えられる。その一方で，協議において議論すべき目的要件，必要性要件及び他国への商業上及び経済上の影響については，具体的な経済指標など非常に複雑な要素に関する議論を必要とするため，措置の正当性を主張するために不可欠な知識及び情報が不十分な途上国においては負担が大きい。さらに，補償要件については，上述のとおり，当該措置によって影響を受ける他の加盟国への補償コスト及びそれに対するおそれが非常に大きく，援用を困難にしてしまっていると考えられる。

次節では，以上で紹介した同条の援用手続に関して，どのような評価がなされ，さらにはどのような問題点が指摘されているのか検討する。

3　GATT 第18条 C に対する評価と問題点

　GATT 第18条 C は，これまで二度大きな改正がなされた。1954年から55年にかけてのレビューセッション，及び1979年の東京ラウンド交渉において同意された二度の改正は，ともに途上加盟国からの同条援用手続の複雑さと困難さに対する不満から議論が始まった。1954年のレビューセッション以前，同条に基づく幼稚産業保護のための例外措置について，いかなる措置を認めるかという点に関してはかなり慎重な扱いがなされていた。それまでに数カ国の途上加盟国に対し，同条に基づく輸入の数量割当制限が認められたが，いずれも GATT の作業部会が各申請を慎重に審査し，しばしば特別な条件をつけ，さらには当初の申請の多くを取り下げるよう説得した。援用国の代表は声明の中で，第18条措置の許容に関する審査手続はあまりに厳格なため，「その措置が与えようとしていた利益を実際には破壊してしまうものだ」と述べている。[37]

　このような批判を受け，1954年から1955年にかけてのレビューセッション期において，同条の幼稚産業保護のための例外規定の見直しが進められ，若干の緩和がなされた。当初の第18条１項が改正され，同条 C の措置に肯定的な解釈が加えられた。つまり，経済開発が協定の目的を促進すること，同規定措置は協定からの逸脱ではなく，逆に GATT の政策と完全に調和する正当な手段であることが明記された。また，同条のもとでとられる保護措置を不用意に使用することは，当該国及び他の加盟国の双方を害すると警告した一文が削除された。事前の同意が必要であるという規定は残されたが，影響を受ける他の加盟国による絶対的な拒否権を認めた規定も削除された。したがって，幼稚産業保護を目的とした輸入数量制限のための基準は，より援用しやすいものとなった。[38] さらに，1979年東京ラウンドにおける改正では，同条 C 措置の目的を拡

大し，特定産業の確立だけでなく既存の産業の発展も目的に加えることで，「目的」要件が緩和された。また，同規定を援用するための事前承認の要件が事実上廃止され，保護措置の即時実施が認められることとなった。[39] これらの修正は，同規定の例外措置の援用可能性を大幅に拡大したといえる。

　GATT 創設時から，多数国間貿易体制の途上国に対する影響を議論してきたヒューデック教授は，これらの改正に鑑み，同条に基づく措置の援用について肯定的な見解を述べている。彼は，第18条 C は，途上国に対し自国の経済発展のために協定義務からの一時的な逸脱を許容する実効的な法的権利を生み出していると述べた。[40] さらに，同条に関する改正において，措置の正当性が明確に認識されたことによって代償請求権が弱まり，かつ目的及び事前承認要件が緩和されたことを受けて，途上国が関税譲許や輸入数量制限の禁止義務から逸脱することを許容するにあたり，(i) 途上国にわずかな代償しか求めず，あるいはそれすら求めずに，(ii) 措置の目的に関するわずかな統制を課し，(iii) そのような措置がとられた後に，それを承認しない権限を認めるのみ，という状態にある[41]と説明している。上記の改正により，同規定の解釈及び措置援用における障害が除去されただけでなく，二つの大きな要件が緩和されたことで，同条措置の援用可能性が大幅に増したといえよう。

　しかしながら，このような援用要件の大幅な緩和にもかかわらず，GATT 第18条 C は数十年間利用されてこなかった。その理由としては，途上国の経済的影響力の変容，及び補償要件にともなうリスク，の二点が挙げられる。第一の点に関しトレビルコック教授及びハウズ教授は，幼稚産業保護論に基づいた措置許容の可能性よりも，むしろ途上国の先進国に対する経済的影響力の変容を指摘する。GATT 時代においては，第18条 C に規定された協議における諸要件やその他の基準を必ずしも厳格に追求することなく，輸入代替及び幼稚産業保護のために GATT 規定からの逸脱を許容してきた。それは，当時の途上諸国は経済的な影響力は小さく，国内の幼稚産業を保護する政策を実施した

としても，先進国はそれを自国及び第三国市場に対する脅威とみなしていなかったためである。しかしながら，近年いくつかの途上大国が経済力を増し，潜在的な市場として認識され始めてから，先進国は，貿易相手国である途上国の政策に対し，慎重な態度を示すようになったと述べている。[42]そのような経済規模の大きな途上加盟国は，そもそも第18条Cの下での援用資格を満たさないだけでなく，市場規模が比較的大きいため，先進国にとって措置が及ぼす影響が看過できないと判断されれば，措置は許容されないであろう。このようなおそれは，途上国が同規定に基づく措置を通告しようとする段階において作用し，同規定の利用に対し消極的になると考えられる。

第二に，イ教授，ボラ教授ら及びUNCTADは，対抗措置を回避しかつ措置に関する同意を得るために提供する補償要件が，幼稚産業保護措置を援用しようとする途上国に対し，多大なリスクをもたらしていると指摘する。[43]これらの論者は，国内において保護政策を利用して発展させようとする産業があったとしても，その措置によって影響を受けるであろう相手国に対して提供する代償措置により，国内産業に実質的に損害がもたらされるかもしれないというおそれがある場合，途上国はそのようなリスクを冒してまで面倒な手続を援用しようとはしないだろうと予想する。ここで指摘されるリスクは，同規定に基づく措置を援用しようとする途上国にとって大きな負担となると考えられ，同規定の利用を控える要因となってしまっている。

第一説は，措置援用国の他の加盟国及び世界市場に及ぼす経済的影響力から発生する萎縮効果を，第二説は同国が他の貿易相手国に対し提供する補償要件から発生する萎縮効果について指摘している。同規定がこれまでほとんど援用されてこなかった理由として，これら第一，第二説の萎縮効果がともに作用し，途上加盟国の措置援用を困難にしてしまっていることが考えられる。また，松下教授らは同規定の存在価値について否定的な見解をもつ。幼稚産業の保護に関し，政府による介入主義的保護政策の下で産業が競争力を増し発展を遂げた

成功例はほとんどなく，経済学的有効性を証明する経験的証拠がない(44)。国内産業保護政策は，むしろ既得権益を生み出し，資源の誤った分配をもたらす。途上国においては，政府の行政能力が不足しているだけでなく，国内産業の能力も脆弱であり，これらの大きな課題は保護政策の援用では解決できない。したがって，このような保護政策を許容している第18条Cは限られた価値しかもたず，途上国を国際貿易体制に統合させるためには不適切な方法であると説く(45)。このような考え方が広く共有される中で，同規定の下でとられる措置の有効性及び正当性を他の加盟国に承認させるには，大きな困難が伴うと予想される。

　では，途上国に対し幼稚産業保護措置を許容する同条の援用可能性は，本当に失われてしまったのだろうか。確かに幼稚産業保護の有効性を証明し措置を正当化することは，実証的証拠も少なく困難であるが，ヒューデック教授の指摘によれば，GATT第18条は協定に抵触することなく実行しうる保護政策を規定している点，及び先進諸国の規制圧力に対する法的抗弁として用いうる点において，価値及び援用可能性はやはり残存しているといえる(46)。また，国際貿易体制において一国だけでも重要なアクターとなりつつある途上大国に対し幼稚産業の保護を認めることは，貿易相手国にとって到底受け入れられるものではないだけでなく，前節で分析したセイロンの第18条Cの援用例において示された同規定の援用資格，特に「低生活水準」及び「開発の初期段階」の観点において要件を満たさないと考えられるため，援用は許容されないであろう。しかしながら，他の加盟国に対する経済的影響力が非常に小さい途上国及び後発開発途上国に対しては，手続をそれほど厳格に適用せずに，かつ大きな負担となるような補償を求めずに，幼稚産業保護のための義務逸脱を許容する余地が残されていると考えられる。最後に対抗措置については，第18条Cに基づく措置によって実際に負の影響を受け，譲許その他の義務の停止を適用しようとする加盟国は，GATT締約国団（現在はWTO産品貿易理事会）へ事前の通告を行わなければならず，協議の機会を提供しなければならない。これに鑑みる

と，対抗措置に関する規定そのものが第18条Cに基づく保護措置の援用を未然に妨げる作用をもつわけではなく，発生した損害に対する事後的な補償を規定した要件であることがわかる。だが依然として，対抗措置を適用された際の経済的ダメージを考慮すると，経済規模の小さい途上諸国にとって萎縮効果は大きいと考えられる。

以上より，途上国を一律に捉えるのではなく，個別の途上国がとる措置の経済的影響力に即して判断する必要があること，及び対抗措置の適用を避け同意を得るために提供する補償要件が途上国にとって重い負担となっていること，そしてこれらの要因が同規定の援用を困難にしてきたことがわかった。

途上加盟国は，以上の検討で明確となったGATT第18条Cに基づく保護措置の援用の困難さに関して，レビューセッション，東京ラウンドに続いて現貿易交渉ラウンドにおいても，実際に批判及び提案を提起している。具体的にどのような提案がなされ，どのような議論が展開しているのかを紹介し，それを踏まえ，同規定の援用可能性についての再検討を行う。

III ドーハ開発アジェンダS&D交渉における第18条に関する議論

現在，ドーハラウンドにおいて進行中であるS&D交渉の中でも，GATT第18条に関する提案は合意に到達する可能性が高いとするカテゴリーI[47]に分類され，議論が続けられている。2007年末には，当初提出されていた提案に修正を加える形で，一定の進展が見られた。本節では，それにいたるまでの各加盟国による提案及び議論の進捗状況について詳細に紹介し，検討を行う。

1 カンクン閣僚会議以前

2002年，貿易と開発委員会（Committee on Trade and Development，以下「CTD」という）の特別会合において，アフリカ諸国グループ[48]，後発開発途上諸国（LDC）グループ[49]，及びセントルシアよりGATT第18条に関し，それぞ

れ具体的な提案がなされた。同年7月，アフリカ諸国は共同声明において，S&Dをより有効なものにするためには，規定の文言を改正し，運用可能にするための諸要素を詳細で明確なものにする必要があるとして，同条の解釈に関する具体的な提案を行った。彼らは，

> 「この条文（GATT第18条）の規定は，開発途上並びに後発開発途上加盟国における国内産業の迅速な発展，及び国内産業が困難を抱える分野において必要な調整を促進することを目的とすると合意する。従って，この規定は，加盟国によって，及びすべてのWTO手続において，これらの目的の達成を十分支持するよう解釈し，実施し，及び適用されるものとする。特に，開発途上及び後発開発途上加盟国は面倒な要求若しくは条件，又はこれらの目的達成を妨げるいかなる要求及び条件も課されないものとする。要求又は条件が面倒なものであるか否かの決定に関し，開発途上及び後発開発途上加盟国の見解が十分に考慮されるものとし，かつすべての加盟国の同意がある場合を除いて，損なわれ，又は拒否されてはならない。また，加盟国は第5回閣僚会議の会合において，1994年GATTの第18条及び第4部の規定に関する多角的枠組の策定を考慮することを合意する。」（傍点は筆者）

との合意案を提出した。同案は，GATT第18条の柔軟性を大幅に拡大しようと試みている。第一の傍点部分は，第18条の現行の目的（「その国民の一般的生活水準を引き上げるための経済開発の計画及び政策を実施する」ことを可能にする。第18条2項参照），を大幅に拡張し，間接的に援用資格も拡張しようとしていると理解できる。また，第二の傍点部分は，当該開発途上及び後発開発途上加盟国に対して付される要求若しくは条件に関する彼らの見解を検討する際，WTO紛争解決手続に類似するネガティブコンセンサス方式を導入しようと試みており，注目に値する。つまり，同案によれば，同要求又は条件を決定する際，一国でも同意していれば途上加盟国の意見が尊重され，途上加盟国にとって負担が少なく有利な条件が設定されることになる。最後に，第三の傍点部分は，第18条の規定に関する枠組の明確化を求めるものと理解できる。つまり，同規定のS&Dとしての位置づけを再確認し，途上国の開発を促進するために同規定を援用できるよう求めるものである。なお，同案は第18条Cに限ったもので

はなく，同条全体の解釈に関するガイドラインを提起したものだといえる。

次にLDCグループは，ウルグアイラウンド以前は有効に機能していた，開発途上国に対する「差異あるかつより有利な待遇（Differential and More Preferential Treatment）」は，ウルグアイラウンドにおいて締結された諸協定によって，その有用性が侵害されたと指摘し，その「差異あるかつより有利な待遇」の一つとしてGATT協定に規定された第18条Cに関し，要件の厳格な適用が同規定の活用機会を妨げてきたとして，補償要件及び事前通報要件の緩和を提案した。具体的には，(a) GATT協定のもとで，後発開発途上国に対し，関税譲許の修正又は停止を行う必要のある場合には，（第18条21項に基づく）補償の追及を自制しなければならない。(b)途上国，特に後発開発途上国による措置の採用を促進させるために，同規定措置に関する認可手続を修正及び改善する必要がある。例えばセーフガード協定の下での，「危機的な事態」において当該措置に関し事前同意を必要としない暫定的なセーフガード措置を参考として，第18条の下で「開発目的」のためにとられる措置を擁護するよう適用されうる，事前通報が不要な場合に関するルールを創出すべきである，と提起した。[52] アフリカ諸国提案が開発途上国か後発開発途上国かを問わず適用されるものであったのに対し，本提案(a)は後発開発途上国のみを対象とした補償追求の自制を求める案であることに注意を要する。

小規模かつ脆弱な経済国（Small and Vulnerable Economies）を代表したセントルシアは，第18条Cの改善に向け，協議要件及び補償要件に関し，以下のようなさらに具体的な提案を行った。(a)同条の援用に関する，曖昧な手続を明確化し，ガイドラインを制定すべきである。(b)同条の援用を「幼稚産業」のみに限定するのではなく，すでに確立された産業が輸入の絶対的又は相対的増加による脅威にさらされた場合も含め，持続的な経済発展に関する計画の実施を擁護するべく，幅広く解釈されるべきである。また，措置の適用期間と毎年の審査は，その目的の達成と明確に結びついているか再確認しなければなら

ない。(c)措置発動国が，補償としての譲許を行うには限られた経済力しかもたない脆弱な途上国であり，かつ当該国のとった制限的措置が世界貿易に対し限られた影響しか及ぼさないような初期期間における適用措置については，補償又は対抗措置の権利は放棄されるべきである。経済大国が弱小国に対してとる一方的制裁は，逆の場合よりもはるかに大きな影響を及ぼすことを認識しなければならない。(d)行政能力の限られた脆弱な途上国にとって，同規定はS&Dのひとつであり，新たな貿易政策手段として認識されるべきであり，他に目的を達成するための手段がない場合における最終手段として位置するべきものではない。本提案(c)及び(d)は，アフリカ諸国提案やLDC提案と異なり，途上国全体は後発開発途上国を対象とするのではなく，「小規模かつ脆弱な途上国（"small and vulnerable developing countries"）」というカテゴリーに属する国を対象として，補償の権利の放棄や必要性要件の緩和を求めるものと理解することができる。

　これらの途上諸国による提案に対し，先進諸国は慎重な態度を示した。例えば日本は，セントルシア及びLDCにより提出されたGATT第18条Cに関する提案は，一般的過ぎて議論を進めるのは困難であり，受け入れ難いとした。同規定に関し，弱小経済国が直面している困難の存在は認識するものの，限られた加盟国にのみ異なった原則を適用することは難しく，そのような実行は多角的貿易体制の中に「二重の規範」を創り出すことになってしまう。弱小経済国が抱えている能力の不足に関する問題は，技術援助やキャパシティビルディング活動などのアプローチによって解決すべきである，と述べた。またカナダは，第18条を巡る議論全体に対し，S&Dは途上加盟国が世界貿易体制に統合を果たすために許容されるものであり，保護と開発を同等に扱ってはならない。第18条は例外を認めることによって適切なバランスを維持しており，それらの例外は自動的に及び正当性なしに許容されてはならない，と指摘した。さらにECは，セントルシアが提案した補償要件の放棄は必ずしも開発目的に即さな

い措置でも許容してしまうことになりかねない、との懸念を表明した。[57]

以上を含むS&Dに関する提案及び議論を受けて、2003年4月、WTO一般理事会議長がCTD議長との協力のもと提出した文書が「S&Dへのアプローチに関する88提案」[58]である。これは、途上加盟国による上記のものも含めたさまざまな提案をまとめたものであるが、その中に第18条に関する提案は5つ含まれている。[59] その5提案のうち、現在も議論が続けられ、2007年末においてCTD会合報告が出されたものは、上記のアフリカ諸国グループによる共同提案として提出された同条の解釈に関する提案（番号13）のみである。[60] 当初、アフリカ諸国による原提案の文言は、同条援用における柔軟性の大幅な拡大を強調したものであったが、先進諸国の慎重な態度と主張を取り入れることによって妥協点を探る一方で、途上加盟国の開発目的を達成するという点においては相当程度後退したと言わざるを得ない。提案13に関する議論の変遷を詳細に述べる。

2 香港閣僚会議以降

2007年5月、WTO事務局はドーハ開発アジェンダにおける交渉の進捗状況を報告するにあたって、第18条に関する議論についても言及した。その中で、「同条に関する提案は、途上国による持続可能な成長と発展につながるプログラムの実施を擁護するものである」との認識を示した。[61] しかしながら、6月に開かれたCTD特別会合では、同条をめぐる議論において意見の対立及び隔たりは大きく、合意には程遠い結果となった。会合の中で途上加盟国は、「他の加盟国の権利」を考慮する必要性に関連した第18条16項を削除すべきである、と主張した。その提案に対し先進諸国は、新しい要素を導入することによって同条を再解釈することは受け入れられないとし、同条の援用資格を「一次産品に依存した途上加盟国及び後発開発途上加盟国に限る」こと、及び同条に基づく柔軟性の許容が合意されるならば、「他の加盟国の権利」に関する考慮を確

保することが重要であること，の二点を主張した。また，悪影響を受けた他の加盟国に対する補償という将来的な考慮要件を規定した第18条21項に関し，加盟国は既存の手続を簡素化したいのか，それとも新しいものを発展させたいのか検討しなければならないが，その提案に関しては「適正手続（due process）」にのっとったものである必要がある，との提起もあった[62]。

以上で紹介した議論を踏まえ，2007年7月，CTD議長はGATT第18条に関する提案13について，改訂テキストを提出した。その文言は，以下のとおりである。

「第18条の規定は，低生活水準を維持することができるにすぎず，かつ開発の初期段階にある経済の漸進的開発を促進することを目的としていると合意する。従って，これら規定の実施は第18条に言及された目的の達成を促進するように実行されるものとする。他の加盟国の権利も考慮する一方，開発途上及び後発開発途上加盟国はこれらの目的を弱体化させるような措置を取ることを期待されない。加盟国は，第18条の援用手続の見直し及び簡素化に合意する。」[63]（傍点は筆者）

この改訂テキストは今後の作業の基礎となるものとして出されたものであるが，結果としてかなりの部分において先進諸国の主張を取り入れた形となった。当然，途上諸国はこの改訂テキストに対する批判を表明し，さらにエジプトは10月の特別会合において，2007年7月以前に議論された提案に基づいて議論を続けるべきだと主張した[64]。アフリカ諸国グループ代表として発言したウガンダはこの改訂テキストを受けて，現在の第18条の援用手続は複雑かつ厳格なため援用することが困難であると指摘し，同条援用のための簡素な手続の採用が重要であり，現在の交渉において将来途上国が追加的に負うことになるであろう義務について考慮すべきである，と主張した[65]。

一方で先進諸国も，改訂テキストについて文言の曖昧さに不満を表明した。同会合においてノルウェイは，提出された提案における文言の実際の示唆が不明確であると指摘した。多角的貿易体制の予測可能性と信頼性を確保するためには，「適正手続」の原則に従う必要がある。また，開発途上及び後発開発途

上国による一方的な措置は回避しなければならず,「他国の権利」について考慮することが重要である,と述べた。さらにカナダは,第18条に基づく措置はこれまでほとんど発動されておらず,強化及び明確化の必要性に関する根拠は未だ不明確であると指摘し,同条に黙示されている権利と義務のバランスを保持することが必要であると言及した。一方で,アメリカは中立的現実的な立場を維持し,途上国の主張に対して若干ながら柔軟な態度を示している。同条の援用についてほとんど情報がないことに懸念を表しながらも,提案された柔軟性は同条に規定されているニーズに沿ったものである必要があると指摘した。同条の目的は,途上国に対する適切な柔軟性の供与とGATTによって保証されている加盟国の権利を保護することにあり,この両者のバランスを維持することが重要である,と述べた。[66]

以上のように,この第18条に関する新たな提案について2002年から具体的な議論が進められてきた。未だ両主張の隔たりは大きく,妥協点を見出すには今後も継続して議論を行っていく必要があり,さらなる時間を要すると予測されるが,両サイドの加盟諸国は議論の継続に前向きな態度を示している。2007年末の時点で,加盟諸国の第18条に関する議論への実質的な参加は得られておらず,大幅な進展は見られていないが,今後の議論の行方を注視していく必要があるだろう。[67]

Ⅳ　GATT第18条Cの援用可能性と再活性化に向けた課題

GATT第18条は,現交渉ラウンド,ドーハ開発アジェンダにおいて実際に取り上げられ,各加盟国により議論が進められている。確かに援用例は非常に少ないが,同条の規定は忘れ去られたわけでも,援用可能性がなくなってしまったわけでもない。むしろ現在,途上国に対し与えられた有効なS&Dのひとつとして,再び注目に値する規定なのである。前節で見たように,途上国サイドの同条の援用手続に関する諸提案も具体的であり,先進国もこの途上諸国に

よって出された提案に対し全面的に否定しているわけではないことがわかる。多岐にわたる分野を網羅しているWTO諸協定にそれぞれ規定されているS&Dの中でも，このGATT第18条は，S&Dの「強化」「改善」に向けて合意に最も近い位置にあるもののひとつであると考えられる。

　前節で詳細に紹介した開発途上及び後発開発途上加盟国から出された提案は，大きく分けて補償要件，協議要件，及び事前通報の三点に関するものであった。これらのうち前二点は，Ⅱで指摘された問題点，つまり補償のリスクが大きく萎縮効果として働いてしまっていること，及び協議において措置を正当化し貿易相手国を説得するために必要な要件が複雑で負担となってしまっていること，を明確に反映したものであると考えられる。協議要件及び事前通報に関しては同条の援用例及び評価では具体的に指摘されなかったが，措置の実行以前にWTO（当時はGATT締約国団）に通報し，その上で利害関係国と協議を行い措置発動の同意を得ることは，貿易交渉に慣れていない途上諸国にとっては大きな障害となってきた。それは，弱小な途上国がWTO紛争解決において，二国間又は多国間協議の段階も含め，提訴・応訴ともに有効で十分な参加ができていないことからも明白であろう。上記三つの問題点を反映した形で提案が出されたことは，ある意味では当然であったともいえる。

　アフリカ諸国グループが提出した提案は，ドーハ開発アジェンダのS&D交渉において同条に関する議論の中心に据えられ，2003年から議論が継続されてきた。その中で同提案の文言について改訂テキストが提出されたことは大きな意味をもつ。それはつまり，同条の援用手続に関する再検討及び簡素化に向け，今後の議論の方向性が明確化されたということだ。しかしながら，2002年に提出された同提案のオリジナルの文言と比較すると，2007年改訂テキストにおいては，第18条4項(a)の文言が盛り込まれ，現行の第18条の目的と援用資格が再確認されただけでなく，当初の提案が他国の権利を考慮せず援用国の立場を優先する考えを導入していたのに対し，改訂テキストでは他の加盟国の権利へ

の考慮が盛り込まれるなど，途上国にとっての同条援用における柔軟性は大幅に減少してしまったといわざるを得ない。途上諸国はこの改訂テキストに反対を表明し，それ以来議論は進展を見ていないが，果たして解決策を見出すことはできるのであろうか。以下では，これまでの議論で指摘された，補償要件，協議における二要件及び一要因，並びに事前通報要件に関する問題点について，それぞれ解釈の現状を再確認し改善に向けた妥協点を探るとともに，重要となる課題を指摘する。さらに，同提案テキストに関して合意が得られた後の援用手続の見直し及び簡素化についての方向性を提示したい。

　第一に，補償要件の議論について，経済的インパクトを検討する。開発途上及び後発開発途上加盟国が保護したいと考える対象産業の産品，つまり，それほど高度な技術を必要としない幼稚産業において生産が行われているような産品のほとんどは，先進国ではもはや生産されていない場合が多いであろう。さらに，そうした産業の市場は非常に限定されており，先進国の輸出に対するインパクトは小さいと考えられる。もちろん，第18条に基づく義務逸脱措置を全面的に許容することは難しい。しかしながら，例えば，途上国における対象産業の世界貿易に占めるシェアが数％にも満たない場合[69]，又は当該加盟国が非常に限られた影響力しかもたない弱小な後発開発途上国である場合には，他国の権利への考慮，つまり補償の追求を放棄し，措置を許容するという法的柔軟性を与える余地も考えられる（LDC提案(b)，セントルシア提案(c)参照）。ただし，とられる措置によって実質的な利害関係を有する他の途上加盟国が大きな負の影響を受ける場合は，慎重に協議する必要があるだろう[70]。

　また，GATT第18条Cのもと保護政策を援用しようとする途上国にとって，同条措置は援用可能性が高いものであるだけでなく，貿易相手国に対し等価値の補償という代償を払っても将来的に価値のある産業政策の一つであるかもしれない。この点において途上国は，同条に基づく措置によって得られる国内産業に対する正の効果と，等価値の譲許その他の義務の停止によって発生する損

失との間のバランスを正確に予期し，測ることのできる知識や情報といった能力が必要不可欠となるであろう。

次に，協議において議論しなければならない，目的，必要性，他国への影響，の2要件及び1要因については，柔軟な解釈の可能性が指摘できる。目的要件に関連して，東京ラウンド時に追加された GATT 付属書Ⅰの注釈及び補足規定 Ad Article「第18条について」は，第18条13項の「特定の産業の確立」という文言は，「現存の産業の新たな生産部門の確立」，「現存の産業の実質的な転換」及び「国内需要の比較的小さい部分を充足することができるにすぎない現存の産業の実質的な拡大」をも含むことを明確にしている[71]。このため，既存産業の転換や拡大を対象とした措置も援用可能であると解釈できる。しかしながら，アフリカ諸国グループによる提案のような迅速な発展，及び産業が困難を抱える分野において必要な調整といった範囲にまで目的要件を拡張することは，途上国が第18条を第19条のセーフガードの代替措置案として活用できることになるゆえ，許容されないと考えられる。

必要性要件に関連して，Ⅱ.2で紹介した第18条に関する GATT パネルの判断に照らせば，当該加盟国が抱えている困難の存在と，それを取り除くための GATT 適合的なその他の措置が「実際上とりえない」状況の認定を，途上国に対しては緩やかに，後発開発途上国に対してはさらに柔軟に解釈・判断する余地があるだろう。例えば，経済規模の非常に小さい途上国及び後発開発途上国において，協定上は GATT 適合的な措置として補助金の供与が認められても，財政的制約から使用できない状況にあれば，それは「実際上とりえない」措置と解される可能性も十分に考えられる。この点で，前章で紹介したセントルシア提案(d)は，妥協点として十分受け入れ可能であると考える。

また，他国への影響との関係で判断がなされる当該措置の適切な「短」期間及び「低」水準についても，各加盟国の経済構造を考慮しケースバイケースで決定されると考えられ，ここにも柔軟な解釈が可能となる余地が残されている

といえるであろう。

　最後に，事前通報に関して，措置によって影響を受ける貿易相手国側に立って考えれば，この要件を削除する提案を受け入れることは難しいであろう。その一方で，第18条14項第3文は，「対象産業がすでに生産を開始しているときは，通報後，当該産品の輸入が通常の水準をこえて実質的に増加することを防ぐための措置を必要とする期間中執ることができる」と規定する。この規定を援用すると，通報は行うが，その後ある一定期間措置の実行が可能であると考えられ，GATT第19条に規定されている危機的状況における暫定的セーフガードを参考とした提案に対する反論としても指摘しうるであろう。また，協議において同意を達成する期間も，第18条15，17項にそれぞれ設定されており，同意が得られない場合においても措置を実行することが可能であると解釈することができる。[72]

　さらに，これまで同条は援用された実例はほとんどないが，TRIMs協定における経過的期間延長の申請に関する通告及び協議のコストと比較すれば，同条援用のために必要な手続は，それほど途上国に対し甚大なコストを加盟国に負わせるわけではないと考えられる。また，TRIMs協定のもとで規定されている経過的期間の延長は，WTO発足時又は加盟時に既に通報し登録された措置の範囲においてのみ申請が可能である。一方で，第18条Cに基づく措置は新たに実施する措置も含まれるため，TRIMs協定において許容されている措置よりも大幅に範囲が広く，同規定の援用の価値は大きい。確かに，協議における措置正当化にかかる負担及び補償要件にともなうリスクは，同条に基づく措置を援用しようとする途上加盟国に対し萎縮効果をもたらしてしまうおそれは大いにあるが，そのようなコストを考慮してもなお，同条措置を援用し，それによって得られる経済的利益は再考に値すると考える。

　以上の要件毎の検討を通じて，同規定の再活性化のために重要な二つの課題が導き出される。すなわち，(1)第18条C措置援用の是非の判断における当該開

発途上及び後発開発途上加盟国の経済規模及びインパクトの考慮，及び(2)措置の実施に伴うコストと利益を正確に測り有効な産業政策を展開するための政策立案能力及び措置正当性を主張するための紛争手続における説明能力の向上である。第一の経済的インパクトは，同条の措置許容性を判断するに当たり，補償要件の検討だけでなく援用資格及び協議における考慮要素を含むすべてに関わってくる。具体的に，援用資格及び他国の影響に関する考慮要因については，個別の通告毎にケースバイケースで経済的インパクトを考慮し，解釈の範囲内において柔軟に措置援用の是非を判断する余地がある。また，補償要件については，規模が小さく脆弱な途上国及び後発開発途上国に対して補償を追及しないとの規定を新たに盛り込むことで，判断における柔軟性を確保するという立法論的提言が可能であると考える。第二の2つの能力向上について，多くの途上国はこれらの能力が非常に限られているために，とりうる政策手段の範囲が狭まってしまっている。これらの能力が改善されれば，有効な産業政策を展開することができるだけでなく，Ⅱで紹介した第18条Cに対する批判論が指摘する措置実施にかかるリスクも最小限に抑えることができるだろう。国際機関をはじめとする援助機関は，政策立案及び紛争能力向上のためのキャパシティビルディングを強化すべきである。

　以上の考察と前章における検討により指摘された論点に照らし，現交渉において提出されている諸提案に関し，以下のような評価ができる。第一に，アフリカ諸国グループによる提案は，援用資格及び目的要件の大幅な拡張を目指しているだけでなく，措置の許容に伴う要件及び条件も途上国に有利に決定されうる手続を提言している。途上国という地位には経済的インパクトの非常に大きい諸国も含まれており，彼らに対し同規定に基づく措置を認めることは困難を極めることに鑑みると，同提案の合意可能性は低いと考えられる。一方で，LDC及びセントルシアによる提案は，その対象がLDC又は小規模かつ脆弱な経済国に限られていること，現在の交渉過程においても経済的インパクトの

小さい途上及び後発開発途上加盟国に関する提案に関しては柔軟な対応がなされており，実際に諸提案に関し合意がなされたことを考慮すると，合意可能性は十分にあると考える。

　加盟国は，以上で指摘された点を考慮に入れつつ，現交渉ラウンドにおける議論をさらに継続・発展させていく必要がある。第18条C援用手続の改善に対して積極的な途上加盟国も消極的な先進諸国も，同規定の改正を実現することが難しいとしても，現行規定の解釈の現状を確認し，解釈の指針を確立する議論に真摯に参加し，妥協点を探っていかなければならない。また，提案テキストに関し合意が得られた後も，手続の見直し及び簡素化において上記の導出された二点を重視し，それに関する具体的な提案を含め議論を進めていくことが重要となるであろう。経済発展を達成しようとする途上加盟国政府にとっても，GATT第18条Cに基づく義務からの一時的な逸脱を許容する際の判断基準を交渉における議論の中で明確化し，その援用の可能性とその方法を再認識・再検討することが肝要である。同規定に関する解釈と実際の援用がいかになされるかによって，途上国に対し，WTO原則に抵触しない範囲で，国内産業を保護し自国の経済発展を促進するための政策手段を有効に利用する可能性を与えられるかどうかが大きく左右されると考える。

V　おわりに

　GATT第18条の規定及びそれに関する議論は，WTO法の下で自国の経済発展に資する政策手段を模索しているけれども悲観的にならざるを得なくなっている開発途上及び後発開発途上加盟国にとって，新たな道筋を見出すきっかけになりうると考える。複雑で援用が困難だと考えられてきた同条の手続について，現在，簡素かつ実効的なものになるよう議論が進められている。途上国及び先進国による両主張の妥協点を見出し合意が達成されれば，途上国の政策空間の拡大につながるだけでなく，開発問題を中心に据えたドーハ開発アジェ

ンダにおいて中核となる S&D 交渉の大きな前進として位置づけられるであろう。2002年に途上国グループによって提出され，これまで議論が続けられてきた提案が妥結を見ないまま頓挫してしまわないためにも，またその内容が骨抜きにされてしまわないためにも，加盟国は有効な主張とともに議論に参加しなければならない。もし途上加盟諸国が主張する手続の簡素化が完全に実現されなかったとしても，同条の援用可能性が認識されることは非常に重要な意味をもつ。この GATT 第18条の有する可能性，及び同条に関する今後の議論を注視していく必要がある。

　途上国及び後発開発途上国が多角的貿易体制の中で円滑に経済統合を果たし，普遍的なルールのもとで経済発展を遂げるためには，市場アクセスの拡大だけではなく国内産業の発展も不可欠である。つまり，途上国の開発・発展は，先進国市場へのアクセス又は産業政策実施における柔軟性のどちらか一方では達成しないということに留意すべきである。S&D の提供によって市場アクセスが保証され輸出機会を獲得できたとしても，その進出した市場において国際競争に耐えうる産業が自国において発達していなくては，輸出によって利益を拡大することはできない。逆に，S&D のもとで政策柔軟性を確保し，産業を育成・促進するためにとりうる政策手段の範囲が拡大したとしても，その対象産業が製品を輸出することができる市場を確保していなくては，そのような柔軟性は意味をなさないであろう。市場アクセス及び政策柔軟性は相互補完関係に立ち，その意味で，途上国に対して提供される S&D はこれら両側面を包含したものでなければならない。これまで市場アクセスについては，途上加盟国からの強い主張により，例えば GSP や後発開発途上国に対する無税無枠等の S&D として提供・拡大されてきた。しかしながら，国内産業能力の欠如又は国内行政能力の欠如のために，与えられた権利を有効に利用できていない途上国も数多くある。この現状を改善するためには，途上国に対し，WTO 法に抵触しない範囲で，ある一定の政策柔軟性を許容する可能性を探ることが非常に

重要となる。この意味で，GATT 第18条は，世界貿易体制において経済発展の道筋を見出せずにいる開発途上国及び後発開発途上国に対し新たな可能性を提供しうる規定として，再活性化に値しよう。

(1) *UNCTAD, Trade and Development,* United Nations Publication, 2004. Chang H.J. "Kicking away the Ladder. "Good Policies" and "Good Institutions" in Historical Perspective", edited by Gallagher K.P., *Putting Development First,* Zed Books, 2005, pp.102-125.
(2) UNCTAD, *Trade and Development,* United Nations Publication, 1998, pp.14-15. 同，*Handbook of Statistics,* United Nations Publication, 2005 によると，後発開発途上国の輸出入シェアは1990年以前と比較すると下落し，またそれ以降もわずか0.5％～0.7％台と低迷している。
(3) 「開発の国際法」における「発展の不平等」の認識と S&D 確立の沿革については，位田隆一「国際経済機構における実質的平等の主張㈠㈡―国連貿易開発会議の成立―」『法学論叢』96巻 3 号（1974年）34-63頁，97巻 3 号（1975年）63-103頁。同「開発の国際法における発展途上国の法的地位―国家の平等と発展の不平等―」『法学論叢』116巻 1 ～ 6 号（1985年）609-647頁。西海真樹「『開発の国際法』における補償的不平等観念―二重規範論をてがかりにして―」『熊本法学』53号（1987年）33-92頁。柳赫秀「途上国の開発政策と通商問題― WTO における途上国の法的位相の変化を中心に―」『日本国際経済法学会年報』9 号（2000年）123-143頁。Flory M. "A North-South Legal Dialogue: The International Law of Development", edited by Francis Snyder and Peter Slinn, *International Law of Development: Comparative Perspectives,* Professional Books, Abingdon, 1987, pp.11-26. Khan K. "International Law of Development and the Law of the GATT ", edited by Francis Snyder and Peter Slinn, *op.cit.,* 1987, pp.175-201. Butkiewicz E. "Impact of Development Needs on International Trade Regulation", edited by P. D. Waart, P. Peters, and E. Denters, *International law and development,* Martinus Nijhoff Publishers, Dordrecht; Boston, 1988, pp.193-201. Kale N. K. "The Principle of Preferential Treatment in the Law of GATT: Toward Achieving the Objective of an Equitable World Trading System", *California Western International Law Journal* 18, 1988, pp.291-333. Kwakwa E. "Emerging International Development Law and Traditional International Law - Congruence or Cleavage?", *Georgia Journal of International and Comparative Law* 17:43, 1987, pp.431-455 などを参照。
(4) 例えば，補助金協定においては，開発途上国に提供されていた S&D としての輸出補助金供与の経過的期間は2003年に失効している（補助金協定第27条 2 項）。また，

TRIMs 協定においても，第 5 条 1 項に基づいて通報された既存措置について認められた経過的期間は，開発途上国については2000年に，後発開発途上国については2002年に失効している (TRIMs 協定第 5 条 2 項)。

(5) Alavi. R. "Application of Special and Differential Treatment in Trims and Trips: A Case Study of Malaysian Automobile and Pharmaceutical Industries", *WTO and Sustainable Development Working Paper Series*, United Nations University Publications, 2005, pp.10-12. また，Michalopoulos C. "The Role of Special and Differential Treatment for Developing Countries in GATT and the World Trade Organization", *Policy Research Working Paper* 2388, World Bank, 2000, p.31 も参照。

(6) 「政策空間 (policy space)」の概念は，1999年ベネズエラによるコミュニケーションで初めて言及された (Communication from Venezuela (1999), WT/GC/W/279, p1.)。同概念に関する議論は，Corrales-Leal W., M. Sugathan and D. Primack "Spaces for Development Policy", in *Revisiting Special and Differential Treatment*, Geneva: International Centre for Trade and Sustainable Development (ICTSD), 2003. Rodrik D. *How to Make the Trade Regime Work for Development*, Cambridge, MA: Harvard University, 2004. Hoekman B. "Operationalizing the Concept of Policy Space in the WTO: Beyond Special and Differential Treatment", *Journal of International Economic Law* 8(2), 2005, 405-424. Hamway R. "Expanding National Policy Space for Development: Why the Multilateral Trading System Must Change", *Trade-Related Agenda, Development and Equity Working Papers*, South Centre, 2005. UNCTAD, *Trade and Development Report*, United Nations Publication, 2006 などを参照。

(7) GATT 第18条は，大別して 3 つのセクションからなっている。具体的には，「経済が低生活水準を維持することができるにすぎず，かつ，開発の初期段階にある」開発途上加盟国に対し，セクション A では特定産業の確立を目的とした関税譲許の修正又は撤回，セクション B では国際収支均衡の維持を目的とした輸入産品に対する数量制限又は価格制限，最後にセクション C では，特定産業の確立を目的とした特別の措置を課す権利を許容している。本稿では，開発途上加盟国がとりうる産業政策の援用可能性を考察するべく，同条セクション C に焦点を当てる。

(8) GATT 第18条2項。

(9) L/322/Rev.1 and Addenda, adopted on 2, 4, and 5 March 1955, 3S/170.

(10) TRIMs 協定第 4 条。

(11) TRIMs 協定は，GATT 協定違反の範囲を明確化したにすぎず，TRIMs 協定違反は GATT 第18条に基づいて正当化できるが，他の協定の違反は正当化されない。GATT 第18条は同協定の違反を正当化するのみで，例えばサービスの貿易に関する一般協定 (GATS 協定) 及び知的所有権の貿易関連の側面に関する協定 (TRIPS 協定) 等，GATT とは異なる義務を設定する協定違反には援用できない。また，最恵国待遇に関

する第1条，及び数量制限の禁止に関する第11条の規定からの逸脱も認められない（GATT 第18条20項）。

(12) GATT 第18条4項。
(13) GATT 第18条13項。
(14) GATT 第18条4項(a)。
(15) GATT 第18条13項。
(16) GATT 第18条14項。
(17) GATT 第18条15,16,17,18項。
(18) GATT 第18条21項。
(19) これら援用資格及び協議・補償要件については，GATT 時代の判例を用いてⅡ.2で詳細な判断基準を検討する。
(20) Lee Y.S. *Reclaiming Development in the World Trading System*, Cambridge University Press, 2006, p.31. Bora B., Lloyd P.J., Pangestu M. "Industrial Policy and the WTO", *UNCTAD Study Series* No.6, 2000, p.24. UNCTAD, *Trade and Development*, 2006, p.198を参照。
(21) セイロンによる4度の通告における，対象産品は以下のとおりである。1957年の通告では，(a)サリー等綿製品（結論は下されず），(b)合板タンス（さらなる協議の必要示唆），(c)王冠コルク，(d)自転車タイヤ及びチューブ，(e)綿製品（決定は下されず）（L/751, Report of the Panel adopted on 26 November 1957）。1958年の通告では，(f)歯ブラシ，(g)電球，(h)サリー（結論は下されず）（L/932, Panel on Article XVIII, Report to the CONTRACTING PARTIES adopted on 21 November 1958）。1959年の通告では，(i)アルミホイル（許容されず），(j)木ネジ，(k)アルミ容器，(l)アスベストセメント製品（1960年に再検討），(m)繊維製品（1960年に再検討され合意）（L/1113, Report of the Panel on Article XVIII adopted on 19 November 1959）。1960年の通告では，(n)アルミホイル及びアルミ地，(o)アスベストセメント製品，(p)繊維製品（L/1224, Draft Report of the Panel on Article XVIII adopted on 3 June 1960）。キューバによる1960年の通告では，(q)ヘネッケン及びサイザル繊維（L/1231, Report of the Panel on Article XVIII adopted on 4 June 1960）。
(22) Hudec R.E. *Developing Countries in the GATT Legal System*, Trade Policy Research Centre, 1987, p.29.
(23) WT/COMTD/W/77.
(24) L/751, Report of the Panel adopted on 26 November 1957, p.10.
(25) L/1113, adopted on 20 November 1959, p.4.
(26) *supra* note 24, p.2.
(27) Ibid.
(28) 第18条C措置に関する目的要件の判断においてパネルは，国内産業保護のための措置はGATT協定における他の条文の下で追求されるべきであると言及した（*supra*

note 25, p.3)。一方，同規定の下で許容される国内産業育成政策はそのような整合的措置がとりえないことが要件となる。このように，パネルは，要件の一つに挙げられた必要性要件との関連において，目的要件としての両者を区別していると考えられる。
(29) *supra* note 25, pp.3-4.
(30) Ibid., p.4.
(31) *supra* note 24, p.10.
(32) Ibid., p.3.
(33) *supra* note 25, p.3.
(34) Ibid., p.4。
(35) GATT 第18条 C に限らず，セーフガード等貿易相手国の輸出に影響を与える措置を援用しようとする加盟国が，対抗措置を回避し同意を得るために協議段階において代償措置（compensation）として提供することは，確立した実行として認識されている。GATT 19条及びセーフガード協定における補償の提供と対抗措置の関係については，柳赫秀「ガット19条と国際通商法の機能」東京大学出版会（1994年）99-104頁，鈴木英夫「WTO セーフガード協定に関する行政面からの考察」『日本国際経済法学会年報』12号（2003年）95-97頁参照。
(36) Hudec, *supra* note 22, p.25.
(37) Ibid.
(38) Ibid., p.27.
(39) Ibid., pp.178-179, note 15.
(40) Ibid., p.107.
(41) Ibid., p.174.
(42) Trebilcock M.J. and R. Howse, *The Regulation of International Trade*, Third Edition, Routledge, London and New York, 2005, p.474.
(43) Lee, p.31, Bora et al., p.24及び UNCTAD, p.198, *supra* note 20を参照。
(44) United Nations, *Trade for Development*, UN Millenium Project, Task force on Trade, 2005, p.218. Messelin P.A. "Enlarging the Vision for Trade Policy Space: Special and Differential Treatment and Infant Industry Issues", *The World Economy* 29(10), 2006, p.1400 も参照。
(45) Matsushita M., T.J. Shoenbaum and P.C. Mavroidis, *The World Trade Organization: Law, Practice and Policy* Second Edition, Oxford University Press, 2006, p.772.
(46) Hudec, *supra* note 22, pp.172-173.
(47) WTO "General Council Chairman's Proposal on an Approach for Special & Differential Treatment", JOB(03)/68, 2003.
(48) アフリカ諸国グループは，現WTO 加盟国でかつアフリカ大陸に属する，アンゴラ，ベナン，ボツワナ，ブルキナファソ，ブルンジ，カメルーン，中央アフリカ共和国，チャド，コンゴ，コンゴ民主共和国，コートジボワール，ジブチ，エジプト，ガボン，ガ

ンビア，ガーナ，ギニア，ギニアビサウ，ケニア，レソト，マダガスカル，マラウィ，マリ，モーリタニア，モーリシャス，モロッコ，モザンビーク，ナミビア，ニジェール，ナイジェリア，ルワンダ，セネガル，シエラレオネ，南アフリカ，スワジランド，タンザニア，トーゴ，チュニジア，ウガンダ，ザンビア，ジンバブエの41カ国で構成されている。

(49) LDC グループは，現 WTO 加盟国でかつ LDC である，アンゴラ，バングラデシュ，ベナン，ブルキナファソ，ブルンジ，カンボジア，中央アフリカ共和国，チャド，コンゴ民主共和国，ジブチ，ガンビア，ギニア，ギニアビサウ，ハイチ，レソト，マダガスカル，マラウィ，モルジブ，マリ，モーリタニア，モザンビーク，ミャンマー，ネパール，ニジェール，ルワンダ，セネガル，シエラレオネ，ソロモン諸島，タンザニア，トーゴ，ウガンダ，ザンビアの32カ国で構成されている。

(50) アフリカ諸国グループによる提案は TN/CTD/W/3/Rev.2，LDC 諸国グループによる提案はTN/CTD/W/4/Add.1，セントルシアによる提案は TN/CTD/W/8 を参照。

(51) TN/CTD/W/3/Rev.2, p.9. 筆者訳。

GATT 1994 - Article XVIII 13) Proposal by the African Group

"It is understood that the provisions of this Article aim to promote the rapid development of domestic industries and the needed adjustments where domestic industries experience difficulties in developing and least developed country Members. Therefore, this Article shall be implemented, interpreted and applied by Members and in all the WTO processes in a manner that fully supports the attainment of these goals. In particular, developing and least-developed country Members shall not be subjected to cumbersome requirements or conditions, or to any requirements and conditions that would undermine the attainment of these goals. In determining whether any requirements or conditions are cumbersome, the views of the developing and least-developed country Members concerned shall be fully accommodated and shall not be prejudiced or rejected except with the consensus of all Members.

It is further understood that Members will consider at the 5th Session of the Ministerial Conference the elaboration of a multilateral framework on the provisions of Article XVIII and Part IV of GATT 1994."

(52) TN/CTD/W/4/Add.1, p.5.
(53) TN/CTD/W/8, p.3.
(54) Ibid.
(55) TN/CTD/M/7, p.22.
(56) Ibid., p.23.
(57) Ibid., p.22.
(58) WTO, *supra* note 47.

⑸9 5提案は，アフリカグループによるGATT第18条全体に関する提案（番号13），同グループによる同条セクションAに関する提案（番号14），同グループによる同条セクションBに関する提案（番号15），セントルシアによる同条セクションCに関する提案（番号16），LDCグループによる同条同セクションに関する提案（番号17）からなり，いずれも合意可能性がより高いとされたカテゴリーIに位置づけられている。Ibid., pp.6-9.

⑹0 第18条Cの援用手続に関する諸提案（セントルシア及びLDCによる）は，2003年カンクン閣僚会議の準備文書において，議論されることが約束されている（JOB(03)/150/Rev.2)。しかし同閣僚会議は失敗に終わったため，同議論に関する報告書は提出されていない。2007年4月より行われている協定別提案に関する非公式協議において，GATT第18条に関する提案13及び衛生植物検疫措置の適用に関する協定（SPS協定）10.2条に関する提案79に議論を絞ることが合意されている。その理由として，CTD議長は「これらの提案は，多大な作業を必要とし，かつ進展が最も見られていない提案であるためだ」と述べた（TN/CTD/M/29)。

⑹1 WT/COMTD/W/143/Rev.3, p.21.

⑹2 TN/CTD/M/29, p.2.

⑹3 TN/CTD/20, p.9. 筆者訳。

GATT 1994 - Article XVIII 13)(circulated on at the Special Session on 11 July 2007)

It is understood that the provisions of Article XVIII aim to promote the progressive development of economies which can only support low standards of living and are in the early stages of development. Therefore, the implementation of these provisions shall be carried out in a manner that facilitates the attainment of the goals mentioned in Article XVIII. While taking due account of the rights of other Members, developing and least-developed country Members shall not be expected, in the context of Article XVIII, to undertake measures that would undermine the attainment of these goals. Members agree to review and simplify the procedures laid down for recourse to Article XVIII.

⑹4 TN/CTD/M/31, p.3.

⑹5 Ibid.

⑹6 Ibid.

⑹7 TN/CTD/21, p.2.

⑹8 アフリカ諸国グループによるオリジナル提案の第一の傍点部が狙った第18条の目的の大幅な拡張（「国内産業の迅速な発展，及び国内産業が困難を抱える分野において必要な調整を促進することを目的」)，及び間接的な援用資格の拡張が，先進諸国によって拒絶され，同条における現行の目的と援用資格まで押し戻されたと解される。

⑹9 参考として，輸出補助金の許容基準を挙げたい。補助金協定第27条6項によれば，輸

出補助金を供与している途上国は，当該産品の世界市場において3.25%のシェアを獲得した時点で輸出競争力を獲得したものとみなされる。つまり，世界市場において3.25%のシェアを獲得するまでは，途上国に対するS&Dのもと，輸出補助金の供与は許容される。これと同様の考え方をすれば，GATT第18条Cに基づく保護措置も当該産品の世界市場におけるシェアが数％にいたるまでは許容されうるのではないかと考える。但し，輸出補助金は貿易歪曲効果の高いものとして他の違反行為よりも厳しい規律がかかっていることに照らすと，シェアの割合は同条に関しては緩く設定される可能性も考えられる。さらに，輸出補助金については世界輸出市場でのシェアが検討対象となるが，同規定に基づく輸入制限的措置については措置国の世界輸入市場でのシェアやその規模が問題となるため，検討に注意を要すると考える。

(70) 1959年の通告措置の検討において，パネルは，措置が援用国自身にもたらす経済的影響だけでなく，措置援用国と同等の経済発展の初期段階にあり一次産品輸出に依存している他の開発途上加盟国に対する影響も考慮する必要があると述べている（*supra* note 24, p.3.）。

(71) GATT付属書1注釈及び補足規定，第18条について。

(72) 但し，第18条17項が適用される場合は，21項の対抗措置の対象となりうる。

(73) 残存する課題として，援用資格の判断における国民一人当たり総生産と鉱工業の割合が当該途上加盟国の経済規模及びインパクトにどう関連するのか，検討が必要である。

（名古屋大学大学院国際開発研究科博士後期課程）

〈文 献 紹 介〉

Sharif Bhuiyan,

*National Law in WTO Law : Effectiveness and Good Governance
in the World Trading System*

(Cambridge: Cambridge University Press, 2007, 316p)

小 林 友 彦

　本書は，現在バングラデシュで弁護士として勤務する著者が2004年に英国ケンブリッジ大学に提出した博士論文を基にしている。
　WTO協定は，その規律対象が拡大し，規律内容が深化し，そして紛争処理手続が強化されるに伴って，加盟国の国内法との関係がいっそう密接となる。この点に関して，従来から各国国内法におけるWTO協定の法的位置づけについて多くの研究がなされてきた反面，WTO法における国内法の位置づけについては十分な研究がなされていない。これが，本書の第1章において著者が提起する基本的な問題意識である。
　分析は2部構成をとっている。導入部分（第1章）と結論（第9章）を除けば，第1部（2－4章）が，国際法と国内法の関係という国際法上の論点を含む，WTO法と国内法の関係に関して総論的考察を行う。続いて第Ⅱ部（5－8章）が，WTO協定解釈又は紛争処理手続における国内法の取扱いに関わる論点を取り上げ，個別に検討を加える。各章の見出しは以下のとおりである：第2章「国際法における国内法の位置づけ」，第3章「国内法に関係するWTO協定上のシステミックな義務」，第4章「WTO紛争処理手続における国内法の位置づけ」，第5章「性質決定の問題」，第6章「審査基準」，第7章「『事実』としての国内法の位置づけ」，第8章「命令的／裁量的な法令の区別」。

1．概　要

　第2章では，国際法と国内法の関係という伝統的な論点を整理し，従来の判例通説の問題点を以下の通り指摘する。第1に，いわゆる一元論と二元論はいずれも現実の実行の多様性を十分に整合的に説明できない。第2に，「国内法を理由として国際義務を免れることはできない」という法理についても，その規律内容は不明確であり，たとえば「国内法が国際義務に適合するよう確保する義務を国家が負うか」，「国内立法のみで国際義務の違反を生じうるか」といった点について国際判例も一致を見ていない。第3に，「国際裁判手続において国内法は事実として扱われる」という法理があるからといって，国内法の解釈が不要になるわけではない。
　第3章では，国際法と国内法の接点がとりわけ緊密であるWTO協定に基づく義務の性質が整理される。著者によれば，WTO協定上の義務は，WTO加盟国が守るべき基

準（最恵国待遇等）を設定する実体的義務と，WTO法と国内法の関係を規律するシステミックな（制度全体にかかわる）義務とに区分される。後者の義務は，国内法をWTO協定と適合させる義務，国内法の通報等の透明性に関する義務，国内法の運用に関する義務及び国内的な救済が得られるようにする義務の4種類に区分される。本書の主題との関連では，実体的義務が「良き統治」に資するのに対して，システミックな義務はWTO協定の「実効性」を確保するのに資するという。

第4章では，WTO紛争処理手続の機能について総論的考察がなされる。具体的には，紛争解決了解（DSU）の構造，射程，適用法，解釈規則，パネルの管轄権，上級委員会の管轄権及び紛争処理裁定の履行に関する制度を概観した上で，それが加盟国の国内法秩序にどのように影響しているかについて評価がなされる。結論として，WTO紛争処理手続は国家間紛争を処理し自由貿易を推進するという点でWTO協定の「実効性」を高めることに貢献し，また，国内の法令又はその運用の手続的公正さを確保する点で，「良き統治」にも貢献するという整理がなされる。

第5章では，WTO紛争処理手続において国内法を扱う際の国内法の「性質決定」（characterization）という作業の果たす機能が扱われる。著者によれば，WTO紛争処理手続における国内法の位置づけについて検討するための前提として，そもそも紛争の主題が何であり，どのような法が適用されうるか性質決定するという抵触法上の作業が必要となる。国内裁判所が渉外事案において法律関係の性質決定を行いまた外国法規の性質決定を行う作業と，国際裁判所が「事実」としての国内法の内容の確定等を行う作業との間の共通点に，著者は注目するのである。結論として，「性質決定」の作業は，WTOパネルによるWTO協定解釈の自律性を確保するために不可欠だと主張される。

続いて第6章から第8章において，従来からWTO紛争処理手続において国内法の位置づけが問われる3つの問題が順に検討される。

まず第6章では，いわゆる「審査基準」の明確化が図られる。著者は，「審査基準」に関するこれまでの議論をふまえて一定の考慮要素や，今後の判例展開への指針を提示するものの，本書の主題と直接関連する論点としては，まず，「審査基準」問題はあくまで中央集権的又は超国家的な規制の在り方にかかわる問題であるという点で，従来言及されることの多かったChevron法理よりも，「評価の余地」，「均衡性」又は「補完性」といった国際判例法理を参考にすべきだとの指摘がなされる。また，WTO紛争処理パネル及び上級委員会が謙抑するのは国内法解釈についてではなく，事実認定や性質決定についてのみだと指摘される。このような形で表れる「良き統治」という目的に照らして，「審査基準」が個別具体的に決定されるべきだというのが著者の主張である。

第7章では，「国内法は事実にすぎない」，それゆえ「国際裁判所は国内法を解釈しない」という法理への批判が展開される。著者は，パネル及び上級委員会が国内法の解釈を拒絶する姿勢をとるのは加盟国への配慮によるものだと指摘する。その上で，WTO

紛争処理先例の中から，法文・司法判断・立法経緯・立法意思・文脈・行政慣行・WTO紛争処理手続における答弁の7種類の行為についてWTO紛争処理パネル又は上級委員会が解釈を行った事案を挙げ，上記法理が現実の実行に反すると指摘する。また，事実認定を行わない上級委員会が，国際法の内容に関するパネル判断の当否を検討していることも，国内法についてWTO紛争処理手続において単なる「事実」とは異なる特別の位置づけがなされていることを示すと主張する。そして，むしろ国内法を適用することを認める方が手続的透明性の向上に資すると主張する。

第8章では，いわゆる「命令的法令と裁量的法令の区別」の淵源及び内容が整理される。著者によれば，この区別の淵源がいわゆる祖父条項に基づいて命令的法令のみGATT第2部を逸脱することが認められていた1947年GATT期に特有の事情にあることを指摘する。また，他の国際裁判手続において類似の区別がなされていないことを指摘する。他方で，この区別はWTO紛争処理先例において確立しており，原則として有効に機能していることを認める。その上で，裁量的法令であっても貿易冷却効果を持つものがありうること，問題となる国内法が裁量的であるかにかかわらずWTO協定上の義務の違反の有無を判断する必要があること，また，そのように解したとしても一般国際法上問題がないこと，以上の3つの理由から，裁量的法令であってもWTO協定違反と認定すべき場合があると著者は主張する。

2. 評 釈

著者の論旨は，大要以下の通りにまとめることが可能であろう。まず，WTO協定と国内法とがとりわけ密接に関連していることから，WTO紛争処理パネル及び上級委員会が国内法を単なる事実として扱うことは不当である。性質決定，内容確定，WTO協定適合性審査といった様々な作業において，国内法については特別の取扱いが必要であり，WTO紛争処理パネル及び上級委員会が上記作業に主体的に取り組むことによって，WTO協定の「実効性」及びWTO加盟国における「良き統治」の確保という目的を実現することができる。ただし，WTO協定と国内法の間の適切な権限配分には留意が必要である。

このような主張は，N. Walkerの所説（本誌第11号に書評あり）にならって国内法に対するWTOの「憲法的」性質を両義的に把握する姿勢に基づいており，WTO法による国内法監督機能を確保しつつ国内法における裁量余地を柔軟に認める点で，おおむね穏当なものと思われる。

以下では，さしあたり3つの論点について評者のコメントを付す。第1点は，本書の主題についてである。WTO法における国内法の位置づけについての分析は，WTO法と国内法の相互作用的関係を把握するために不可欠であり，従来の研究において不足していた側面を補う重要な貢献である。ただし，同様の問題意識から一般国際法についてなされたC. Santulli, *Le statut international de l'ordre juridique étatique: étude du traitement du droit interne par le droit international* (Pedone, 2001, 540p) への言及がないのが惜しまれる。

　第2点は，本書の分析枠組みについてである。他の国際裁判所（ICJ／PCIJ，ECJ，ECHR 等）と WTO 紛争処理手続とを対比しつつ，実質的義務とシステミックな義務の区分，構成的側面と評価的側面の区分，一次的規範と二次的規範の区分，そして「実効性」と「良き統治」への注目等，著者が設定した様々な分析枠組みは，従来なされてきた「審査基準」や「強制的法令と裁量的法令の区別」についての個別の分析を超えて，WTO 法における国内法の位置づけを包摂的に分析しようとする際に有益な土台を提供している。ただし，論点先取と思われるものや区分が不明確なものもあるので，さらなる精査が必要となろう。

　第3点は，抵触法的観点を導入したことについてである。著者が提示した抵触法的な視点は，WTO に限らず国際的紛争処理手続において広く意義を有しうる。また，国内裁判所における WTO 協定又は WTO 紛争処理裁定の位置づけを分析する際にも問題となる。ただし，こと WTO 紛争処理手続において抵触法的分析が直接的に重要となるのは，WTO 協定以外の国際条約等をどのように取扱うかという問題であろう（関連する J. Pauwelyn の著作につき本誌第13号に書評あり）。WTO 法が国内法の「良き統治」を求めるという本書の立場からは，等位の規範間の選択・調整を本来の目的とする抵触法的分析がどのように活かされるかは不明瞭である。

　以上のように，さらなる検討を要する事項が若干あるものの，これは本書の学術的意義を損なうものではない。今日いよいよ密接に絡まりあう国際法と国内法の関係について，独自の切り口と概念構成でもって正面から取り組んだ先進的研究として評価できるため，本誌において紹介するに値すると思われる。

　なお，本書については Richard Frimpong Oppong の手になる評釈もある（11(2) *Journal of International Economic Law, 501-506 (2008)*）。

(小樽商科大学商学部准教授)

Camilla Baasch Andersen,
Uniform Application of the International Sales Law :
Understanding Uniformity, the Global Jurisconsultorium and
Examination and Notification Provisions of the CISG

(Alphen aan den Rijn : Kluwer Law International, 2007, xiv + 286 p.)

曽 野 裕 夫

1 はじめに

　私法統一条約においては，その適用が各国の裁判所や仲裁廷に分権的にゆだねられているため，その統一的な適用をいかに担保するかということが重要な課題となる。実際，この点については，2009年8月1日からわが国においても適用される私法統一条約となる「国際物品売買契約に関する国際連合条約」（ウィーン売買条約，CISG）——1980年採択，1988年発効——は，この点について次のような明文の規定をおいており，また，この規定は CISG に後続する多くの私法統一条約でも踏襲されるものとなっている。

　　CISG 第7条(1)「この条約の解釈に当たっては，その国際的な性質並びにその適用における統一及び国際取引における信義の遵守を促進する必要性を考慮する。」

　本書は，この CISG に則して「統一的適用」の構造化に取り組むものである。

　著者のカミラ・バーシュ・アンダーセンは，現在，イギリスのレスター大学（University of Leicester）の専任講師をつとめ，CISG を中心に国際取引法の研究を精力的に行っている新進気鋭の研究者である。本書はその博士号取得論文を下敷とするものであるが，著者は，コペンハーゲン大学在学中の1997年に参加した第4回ヴィレム・C・ヴィス模擬国際商事仲裁大会——この大会では CISG が適用法とされる——において最優秀弁論賞を受賞しており，学生時代から CISG とそれをめぐる法共同体に育まれた新世代の法律家の旗手の1人である。

　本書は，8つの章から成る。第1章〜第4章は，いわば総論として，CISG において求められている統一性概念の明確化，その統一性を実現するための処方箋としての"Jurisconsultorium"（その意味については後述），そして統一性を阻害する要因についての分析が行われている。以上を承ける第5章〜第7章は各論であり，CISG における買主の検査通知義務に関する規定（38条・39条・40条・44条）の解釈適用について，総論で示した問題意識に従って検討を加えている。第8章は結論である。以下では，各論における具体的検討を織り込みながら，総論を中心に本書の骨子を紹介する。

2 「統一性」

私法統一条約の適用における統一性は，各国に共通の最上級審の存在によって担保されるような，完全な統一性ではありえない。著者は，求められているのは「適用結果の類似性」であるとする。では，どの程度の類似性が求められているのか。著者は，当事者が自らに最も有利な法適用をする法廷地を求めてするフォーラム・ショッピングを誘発しない程度の非類似性は許容されるという基準を示す（第1章）。そして，例えば，CISG の文言や体系についての解釈においては高度の類似性が求められるのに対して，「合理的」等々の不確定概念の解釈については相対的に低いレベルの類似性で十分であるとして，局面に応じて求められる統一性の程度に違いがあるとする（第2章）。このように，「統一性」を相対的な概念として構築しようとする点に，本書の特徴の1つがある。

なお，著者は，「適用結果の類似性」の要請とは別の問題として，「文言の統一性」の要請も指摘する。すなわち，条約の正文が6つの国連公用語で書かれているため，それらの間に齟齬がある可能性に加え，公用語以外の言語への条文訳が正文と乖離している可能性にも留意しなければならないとする。例えば，目的物の不適合を買主が売主に通知すべき義務について（39条），正文では，不適合の性質を「特定した」通知をしなければならないとするにとどまるのに対して，ドイツ・オーストリア・スイスが共同で作成したドイツ語訳においては，買主は不適合を「正確に特定した（genau bezeichnet）」通知を売主に対してしなければならないとしており，ドイツ語圏における CISG の適用においては買主の負担が加重される結果となっている。日本語の公定訳についても，このような意図せざる結果は生じ得るのであり，CISG の解釈にあたっては，常に正文も参照することが求められよう（わが国の法制上も，拘束力を有するのは正文であって，公定訳ではない）。

3 "Jurisconsultorium"（法学の空間）

ところで，統一的解釈を危殆化させる要因の1つとして，解釈者が陥りがちな「自国法を向いた解釈傾向（homeward trend）」の問題があるが（例えば，79条の定める免責事由を，国内法における不可抗力概念に引きつけて解釈するなど），著者もこの問題を重大視する。しかし，これを強制的に是正する手段は存在しない。著者によれば，国内法の適用における統一性が強制的に達成されうるのに対して，CISG のような私法統一条約の特質は，その統一された法が，締約国の「自発的な法の共有（voluntary sharing of law）」に依存する点にあるからである。そのため，国際的な統一法の解釈適用には，国内法のそれとは区別された，独自の方法論が要請される。

その鍵となる概念として著者が提示するのが，"Jurisconsultorium"である。この概念は，法統一の文脈で近時しばしば目にするものであるが，法学的営為が行われる共有された空間（shared interpretational sphere）――「法学の空間」と訳してよいであろう

か——であると説明される。国内法には国内法の Jurisconsultorium があるように，CISG にも独自の Jurisconsultorium があるというのが著者の主張である。その空間において，CISG についての法解釈の方法論や法情報が国境を越えて共有され，多くの国から集う法律家の共同作業としての法解釈が，学問的に，又先例（裁判例・仲裁判断）の相互参照を通じて行われるわけである。なお，ここでいう先例は，拘束力を有するものではなく，説得的効力（persuasive authority）——著者は感化的効力（inspirational authority）という用語を提唱する——を有するにすぎない。統一は，強制によってではなく，自発的に実現されるものだからである（第1章・第3章）。

著者によれば，CISG について，外国判例も参照して書かれた裁判例が現れるのは，条約発効から8年経過後の，イタリア・クーネオ民事地方裁判所の1996年の判決が最初であるとのことである（第3章）。この時期が，インターネットにおける CISG 関係の各種データベースの運用開始の時期と符合するのは興味深い。そして，Jurisconsultorium に拠って，homeward trend が修正された例としては，物品の不適合について買主が通知をしなければならない「合理的期間」（39条(1)）の具体的長さについての，ドイツの判例の変遷が詳細に検討されている（第5章）。

4　統一性の阻害要因

ところで，統一性の阻害要因として，著者は，上述したような，①条文解釈における不統一（homeward trend 等々）以外にも，②本条約適用の有無の判断に関する不統一（裁判所による見落とし，締約国の留保宣言，当事者による適用排除等），③性質決定の不統一（インターネット・オークションが2条(b)の適用除外に該当するか，ソフトウェア取引は物品売買なのか，弁護士費用は74条にいう損失にあたるか等），④本条約における規定欠缺の補充（gap-filling）の不統一等があることを指摘する（第4章）。このうち，④は，次のように規定する7条(2)の解釈論として現れる問題である。

　　CISG 第7条(2)　「この条約が規律する事項に関する問題であって，この条
　　約において明示的に解決されていないものについては，この条約の基礎を成
　　す一般原則に従い，又はこのような原則がない場合には国際私法の準則によ
　　り適用される法に従って解決する。」

ある事項について規定が存在しない場合，それが CISG の規律対象（4条参照）に含まれる事項について規定が欠缺している場合にあたるのか，そもそも規律対象外である場合にあたるのかという判断は，必ずしも容易でない重要な問題である。著者が指摘するように，CISG は利息請求権（78条）の利率について規定を欠くが，これが規定の欠缺であれば国際私法による前に「この条約の基礎を成す一般原則」に従った解決が求められるのに対して，そもそも規律対象外であれば，一次的に国際私法に依拠すべきという違いが生じるからである。著者が取り上げる利率については，「一般原則」も見出せないため，どちらに当たるとしても結局，国際私法の準則によって利率を決めるという解

釈に帰着するのであるが，例えば，CISGの規律事項に関するある規定の不存在がある権利の否定を意味するのか，単なる規定の欠缺なのかという問題もあり（例，不適合物品が引き渡された場合の買主の支払留保権は否定されているのか規定の欠缺なのかが問題となりうる），規定欠缺の補充における統一性維持が，残された未開拓の問題領域であることは疑いない。

5　おわりに

Jurisconsultoriumを通じて統一的解釈を行うという，第一関門の課題を突破した後には，統一的解釈の要請と，個別事案における具体的妥当性又はより良き解釈の要請との衝突をどのように処理するかという問題も待ち受けている。著者は，この点について，全ての犠牲において統一的解釈を優先すべきだとは考えないとしているが，この問題に対して踏み込んだ検討はしておらず，これは残された課題となっている。

今後，CISGの解釈適用に責任をもって取り組んでいかなければならない日本の法律家にとって，CISG第7条が明示的に宣言し，本書が粗削りではあるが意欲的にその分析を試みる統一的適用の精神が，今後共有しなければならないものであることは間違いない。そして，この問題の構造化を通じて，躓きの石の所在を照らし出す点に，本書はその価値があるといえる。最後に，本稿では十分に紹介することができなかった各論（第5章～第7章）も，買主の検査通知義務に関する解釈に関する「実作」として重要文献であることも付言しておきたい。

（北海道大学大学院法学研究科教授）

Takashi Kubota (ed.),
Cyberlaw for Global E-Business : Finance, Payment and Dispute Resolution

(Hershey, PA: Information Science Reference, 2008, xxii+293 p.)

富　澤　敏　勝

本書の特徴は，サイバー・ローに関する数多くの論点が組み込まれた最新の知見の集大成であること，英文の出版物であること，国籍を異にする研究者，実務家，政策立案者など多彩な専門家によって執筆されていることである。急速に発展しているEビジネスの多様で移ろいやすい論点を整合的に組み込む編者の腕力が遺憾なく発揮された意欲的な書である。本書の刊行が古いモデルを子細に論じてきた従来のサイバー・ロー研究から，新しいモデルに積極的に取り組む時代の幕開けとなることが期待される。

Eビジネスが行われるサイバー空間には，国境がない。Eビジネスは生まれながらに

して国際取引になる因子をもっている。IT技術の発達は，Eビジネスを急速に成長させた。限られたメンバーによる情報交換の場であったインターネットの世界が，どこの誰ともわからない不特定多数の情報交換の場となったように，国際取引のプレイヤーも爆発的に増加してきている。国際的な統一法を目指す試みもなされてきたが，しかし今なお国際取引に適用される法は，圧倒的に国境に制約された国家法である。

限られたプレイヤーの間でなら，国際取引に係わる諸問題をなんとか国家法をやりくりして凌ぐこともできたであろうが，サイバー空間における取引の急発展は伝統的手法では最早解決できないところまで来てしまった。編者が序文で述べているように，インターネット・ビジネスに関する文献は古いモデルを詳細に論じているが，新しい論点に触れていない。この大問題に取り組んでいるのが本書であり，地域と内容ともに多様で基本的論点は網羅した構想の大きさに惹かれるが，なによりも取り上げられているテーマは新鮮でバラエティに富んでおり，百花繚乱の花園に迷い込んだような興奮を覚える。

本書は，the Group for International Finance of the "Transparency of Japanese Law Project" のメンバーを中核に執筆されたとされる。顔ぶれは，日本の研究者5名，弁護士2名，政策立案や実務等の専門家2名計9名，アメリカの弁護士2名，イギリスの研究者1名，マレーシアの専門家1名，インドの研究者と専門家各1名計2名合計15名よりなる。各自が1章を担当し，全体は15章で，5章ずつで一つの部を構成しているが，編者の幅広い人脈と調整能力なくしてはなしえないことであったろう。

また本書が英文で刊行されたことは大きな意義がある。この種の英文の文献が少ないから，海外の読者にとって日本の実情を知る上で貴重な文献である。国別に見ると，先進のアメリカ，イギリスと並んで発展途上のインド，マレーシアを取り上げており，バランスがとれている。

若干編集技術的な点を述べれば，巻末の Compilation of References は，さらに研究を深めたい者にとって，人名，機関名から容易に資料にアクセスできるので，便利である。ただ多くの著者の手になるため，記述に若干の重複が散見されるが，読み手があちこち参照するよりは，かえってわかりやすいともいえる。また急発展している世界なので，やむを得ない面があるが，執筆者によって用語の使い方にばらつきがあり，ちょっとした戸惑いを覚えた。たとえば Cyber Contract と Electronic Contract や，E-Business, E-Commerce と Internet Business などである。しかしそれは本書の価値を損なうものではない。

法は現実を後追いすることが宿命づけられている。そのゆえに，そのハンディを克服するための先端的実証的研究が求められており，本書はそれに応えて，現実に生起している諸問題から出発し生き生きとした諸論考を収録しており，理論的のみならず実践的でもある。サイバー空間の問題点を理解し，その解決のための国際的展開への試みの状況を知ることができ，さらに国際的なあるべき施策の示唆が得られるものと思われる。

Eビジネスに携わる実務家や弁護士はもちろん，Eビジネスの社会的影響を考えれば，ビジネス・プランや政策立案に携わる者にとっても一読をおすすめしたい。

以下，本書の各論について紹介する。

本書は，Eファイナンス（E-Finance），E決済（E-Payment）およびE紛争処理（E-Dispute Resolution）の三部から構成されるが，いずれも最新の論点が取り上げられている。

第一部はEファイナンスを取り上げている。Eファイナンスは，電子決済システムを除く，卸取引や大口金融取引に関するEビジネスを指す。この分野，すなわち銀行，証券会社，保険会社等におけるオンライン活動やペーパーレス証券取引は，急成長する市場に対応しうる適切な管理と標準的ルールが求められており，これに応えるべく各章が用意されている。

第1章は，サイバー空間が，いまや詐欺，窃盗，マネー・ローンダリングの温床となっているとの認識に立ち，捜査や犯罪人引渡など国際協力による法の執行を分析し，各国の法執行の当局から取得しうる情報の共有による方策などを論じている。

第2章は，ITの進展により，一日24時間，週7日間，国境を越えた銀行サービスが可能になった一方，金融機関がサイバー・リスクを負うことになった現状に鑑み，サイバー・リスクをコントロールしつつ，同時に持続可能な成長を達成する方策を検討し，ERMとバーゼルIIの活用に活路を見いだすことを提示している。

第3章は，IT化の進展によるオンライン銀行とインターネット上の商取引の結合が，二企業間の業務上のシナジー効果やコスト削減をもたらし，収益増に貢献している現状から，このシナジー効果を活かそうと銀行と商業の分離の適正水準を導き出すため，アメリカと日本を比較検討のうえ，日本の銀行・商業分離政策を展望している。

第4章は，PTS（私設取引システム）の出現により，市場とブローカーとの境界が曖昧なものになり，それゆえブローカー取引と証券取引に関する伝統的規制の見直しは不可欠として，日本の証券市場のリフォームについて論じている。

第5章は，証券の電子化により，「不動化（immobilized）」かつ「非物質化（dematerialized）」されたことから，証券と預金によるファンドとは所有権と請求権との違いがあるものの，そのシステムの関係が似ていることに着目し，法制度の矛盾を調整することを狙いとして，主としてイギリスと日本とを比較検討している。

第二部は，E決済を取り上げている。E決済は，小売業もしくは小口金融取引に関わるEビジネスを意味するが，ここでは大口資金決済システムにも触れている。E決済は，すべてのオンライン・ビジネスに不可欠であり，伝統的には，オンライン・クレジット・カード，デビット・カード，電子マネー，および銀行振替口座などがあり，新しいタイプとしてポイント・カードが出現した。これを銀行のように規制すべきか，通常ビジネスとして規制すべきかの問題などについて検討している。

第6章は，進化を続けてきた決済システムではあるが，国際的傾向に対応した効率性の観点より推奨されるべきシステムとして，現在日本銀行が取り組んでいる次世代RTGS（RTGS-XG）プロジェクトを詳細に検討している。

　第7章は，カードが国際的に受容されている反面，異なる技術によって開発され，異なる法制度をもつことによる異なる法域の力が働いていることから，カード決済の長所を助長しつつ，否定的側面を排除するための方策を論じている。

　第8章は，新型電子マネーを中心に電子資金移動の新形態に関する規制について，日本のマネー・ローンダリング規制が海外電子マネーを用いる国際的資金移動にいかに適用されるかの検討や，本来の貨幣による取引とポイント・カード制の将来予測を行っている。

　第9章は，国家の中央銀行が貨幣の形で提供する本来の通貨の他に，デジタル通貨という新しい形態の商品媒介物が出現したことから，このデジタル通貨の国家における法的ステイタスはいかなるものであり，いかにあるべきかを論じている。

　第10章は，日本における銀行口座振込過誤に関して，未だ混乱の見られるいくつかの判決分析を通して，銀行業のルールに関する重要課題としての振込過誤を論じている。

　第三部は，近年，サイバー契約の利用が指数関数的に急増しており，しかもサイバー空間における契約のための印章登録制度が各国によって異なることなど，その枠組みは明確に確立してはいないという背景のもとで，電子契約と紛争処理を扱っている。

　第11章は，中小企業の立場から，国際的なオンライン・ビジネスにおける信用リスクと取引に潜むリスクなどビジネス・リスクの主要問題について検討している。

　第12章は，前章とは立場を変えて，国際的Eビジネスにおける消費者保護の観点から，疑わしい取引などの対応策について，最近の消費者保護状況を概観し，Eビジネス市場における実現可能で効果的な消費者保護について考察している。

　第13章は，インドのサイバー契約と様々な電子契約を比較検討し，統一的なフレームワークを模索している。インドにおけるIT産業におけるパワーはよく知られているが，全体像がつかめていない現状，貴重である。

　第14章は，Eビジネスにおける紛争処理のための裁判管轄と準拠法を扱っている。Eビジネスに適した世界的な紛争処理システムの向上のために，1999年OECDに採択された「電子商取引におけるOECDガイドライン」を検討したことによる重要な示唆が得られる。

　第15章は，Eビジネスにおける経済法問題に対する国際的裁判管轄と準拠法の選択を検討している。経済法の私的な法的機能と公的な法的機能を考察し，法の抵触を調整するために，Eビジネスのボーダーレスなサイバー空間の見地から，私法層，経済法層，刑法層の三層の法体系を提示している。

（神戸学院大学法科大学院教授）

Carole Murray, David Holloway and Daren Timson-Hunt,
Schmitthoff's Export Trade, 11th ed.

(London: Thomson/Sweet & Maxwell, 2007, 918p.)

柏　木　　昇

1　はじめに

　本書は，貿易取引の参考書として定評のある Schmitthoff の Export Trade の第11版である。本文だけで918頁の大著となっている。大著になった一つの理由は，あまりにも多くの領域を取り込みすぎているからではなかろうか。本の題は Export Trade であるから輸出取引が中心となるが，輸出取引に関連する法領域を拾い出そうとすると，無限に拡散する。たとえば，輸出商品の仕向国内の代理店法や製造物責任法や消費者保護法も関連してくる。仕向地国の独占禁止法も重要である。これらは仕向国の国内法である。このような輸出取引に関連する世界中の仕向地国の法制度を網羅的に解説することはできない。したがって，重要度に応じて解説すべき法領域の取捨選択が必要になってくる。取捨選択の基準は，想定される読者のニーズによる。輸出取引に関わる弁護士，企業人および将来輸出取引に携わろうという学生が読者層であろう。しかし，これも輸出取引に関わる者が多数の職業人からなりたっていることを考えると，これらのグループ全体の関心事を推測することも難しい。さらには，この紹介を読む読者の関心事も千差万別であろう。とすれば，本書全体の通読は意味がないことになる。結論としては，関心事の項目を拾い読みするか，あるいはリファレンス・ブックとして必要の都度，辞典のように使うことが最も合目的である。研究者にとっては自分の専門ではないが関連領域である法領域の鳥瞰的知識のアップデートにも有効である。第11版では，管轄と外国判決の承認執行に関する委員会規則44/2001の解説を付け加え，さらに独禁法と WTO 法の解説を増やした，とのことである。しかし，EU 独禁法と WTO 法の解説は，後述のように繁簡のバランスが悪く，成功したとはいえない。日本の読者が本書の読むべき部分を取捨選択する際の便宜のため，以下，本書に含まれている主要事項ごとにその内容と特色を紹介することとする。

　本書は，英国からの輸出取引について，主として英国法，および EU 法を，法としてあるがままの状態を解説している。判例法理や制定法を批判的に見る，ということはほとんどしていない。したがって，読んでいて平板な印象を受ける。もっとも，これはこのような英国のスタンダードな解説書によくあることである。本書を研究書としてではなく，輸出取引に関する英国法と EU 法の最近の状態を調べるためのリサーチ・ツール

として使う目的なら，著者の主観を交えない書き方の方が望ましい。前書きにも，本書の目的として「学生と実務家に，国際取引に関する便利なリファレンス・ブックを提供することである」と書いてある。

2　本書の個々の内容について

(1)　第1部国際物品売買　　この部分が伝統的に本書の中心部分である。新しい判例も取り入れられ，大変に参考になる。FOBやCIFの貿易条件については，INCOTERMSと並んでInternational Trade Terms, Standard Terms for Contracts for the International Sale of Goods, drafted by A.H. Hermann(1994)が引用されており，INCOTERMSと同様にIntraterms 1993として利用することが示唆されている。Intraterms 1993が英国あるいはヨーロッパで実際に利用されているかどうかは不明である。CIF解釈に関するワルソー・オックスフォード規則や改正米国貿易基準はもはや言及されていない。これらは現在ではほとんど利用されていないということであろう。英国の貿易も，バルク・カーゴを除いては，ほとんどコンテナを利用して輸出入がなされていると思われるが，コンテナ向けのFCA，CPTおよびCIP条件については，わずか半頁が使われているにすぎない。判例の引用もない。これらの条件が実際にも使われているのだろうか。貿易条件の解説の後に，申込と承諾に始まるコモン・ローの契約法の解説が続く。さらに，インボイスとパッキング，および英国，EUとアメリカの製造物責任法の簡単な解説が続く。

(2)　第2部輸出ファイナンス　　この部分は為替手形，銀行取立，信用状，輸出ファイナンス，銀行保証状，国際ファクタリング，カウンタートレードの解説が含まれている。英国では，信用状統一規則は慣習法になっていないとのことである（187頁）。信用状の解説ではUCP600にも言及がなされている。信用状自体の準拠法を論ずる実益は少ないと指摘されている（211頁）が，発行銀行と受益者間の関係は，準拠法に関するローマ条約の解釈からは発行銀行営業所所在地になるのではないか，とのことである（213頁）。英国では，船積日をバックデートして契約に合致したB/Lを出してもらうことは，詐欺になり，銀行は，受益者が悪意であればこのようなB/Lを信用状に基づいて買い取る義務はなく，また買い取ってはならない，とされてる。
輸出ファイナンスでは国際ファクタリング会社が利用されているようであり，その解説もなされている。カウンタートレードも，輸出決済の一方法ということでここで解説されている。

(3)　運送　　ここでは，伝統的に英国法が強い影響力を及ぼしている海上運送法，コンテナー運送（特に陸海空の複合運送），航空運送，陸上運送が扱われている。クリーンB/Lが取得できないときに補償状を出してクリーンB/Lを出してもらうことがあるが，この補償状は英国法では上記のL/Cの場合と同様に無効になる可能性がある（328頁）。日本のジャスミン号事件に似た貴族院の判例も紹介されており，ここでは傭船者

が船荷証券上の責任を負うとされている（The Starsin, [2003]1 Lloyd's Rep 571）。コンテナー運送の章では，複合運送に関する法律状況が簡潔にまとめられている。航空貨物運送と陸上貨物運送も解説されている。最近では航空貨物運送は急速にその扱い量を伸ばしているが，判例の集積は追いついていない印象をうける。

(4) 保険　　もっぱら海上貨物保険について解説がなされ，航空貨物の保険にも少々言及がなされている。海上保険の解説のところでは，ロイズの仕組みの解説が興味を引く。さらに，英国の輸出信用保険制度も解説されているが，日本の読者にはあまり関係がないだろう。

(5) 国際商事紛争解決制度　　まず，英国の準拠法ルールが解説されている。契約債務の準拠法に関するローマ条約，不法行為の準拠法，外国法の適用排除（国有化法，租税法，刑法など），外国法違反の効果，為替規制法違反の効果，国家主権免除，法の域外適用が説明されている。つぎに，民商事事件の国際裁判管轄についての説明が，とくにブラッセル条約，ルガノ条約から発展した委員会規則44/2001（判決規則）の解説が詳しくなされている。2005年のハーグ条約はまだ英国法とはなっていないが簡単に内容が解説されている。次に国際仲裁が要領よく解説されている。1996年仲裁法により，英国では当事者が合意するか裁判所が許可すれば，法律問題に関しては，裁判所の判断を仰ぐことができる。裁判所の許可はめったに出されないとのことである。以前は法律問題については裁判所への上訴が可能であったため，貿易取引に関する紛争が事業者団体の仲裁事件から裁判所に上訴され，それが貿易条件に関する膨大な量の英国判例を形成してきた。仲裁事件における法律問題の上訴が制限されることにより，貿易条件の解釈に関するガイドとなる英国判例が少なくなることが危惧される。つぎに，外国判決および外国仲裁判断の英国における承認執行制度が説明されている。外国判決の承認については上記委員会規則44/2001が原則として EU 加盟国に適用される。（判決規則とブラッセル条約とルガノ条約の適用国は若干ずれる）。判決規則不適用国については従来のコモンローに従って外国判決が承認執行される。英国は，外国の見せしめ損害（exemplary damages）は執行可能であるが，多重倍賠償（multiple damages）はペナルティとして執行できないとの説明がある（Lewis v Elides [2004] 1 All E.R. 1196 が引用されている）。

(6) 建設請負契約および長期契約　　表題にもかかわらず，ここではプラント輸出を中心とする建設請負契約のみの解説がなされ，通常日本でイメージされるような長期契約，すなわち鉄鉱石などの資源の長期売買契約の解説は含まれていない。この世界では約款の進歩が急速に進んでいるが，その現状をわかりやすく解説している。最近のプラント輸出契約約款やプラント輸出契約に付随する諸問題の現状を鳥瞰するには大変便利である。日本の機械輸出振興協会（ENA）の約款も引用されている。

(7) 関税法　　この部分は英国と EU の関税制度が詳しく紹介されているが，日本の

読者の多くは興味がないだろう。EU での関税手続の電子処理の現状の紹介が詳しい。

(8) 海外マーケット開拓　　この部分は代理店，支店，現地法人，EU と英国競争法，販売店についての解説が並べられている。この部分は，日本の読者にとっては，英国で代理店を利用しようとする者以外にはあまり参考にならない。とくに，競争法の解説は，優越的地位の濫用（abuse of dominant position; 日本の優越的地位の濫用とは内容がずれる）についての解説が詳しいが，抽象的基準の羅列が多く，具体的事件の解説が少ないのであまり参考にはならない。販売店契約につては，肝心の EU 競争法との関連の解説がほとんどない。

(9) マーケット情報　　この部分は英国の業者が海外の市場調査をする場合の手段について簡潔に解説している。日本の読者にはあまり興味がないだろう。

(10) 取引の標準化，法の統一，EDI　　この部分は，EDIの現状を除いて他の部分で解説されたことの繰り返しが多い。EDIについては EU の現状を知ることができる。

(11) WTO　　この部分は，どういうわけか原産地の問題について長々と解説しており，輸出貿易取引に最も影響のある，最恵国待遇，内国民待遇，アンチダンピング，セーフガードについてはあまりふれられていない。この部分については，日本の国際経済法の参考書の方がバランスよく書かれており，それを読む方が効率的である。

3　おわりに

以上のように，そもそも本書は大部であるため国際取引辞典として利用することが適当であるが，内容についてばらつきがある。英国法が伝統的に強い貿易条件の解釈，売買契約法，代金決済，運送法並びに保険法，および海外プラント輸出契約の部分についての利用価値が高い。

（中央大学法科大学院教授）

Asif H. Qureshi,

Interpreting WTO Agreements: Problems and Perspectives

(Cambridge: Cambridge University Press, 2006, x+237 pp.)

小　寺　智　史

本書の著者である Asif H. Qureshi は，マンチェスター大学の国際経済法教授である。ロンドン大学（LSE）で博士号を取得後，国際租税法，WTO に関する研究をこれまで多数公表しており，近年では WTO における「貿易と開発」問題について精力的に研究を行っている。また，2003年の「開発目的のために WTO 諸協定を解釈する」("Interpreting World Trade Organization Agreements for the Developing Objective", *Journal of World Trade,* 37(5), 2003, pp. 847-882. なお，同論文は加筆修正の上，本書第5章に再録されている）以降，彼の関心の焦点はWTO諸協定の解釈問題へ移行しており，本書はその集大成といえる。

本書は7つの章から構成されている。

第1章では，WTO諸協定に適用される解釈原則がウィーン条約法条約31条，32条との関係で論じられている。従来，WTO諸協定の解釈に際して，条約法条約に規定される解釈原則が「解釈に関する国際法上の慣習的規則」（DSU3条2項）と同一視され，無批判に援用されてきた。著者は，このような同一視を超えて，WTO諸協定に適用される解釈原則を「公正」という観点から再評価する必要性を説く。その理由として，フランク（T. M. Franck）の研究が示すように，条約法条約の起草時には考慮されていなかった「公正」への意識が高まっていることや，条約交渉過程における国家間の力の格差を解釈段階で是正することへの正当な期待などを指摘する。著者によれば，「条約法条約に規定される解釈過程は配分的正義の一形態としての性質を帯びる」（7頁）とされるが，しかし，これまでのパネル・上級委による条約法条約の解釈は，多角的貿易交渉に潜在する加盟国間の不公平さや，解釈原則が交渉の諸条件に対して与える影響を考慮していない。結論では，解釈過程において，当事国の共通の意思とは区別される条約の「趣旨及び目的」に一層の役割を認め，解釈原則に「公正」という要素を導入することの妥当性が主張される。

第2章では，立法的解釈機関（閣僚会議，一般理事会）と司法的解釈機関（パネル，上級委）との解釈権限の関係といった制度的側面に関する問題が扱われるが，その際にも「趣旨及び目的」に重点が置かれる。「WTO諸協定中の制度的規定は，厳格な文言解釈というよりもむしろ，目的論的解釈を要請する」（46頁）とされ，その際の目的としては，マラケシュ協定の前文に規定される「統合された」「永続性のある」「多角的」あるいは「持続可能な開発」といった属性が参照される。また，DSUの解釈についても，DSU3条に規定される目的さらにはWTO諸協定全体の「趣旨及び目的」の観点から解釈されるべきであると指摘する。

第3章では，WTO諸協定の解釈に関する国内的平面が扱われる。同協定が各国によって解釈されるとき，各国の観点を反映する「派生的」規範が生み出される。また，WTO諸協定の実施が国内法の制定及び解釈などの各国の政策に委ねられ，同時にWTOの紛争処理制度では国内法が解釈の対象となるように，同協定の解釈過程は国内と国際の平面にまたがっている。著者はまず，国内レベルでの同協定の解釈において重要な要素（各国の実施法やWTO諸協定の翻訳など）を列挙し，続いて国内的な解釈から生じる問題を検討する。具体的に扱われるのが，国内裁判所によるWTO諸協定の解釈とWTO非公式語への同協定の翻訳という2つの問題である。前者については，国内裁判所による解釈のWTO紛争処理手続上の意義などが，後者については，非公式語に

よる同手続への資料の提出といった問題が指摘される。

　第4章では，WTO諸協定に含まれる「例外」の解釈が問題とされる。同協定中には，例外であることが明示されている「法律上（de jure）の例外」のみならず，明示されていない「事実上（de facto）の例外」も数多く存在する。よって，任意の規定が「例外」として性質決定される方法及び「例外」であるための指標が改めて問題となる。著者は「特別かつ異なる待遇」規定を具体例として取り上げ，積極的指標（規定の文言など）と消極的指標（同規定が自律的な制度を形成するものではない，など）を例示的に列挙する。さらに，それら指標に基づいてある規定が例外として性質決定された場合，「例外は厳格に解釈されなければならない」といった法解釈の一般原則の適用が問題となる。この点著者は，例外の厳格解釈という原則が他の司法機関（ICJ，ECJ）と同様，WTOにおいても適用されてきたことを確認するが，他方で，その適用に際しては対象となる規定が真に「例外」であるか否かを文言のみならず，条約全体から確認される当事国の意思に求める必要があることをECホルモン事件上級委報告の具体的分析を通じて主張する。

　第5章「開発目的のためにWTO諸協定を解釈する」は，著者の主張が全面的に展開される場であり，本書の中核を形成している。本章は主に3つの部分から成り立っている。第1に，WTO諸協定の解釈における開発という次元の分析である。この開発という次元は，貿易自由化に伴う負担軽減といった開発目的に資する解釈過程の一側面を意味するが，著者は同次元を明らかとするため，開発目的を促進するために同過程において要請される「特別の考慮」を分析する。そこにおいては，目的としての開発次元，開発が有する特別の性質あるいは透明性といったWTOの統治形態（良き統治）などが考慮される。第2に，以上の分析を踏まえ，開発という次元において採用されるべき解釈アプローチの考察がなされる。著者は，「開発という次元は，WTO及び国際経済法の重要な立憲的・立法的な主義・原則の1つであり，それゆえ特に解釈過程においては目的論的な指向を要請する」（144頁）と指摘し，開発次元における抑制的または穏和な目的論的解釈の採用を主張する。ただし，「抑制的または穏和な」という限定が示すように，この目的論的解釈はWTO諸協定の「趣旨及び目的」，同協定に規定される開発の観念及び同協定の文言によって制限されるものとされる。第3に，以上の観点から，ドーハ・ラウンドにおける途上国の改革要求（とりわけDSUの改正交渉）の不十分さが指摘される。著者は，開発の達成を促進するより根本的かつ基本的な解釈過程を模索すべきとの立場から，途上国は次の2つの方向を目指すべきであると主張する。すなわち，①マラケシュ協定前文に示される開発目的を強化するような目的論的解釈の採用，及び②開発の促進を目的とする例外や逸脱は厳格に解釈されるべきではない，という規則の導入である。

　第6章では，「非貿易的関心事項」をめぐる解釈が取り上げられる。同問題について，

狭義の観点（条約法条約31―32条）と広義の観点（意思決定過程としての法）という2つの視点から考察される。前者の場合，非貿易的関心事項をめぐる解釈問題は，それら事項を規律する他の国際法諸規範とWTO諸協定との間の抵触をいかに解決するか，という観点から捉えられる。ただし著者は，条約法条約に示される解釈原則は，解釈形成過程の複合性を完全に捉えきることはできず，解釈者の背景や経歴といったより広範な視点が必要であると主張する。この視点においては「正義」という要素が大きく介在することになり，その結果，正義をめぐる諸構想が解釈過程に影響を及ぼすことになる。

　第7章では貿易救済措置に関するWTO諸協定（セーフガード，アンチ・ダンピング，補助金・相殺関税）の解釈をめぐる諸問題が，それら諸協定の「趣旨及び目的」の観点から検討される。まず問題となるのが，それら諸協定の「趣旨及び目的」の不明確性である。とりわけ，AD協定及びSCM協定には前文が存在せず，それら諸協定の「趣旨及び目的」は一義的には明らかではない。そこで著者は，ガット時代の諸協定，国内関連法令及びWTO判例法の検討を通じて，それら諸協定の「趣旨及び目的」を探究する。続いて，貿易救済措置に関するWTO諸協定の解釈に用いられる諸技術が，協定に内在的なものと外在的なものとに区別されて論じられる。前者は，文言の辞書的な意味や国内法あるいはフランス語版及びスペイン語版の諸協定など，諸協定に内在的な解釈技術であるのに対して，後者は「論理」「信義誠実」「実効性」といった解釈の一般原則や各委員会において進行中の審議など，各協定からは必ずしも直接には導かれない解釈技術を意味する。著者は過去の判例を通じて，それら内在的・外在的な解釈技術がパネル・上級委によって用いられてきたことを明らかにする。さらに，AD協定，SCM協定及びSG協定相互の関係が検討されるが，これまでの傾向では，それら諸協定間に類似あるいは同一の文言が見られる場合（AD協定18条1項とSCM協定32条1項など），上級委は各協定を相互に参照して解釈を行ってきた。著者はこの点，上級委の判断は自動的なものではなく，各協定の「趣旨及び目的」を十分に考慮した結果であり妥当であると評価する。他方で，それら協定間の違いを認識することが必要であり，仮に文言が同一の場合でも，各協定の文脈や「趣旨及び目的」に応じて異なった解釈が導かれうると注意を喚起する。

　以上が各章の概要であるが，本書の特徴として指摘することができるのは，著者によって提示されるWTO諸協定への動態的な解釈アプローチの視点である。このアプローチにおいては，文言のみならず，WTO諸協定全体あるいは個別の諸協定の「趣旨及び目的」の観点から，「公正」や「正義」といった要素を考慮した上で同協定の解釈が導かれる。この点，パネル及び上級委の厳格な文言解釈という傾向や，「立憲化」といった現在の議論を考慮した場合，WTO諸協定全体の「趣旨及び目的」の観点から解釈を導くべきとする著者の主張は一層の重要性を帯びるものとして評価されてしかるべきであろう。

他方で，問題点あるいはさらなる理論的な解明が望まれる点も少なくない。第1に，以上のアプローチが実際に適用された場合，各規定について具体的にどのような解釈が導かれるのかという点については，本書中では必ずしも明確ではない。確かに著者は序において，本書の目的はWTO諸協定を解釈する上での基本的な諸問題を解明することであり，「WTO諸協定の実体的な解釈に関するものではない」（1頁）と注意深く留保を付している。しかし，以上の本書の態度からは，単に解釈上の諸問題の羅列に留まっているとの印象を覚える点も少なくない。第2に，形式的な点として，表現・構成上の複雑さから，著者の主張の意味内容が一見したところ明白ではなく，また各章内においても著者の主張が論理的に一貫していない箇所が散見される。第3に，実質的な問題として，著者の主張する「抑制的または穏和な」目的論的解釈という解釈手法についても一層の理論的解明が望まれる。たとえば，目的論的解釈は，制定時の立法者が観念した目的に依拠する「主観的―目的論的」方法と，解釈者が規範のうちに読み取る合理的な目的に依拠する「客観的―目的論的」方法の2つに大別されるという主張があるが（R. Kolb, *Interprétation et création du droit international*, Bruxelles, Bruylant, 2006, pp. 533-538），この点，著者がいずれの立場を採用しているのかは必ずしも明らかではない。またいずれの立場を採用するにせよ，WTO諸協定の「趣旨及び目的」をパネル・上級委が判断する際，加盟国との関係で過度の負担を担わせ，加盟国からの辛辣な批判を招きかねない点も考慮する必要があろう。実際，著者も主張するように，「開発」という次元はWTO諸協定全体に内在している。WTO諸協定すべてについて目的論的解釈の妥当性を主張することは，パネル・上級委と加盟国との関係に代表されるWTO内の制度的均衡を崩しかねない。さらに，WTO諸協定の「趣旨及び目的」を媒介とする目的論的解釈の導入は，「開発」のみならず，他の諸価値を同協定へと取り込む可能性を開きうるものである（この点，上述の目的論的解釈のいずれを採用するかという問題とも密接に関連する）。非貿易的関心事項をめぐる問題が示唆するように，「環境」「人権」といった他の諸価値が「趣旨及び目的」の解釈を通じて同協定に導入されるときには，一層の論議と混乱を引き起こす可能性も少なくないであろう。

　もっとも，WTO諸協定の解釈の基礎に存在する様々な問題点を明らかにし，それらの問題に対する適切なアプローチの土台を提供するという本書の意図からすれば，以上に指摘した点は問題点というよりもむしろ，本書によって切り開かれた新たな地平として捉えるべきであろう。特に本書で一貫して主張される，WTO諸協定全体の「趣旨及び目的」が解釈において果たす影響及び「公正」「正義」という要素を解釈過程に導入することの必要性という点は，今後すべての読者が実際にWTO諸協定の解釈に関与する際に意識すべき課題を提示しているように思われる。

（中央大学大学院法学研究科博士後期課程）

藤 岡 典 夫（著）
『食品安全性をめぐる WTO 通商紛争——ホルモン牛肉事件から GMO 事件まで』
（農文協，2007年，256頁）および

山 下 一 仁（編著）
『食の安全と貿易——WTO・SPS 協定の法と経済分析』
（日本評論社，2008年，xxiii＋498頁）

川 島 富 士 雄

　新技術の導入や新たな病気の発生等の結果，世界的に食の安全に対する関心が高まると同時に，それを受けた貿易紛争も増加している。古くは EC による成長ホルモン使用牛肉の輸入禁止を受けた米国・EC の長きにわたる紛争，遺伝子組換え産品（GMO）の表示問題をめぐる米国対 EC の対立，2003年末の米国での狂牛病発症例の発見を受けた日本の米国産牛肉輸入全面禁止とその後の日米紛争とそうした例は枚挙にいとまがない。
　食の安全を確保する国家規制主権を尊重しつつ，偽装された貿易制限をいかに規律すべきかという極めて重要なテーマは，国際経済法上，WTO の衛生植物検疫措置の適用に関する協定（以下「SPS 協定」という）の解釈問題として取り上げられる。これまで SPS 協定に関する紛争事件のすべてで同協定違反が認定されていることから，食の安全を重視する側からは WTO が貿易の価値を重視し，人の生命・健康を軽視しているのではないかとの批判が提起されやすい。こうした関心や批判の高まりを受け，各国で「食の安全と貿易」や SPS 協定に関する研究書や論文が多数公表されている。我が国においても，2007年末から2008年春にかけ，特に SPS 協定に焦点を当て，その解釈の現状を客観的に分析し，その問題点と課題を明らかにしようとする表題の2著作が相次いで公表された。「食の安全と貿易」問題に対する関心が高まる中，今後の議論を深める上での土台を提供する，極めて時宜を得た研究と歓迎したい。
　まず現農林水産省農林水産政策研究所上席研究官である藤岡氏の単著（以下「①」という）は，その第1部において，副題にもあるように SPS 協定適合性が初めて争われた EC・ホルモン牛肉事件から執筆当時最新の事例であった EC・GMO 事件までの概要とパネル・上級委員会報告による解釈を丹念に紹介した上で，第2部において，SPS 協定の主要論点毎にこれら先例による解釈を整理しなおし，それぞれについて著者の考察を付した力作である。他方，前農林水産省農村振興部次長の山下氏による編著書（以下「②」という）は，実務家，法学者及び経済学者といった多彩な顔ぶれによる共同研究の成果をまとめた意欲作である。②は3部構成をとり，山下氏による第1部は第1章

がガット・WTO の基本原則等を紹介し，第2章が SPS 協定の制定経緯と概要を説明し，第3章で同協定の経済分析を試みる。この中でも第1部第2章が主要論点毎の解釈の整理を行っており，ほぼ①の第2部に対応する。②第2部は山下氏を含む7名の著者の手になる11章から構成されており，それぞれ SPS 協定の運用実態や重要な争点に対し，様々な視角から光を当てようと努めている。第3部は本書全体の議論を受け，山下氏が SPS 協定の具体的な運用改善論や改正論を提示している。

　このうち②第2部の各章について紹介しておきたい。第4章「SPS 委員会の機能と役割」（内記香子，以下敬称略）は，SPS 委員会が発足以来12年間で扱った「特定の貿易関心事項」という形の懸念表明の統計を示し，そのうち3割が何らかの解決をもたらしたことに着目する。ここから同委員会が，途上国が先進国に対し問題提起する場，司法的な紛争解決とは異なる遵守確保の方法を提供していると指摘し，評者を含め国際経済法学者が陥りがちな WTO 紛争解決手続中心主義に対する警鐘を鳴らす。第5章「国際基準設定機関の取組みと活用例」（小川良介）は，SPS 協定において国際基準作成機関として位置付けられているコーデックス委員会，国際獣疫事務局（以下「OIE」という）及び国際植物防疫条約事務局による規格・基準の決定が，専門家が個人として議論に参加する補助機関において実質的に行われていることを紹介し，その補助機関における議論について透明性，公開性等が確保されるべきと論ずる。また，OIE における BSE 基準が米国主導で決定された経緯等各国が国際基準を自国のために活用した実例を紹介し，日本も積極的に国際基準を活用する必要性を説く（①183頁もこの点を強調する）。第6章「SPS 協定の経済学的意義」（神事直人）は，SPS 協定が経済学的な視点を欠いているとする先行研究の批判にもかかわらず，科学的根拠原則，貿易制限最小化原則等が，SPS 措置が偽装された保護貿易手段として用いられることを防止する上で一定の機能を果たすことを経済学的なモデルを使って論ずる。第7章「国際基準へのハーモナイゼイション」（山下）は，国際基準設定機関が生産国利益団体のレントシーキングの対象となっており，ハーモナイゼイションが下方への調和をもたらすとの懸念を表明し，SPS 協定3条1項のハーモナイゼイションの義務を緩やかに解釈する現状を肯定的に評価する（①183頁も同様の評価を示す）。第8章「SPS 協定と予防原則」（藤岡良夫）は，予防原則と予防的アプローチに関する先例を整理し，SPS 協定において，予防原則それ自体としての法規範性は否定されているものの，予防原則の反映である5条7項とともに，5条1項の要件適合性判断における予防的アプローチの適用（例えば少数意見の採用の許容）により，予防原則の考え方に沿った政策の実行が可能となると説く。第9章「予防原則と挙証責任」（山下）は，予防原則の反映された5条7項を例外でなく，加盟国の独立の権利と解し，事実上挙証責任を転換した EC・GMO 事件パネル報告を歓迎する一方，第10章「予防原則と無過失損害賠償責任」（山下）は，さらに輸出国が検疫措置に関し過大な要求をしないよう，食品の害に関し科学的証拠が

明らかでない場合に，加害国に無過失損害賠償責任を負わせる制度の導入を提案する。第11章「日米 BSE 問題と SPS 協定」（平覚）は，日米間の BSE 問題の経緯を紹介した上で，日本の米国産牛肉に対する輸入規制の SPS 協定適合性を，先例を整理しながら検討する。特に5条1項の「危険性評価に基づく」義務との適合性や5条7項の予防措置の援用可能性について厳しい見通しを示す。第12章「食品安全規制の消費者便益評価の有用性」（竹下広宣）は，食品安全規制が偽装された貿易制限であるか否か判断する基準として消費者便益の有無に着目し，これを評価する具体的手法を提示するとともに，その限界にも注意を喚起する。他に第13章「品質・PPM と表示問題」，第14章「途上国と SPS 協定」（ともに山下）があるが，紙幅の都合上，詳細は割愛する。

　次に，異なるアプローチをとる2冊のうち，特に共通項である SPS 協定の解釈の整理と分析に関する部分を中心に両者を比較しつつ，それぞれの特徴を指摘しておきたい。第1に，SPS 協定に関する先例の評価について着目すれば，①は先例による SPS 協定の解釈運用を整理した上で，科学的証拠原則が偽装した貿易制限を排除するために有効であると肯定的に評価する。他方で，先例は科学の限界を認識し科学的証拠原則を柔軟に解釈してきているが，科学の少数意見に依拠できる場面が限定的すぎるとも批判する。また，「適切な保護の水準（ALOP）」の設定を加盟国の専権として尊重する先例の解釈姿勢についても積極的に評価している。本書評冒頭で紹介した「貿易重視，人の生命・健康軽視」との印象論にもかかわらず，①は SPS 協定の先例に対し全般的に肯定的評価を下している。他方，②第2章は，いくつかの論点で先例を厳しく批判しており，①に比べやや食の安全の確保を目的とする加盟国の規制主権への介入に強い警戒感を抱いているとの印象をもった。

　第2に，構成や論述の進め方に関しては，①は第1部で紛争事例を時系列的に詳しく紹介した後で，第2部の SPS 協定の論点毎の解釈の整理に入るため，解釈がどのように発展してきたのか，どのような場面で各論点が争われたのか読者も理解しやすい。他方，②第2章は具体的な紛争事例の詳しい紹介は割愛しているが，重要な論点の解説において，図や表を多用し読者が理解しやすいよう腐心し，一定の成果を挙げている。

　しかし，②第2章は，先例による解釈の客観的な紹介がされていたかと思うと突然著者の（多くは交渉担当者の意思の観点からの）批判が現れるなど，論述の仕方に工夫が必要であったように感じた。他方，①は一貫して客観的な紹介に徹し，考察やまとめで著者の見解を示すスタイルのため読み進めやすい。先例に対する安易な批判を避け，整合的に理解しようとする姿勢から，②の第2章との対比では踏み込み不足の印象もあろうが，一見淡々とした論述の中に先行研究の単なる整理を超えた著者自身の明確な主張が浮かび上がってくる。

　また，①も適宜 GATT の関連規定に触れるが，特に②第1部は GATT・WTO の基本原則，特に無差別原則や20条における必要性要件との違いを特に意識した形での議論

が随所に見られる。但し，20条における必要性に関するバランシングテストを純便益の比較を行う「強い比例原則」と理解し，SPS 協定5条6項の必要性要件と大きく性格が異なると紹介する箇所（②102-103頁）は，同テストの解釈の現状に照らすと疑問がある。

第3に，分析アプローチに関しては，①が判例紹介と論点毎の解釈の整理という純粋に法学的アプローチを採用しているのに対し，②は第3，6及び12章で SPS 協定の分析・評価のために経済学的なアプローチを採用しており，それが両者の大きな相違点となっている。特に，②第3章は，費用便益分析に基づけば，ALOP が商品や時間によって異なり得ることを指摘し，それを受け第15章で SPS 協定5条5項の削除，又はその緩やかな解釈を主張し，結論として EC ホルモン牛肉事件上級委員会の同条項に関する解釈態度を支持する姿勢を示していることは注目に値する。但し，①152頁及び244頁注(7)も加盟国が費用便益分析又は費用効果分析を採用する自由が確保されるよう5条5項の柔軟な解釈を求めており，アプローチの違いにもかかわらず要点において両者の主張は重なる部分も多い。

以上の比較からも分かるように，両書は相互補完かつ相互補強的な内容を有する。あわせ読むことで，SPS 協定及び「食の安全と貿易」問題に関する基礎知識のみならず，今後の議論を深める上で有益な視座を得られるものとして両書を強く推薦したい。効果的な読書法として，①と②第2章を相互参照しながら紛争事例や解釈の現状について理解を深めた上で，②の相互に関連するいくつかの章をテーマ毎に（例えば，経済的分析を用いる第3，6及び12章，BSE 問題を題材とする第11，5及び9章等）まとめて読み進めることをお薦めする。

（名古屋大学大学院国際開発研究科准教授）

山根 裕子（著）
『知的財産権のグローバル化——医薬品アクセスと TRIPS 協定』

（岩波書店，2008年，xiv＋407頁）

泉　克幸

今日，様々な面で国際化あるいはグローバル化が進展しつつある。グローバル化という言葉には，個人や企業，国家等の活躍の場が，国境という閉鎖された制限を超えていき，束縛されない自由や可能性を獲得できるという素晴らしい未来をイメージさせる。しかしながら，現実のグローバル化は，国内レベルで未解決の問題をワールドワイドに拡大させたり，国内レベルでは存在しなかった国家間の利害の対立という問題を新たに

引き起こす。しかも，グローバル化社会における様々な問題については，関係する個人や企業，国家等のプレイヤーの数も国内問題と比較した場合多数になるし，彼らがバックボーンとする文化や社会，経済の成長程度も大きく異なり，問題の解決がより複雑・困難となることが予想される。この意味で「グローバル化」は決して理想郷ではない。本書はこのことを示す1つの証左でもある。

本書はそのタイトルが示すとおり，1995年に設立されたWTO（世界貿易機関）のTRIPS協定（知的財産権の貿易側面に関する協定）以降，国家や企業，NGO等の各種団体などがどのように行動してきたかを詳細に記述することで，知的財産権のグローバル化と共に生じている様々な問題を明らかにすることを目的としている。特に，エイズ薬を代表とする医薬品のアクセス問題について焦点を当て，問題の本質および解決の方向性を指摘している点が特徴である。筆者は本学会員の山根裕子教授（政策研究大学院大学）であるが，同教授は2004年1月に創設されたCIPIH（Commission on Intellectual Property, Innovation and Public Heath）委員会のメンバーであった。CIPIHは2003年5月，WHO（世界保健機関）の総会決議に基づき設立された委員会であり，その任務は，①途上国の人々に影響を与える公衆衛生上重要な疾病の現状を把握し，②これらに対する医薬品のR＆Dの状況を調査し，③R＆Dを促進するための知的財産権やその他のインセンティブの有効性を検証し，④知的財産権を含め，医薬品R＆Dのインセンティブ改善のための提言をすることにあった（本書「はじめに」注7）。

以下では，本書の紹介を，評者の簡単な感想も交えて行うこととしたい（なお，評者の専門は知的財産権法であるが，紹介に際して，評者の興味と関心ならびに能力が少なからず反映されることについて予め御諒解頂きたい）。

本書は，「はじめに」，「第一編 TRIPS協定」，「第二編 エイズ薬と特許」，「第三編 途上国の産業政策」，「第四編 先進国の特許制度と医薬品の研究開発」，「第五編 人道と経済効率」，および「エピローグ」から構成されている。まず，「はじめに」では，「エイズ問題を発端に，医薬品アクセスが人道をめぐって議論され，TRIPS協定が修正されてきた過程をたどり，知的財産権をめぐる対立の根源は何か，解決の糸口はどこにあるのかについて考察する」（vii頁）という本書の狙いが明らかにされている。

第一編では，最初に，パリ条約やベルヌ条約，WIPO（世界知的所有権機関）といった知的財産権の国際的な枠組やルールの歴史を，途上国の主張を紹介することで明らかにする（「第Ⅰ章 グローバル化と知的財産権の保護」）。続く第Ⅱ章（「医薬品開発と特許及びデータ保護」）では，医薬品が開発され承認される過程において，知的財産権制度がどのように関わるかが紹介される。第Ⅲ章（「先端産業と対外知的財産政策」）では，動植物特許やDNA配列を中心に，米国のプロパテント政策およびEUのバイオ技術指令に焦点を当てている。最後に，ウルグアイ・ラウンド交渉におけるTRIPS協定の成立過程とその内容が，特に医薬品に関連して詳らかにされる（「第Ⅳ章 TRIPS協定と

医薬品」)。

　第二編では，まず，TRIPS 協定発効とほぼ同時期に世界的規模で発生したエイズに対する治療薬について化学的説明がなされると共に，その開発と特許の関わりについて説明がされる（「第Ⅴ章　エイズの勃発と治療薬の開発」）。第Ⅵ章（「途上国へのエイズの波及」）では，途上国に広がるエイズ感染の問題に取り組む WHO 等の国際機関および市民グループの活動が紹介される。また，TRIPS に対する批判の動きも明らかにされる。そして，途上国におけるエイズ薬へのアクセス問題やその価格問題について，特許がどのような影響を与えているかに関する議論を詳細に述べる。第Ⅶ章（「ドーハ公衆衛生宣言以後の TRIPS 協定」）では，医薬品へのアクセス問題等で結束した途上国政府と市民グループの運動の結果，2001年11月に採択されたドーハ公衆衛生宣言に焦点が当てられている。特に，輸出国において特許保護の下にある医薬品に関し，強制実施権が設定されることで，生産能力のない途上国に医薬品を供給する「パラ六制度」，およびこれと関連して行われた TRIPS 協定改正等をめぐる各国の主張・行動は非常に興味深い。

　第三編の前半では，ブラジル，インド，南アフリカ，中国といった新興中産国における医薬品産業の特質と政策を紹介し（「第Ⅷ章　新興中産国の医薬品産業と政策」），続いて，こうした国々を含む途上国の企業が行う外国での特許の出願傾向を分析することで，その技術競争力や技術革新の動向を明らかにする（「第Ⅸ章　途上国企業による特許出願」）。第三編後半では，前半で取り上げた途上国が TRIPS 協定の緩和を主張する中，これに対する米国の対応を，特に FTA（自由貿易協定）を中心に紹介している（「第Ⅹ章　FTA による米国の知的財産権保護と途上国」）。

　第四編では，世界一の「知財立国」である米国において，特許制度がどのような意義を有し，またいかなる問題が生じてきたのかを，医薬品開発との関連で検討を加える（「第Ⅺ章　米国における特許制度の再考」）。本章では，リサーチツール特許やスクリーニング方法特許という各論的な問題から，大学や研究所が基礎研究の成果を特許した場合に産業化は進むが科学は進歩するかという大きな問題，あるいは，そもそも新薬開発に対して特許は有効な制度であるのかという根本的な問題にまで焦点が当てられている。特に，後者の議論は知的財産について強化・充実政策を推進しているわが国にとって，傾聴に値すべきものと思われる。そして，第Ⅻ章（「医薬品・バイオ特許と競争法」）では，競争法の適用によって医薬品に関する特許独占の弊害を是正しようという米国およびEUの動向について，競争法の一般的ルール，医薬品市場の特徴，具体的事例などを交えて詳細な検討を試みる。

　第五編では，最初に，TRIPS 協定に関する柔軟解釈についての統一的解釈である「TRIPS 協定と開発」（UNCTAD 注釈）の内容を紹介し，さらにはインド特許法の立法過程とその内容を明らかにしている（「第ⅩⅢ章　TRIPS 協定の「柔軟性」と国内法」）。

また，本章では，インドで取り入れられたTRIPSの「柔軟性」が他国に拡大する様子についても描かれている。続く第XIV章（「強制実施権発動後」）では強制実施権に焦点が当てられ，TRIPS協定との関係で主として分析・検討がなされる。最終章である第XV章（「日本の国際協力はいかにあるべき」）では，日本の医薬品分野における世界的な貢献の度合いが決して高いとはいえない現況を指摘した上で，「日本も得意とする分野において，途上国が必要とする制度の導入と改善に貢献できるよう，またそれが日本の企業や研究所にとっても有益な協力方法や，そのための協力体制について，国内の関心が必要ではなかろうか」（402頁）といった具体的な提言を行っている。こうした基本的考え方は，「社会の広がりのなかで，知的財産権が効果的にイノベーションを起こし，恩恵を与えるよう，対話を始めることが早期に求められる」（407頁）と結ばれるエピローグにおいて，重ねて述べられている。

　途上国の人々がエイズ薬へのアクセスを閉ざされている大きな要因として指摘されているのが特許権の存在であり，強制実施権の設定は，こうした医薬品へのアクセス問題を解決する効果的手段の1つであると一般的には理解されている。しかしながら，医薬品を自国で生産できる途上国はほとんどなく，また，途上国市場は非常に小さいとの現実がある。それゆえ，強制実施権は途上国の医薬品に対するアクセス問題の根本的解決にはならないことを本書は教えてくれる。また，医薬品へのアクセス問題を解決するには特許法の枠内での議論では十分なものとはいえず，むしろ，医薬品の品質管理や流通網の整備，医療インフラや人材の確保，保険市場の発展などが重要な要素となることを筆者は指摘する。

　本書が扱う問題は多岐にわたり，また，各章が独立し重点の置き方が異なるため，他の章との結び付きあるいは統一的なテーマとの関係が分かりにくい部分がある。また，紙幅の関係であろうが，説明が簡略化されていて理解が困難な箇所も若干みられる（例として，①2003年のFTC（米国連邦取引委員会）報告書の提言内容の1つとして，「裁判所における無効判断の基準を緩和し，特許の有効性に対する異議は，証拠の優越性に基づく旨明記する法律を制定すること」と紹介するが（275-276頁），現在は，付与された特許は有効なものとの推定を受けるため，「明白かつ説得的な証拠（clear and convincing evidence）」によって特許無効が立証されるとの事実に触れた方が理解が容易になったと思われる。②途上国がソフトウェア特許に反対する理由として，「ソフトウェア特許を許容すれば，著作権制度下では可能なリバース・エンジニアリングが不可能となり，途上国を不利にする」との考え方を紹介するが（345頁），リバース・エンジニアリングの問題は，通常それを許容する特許法上の問題としては生じず（わが国特許法69条1項など参照），形式的ではあれ，複製行為を対象とする著作権法で問題となる。こうした一般的な理解と上記の途上国の主張との関係は明らかではない）。しかしながら，これらの評者の指摘は本書の価値を大きく減じるものではない。むしろ，医薬品のアク

セス問題の本質および解決の方向性を明らかにした本書の意義は大きいといえよう。グローバルな観点から知的財産権法の「公益」を捉えようとする著者の主張と理想は，日頃，知的財産権法の究極目的が，わが国における「産業の発達」や「文化の発展」であることを前提に，その解釈および制度設計等の研究を行っている評者自身にとって，非常に刺激的かつ印象的なものであった。

（徳島大学総合科学部教授）

日本国際経済法学会会報

1．本学会の役員その他

理　事　長	柏　木　　　昇　（中央大学）
庶務担当常務理事	道垣内　正　人　（早稲田大学）
会計担当常務理事	小　寺　　　彰　（東京大学）
研究運営担当常務理事（研究運営委員会主任）	佐　分　晴　夫　（名古屋大学）
編集担当常務理事（編集委員会主任）	泉　水　文　雄　（神戸大学）
庶務副主任	竹　下　啓　介　（首都大学東京）
会計副主任	福　永　有　夏　（早稲田大学）

学会事務局：〒192-0397　東京都八王子市南大沢1-1
　　　　　　首都大学東京竹下啓介研究室
　　　　　　E-mail:jaiel.2006.2009@gmail.com

理事・監事（第6期）名簿（50音順）

（2008年7月現在）

＜理　事＞

阿　部　克　則　（学習院大学）	荒　木　一　郎　（横浜国立大学）
石　川　　　薫　（外務省経済局長）	石　黒　一　憲　（東京大学）
位　田　隆　一　（京都大学）	岩　沢　雄　司　（東京大学）
江　藤　淳　一　（上智大学）	小　川　恒　弘　（経済産業省通商機構部長）
柏　木　　　昇　（中央大学）	川　島　富士雄　（名古屋大学）
川　瀬　剛　志　（上智大学）	木　棚　照　一　（早稲田大学）
久保田　　　隆　（早稲田大学）	小　寺　　　彰　（東京大学）

佐 野　　　寛　（岡山大学）　　　佐 分 晴 夫　（名古屋大学）
清 水 章 雄　（早稲田大学）　　須 網 隆 夫　（早稲田大学）
瀬 領 真 悟　（同志社大学）　　泉 水 文 雄　（神戸大学）
平　　　　覚　（大阪市立大学）　髙 杉　　　直　（同志社大学）
茶 園 成 樹　（大阪大学）　　　出 口 耕 自　（上智大学）
道垣内 正 人　（早稲田大学）　　内 記 香 子　（大阪大学）
中 川 淳 司　（東京大学）　　　根 岸　　　哲　（甲南大学）
野 村 美 明　（大阪大学）　　　早 川 吉 尚　（立教大学）
稗 貫 俊 文　（北海道大学）　　福 永 有 夏　（早稲田大学）
舟 田 正 之　（立教大学）　　　間 宮　　　勇　（明治大学）
村 上 政 博　（一橋大学）　　　森 下 哲 郎　（上智大学）
山 内 惟 介　（中央大学）　　　山 根 裕 子　（政策研究大学院大学）
山 部 俊 文　（一橋大学）　　　横 川　　　新　（成城大学）

（以上，40名）

＜監事＞

金 井 貴 嗣　（中央大学）　　　松 本　　　健　（有限会社KMインターナショナルアソシエイツ）

（以上，2名）

研究運営委員会

主任　　佐 分 晴 夫　（名古屋大学）
副主任　間 宮　　勇　（明治大学）
幹事　　川 島 富士雄　（名古屋大学）
委員　　荒 木 一 郎　（横浜国立大学）　岩 沢 雄 司　（東京大学）
　　　　佐 野　　　寛　（岡山大学）　　杉 浦 保 友　（一橋大学）
　　　　鈴 木 將 文　（名古屋大学）　　瀬 領 真 悟　（同志社大学）

内記香子　（大阪大学）　　　　　森下哲郎　（上智大学）
山部俊文　（一橋大学）

編集委員会

主任　　泉水文雄　（神戸大学）
副主任　平　　覚　（大阪市立大学）
幹事　　池田千鶴　（神戸大学）
委員　　岩瀬真央美　（兵庫県立大学）　　樋爪　誠　（立命館大学）
　　　　須網隆夫　（早稲田大学）　　　　髙杉　直　（同志社大学）
　　　　茶園成樹　（大阪大学）

2．第17回研究大会

本学会の第17回研究大会は，2007年10月20日（日）に同志社大学において開催され，約116名の参加者により活発な討論が行われた。大会プログラムは，次の通りであった。

午前の部　（10時～12時30分）
　「国境と知的財産権保護をめぐる諸問題」
　　　　　　　　　　　　　　　　　　　　座長　名古屋大学　鈴木將文
　(1)　「著作権外人法の発展と今後の課題」　　　上智大学　駒田泰土
　(2)　「税関における知的財産侵害物品の水際取締り」　財務省　南埜耕司
　(3)　「音楽CD還流防止措置導入と競争政策との調整」　北海道大学　稗貫俊文

午後の部　（14時30分～17時45分）
　「国際投資紛争の解決と仲裁」
　　　　　　　　　　　　　　　　　　座長　横浜国立大学　森川俊孝

(1) 「投資協定仲裁――位置づけと課題」　　　　　　　東京大学　小寺　彰
(2) 「投資協定仲裁の実務――具体的紛争事例の紹介」
　　　　　　　　　　　　　　　　　　　西村あさひ法律事務所　手塚裕之
(3) 「投資協定・経済連携協定における我が国の取り組み」　経済産業省　三宅保次郎
(4) 「国際投資紛争仲裁の論点と課題」　　　　　　　　上智大学　森下哲朗

3．2007年度役員会・総会報告

(a) 2007年度の理事会は，同志社大学において，10月20日(土)12:30から開催された。その概要は，以下のとおりである。

(1) 定足数の確認と2006年度理事会議事録の承認
(2) 会員の異動

12名の新入会員の入会を総会へ提案することが承認された。また，10名の退会者があったことについて報告された。

(3) 「会費滞納者の資格喪失手続に関する申し合わせ」の改正

後記4の通り，承認された。

(4) 2006年度決算案

2006年度決算案につき会計主任の説明の後，異議なく承認され，総会の承認を求めるために提出されることとされた。

(5) 2008年度以降の活動方針

理事長より，2008年度以降の活動方針に関し，今後の学会のあり方について検討を行うために，若手理事を中心とするプロジェクトチームを立ち上げることが提案され，承認された。

(6) 2008年度予算案

2008年度予算案につき会計主任の説明の後，異議なく承認され，総会の承認を求めるために提出されることとされた。

(7) 研究大会

研究運営委員会主任より，2008年度の研究大会について，青山学院大学で開催することが報告された。なお，日程については，開催校と調整の上，10月25日，26日，11月1日又は2日のいずれか1日とすることとされた。

(8) 年報の編集

編集委員会主任より，研究大会前に年報16号が刊行されたことについて報告があった。

(9) 名誉会員制度

理事長より，名誉会員制度について，当面，新規の名誉会員を推薦しないとする提案があり，異議なく承認された。

(10) その他

2007年度研究大会に韓国から来賓（国際去来法学会会員）があったことが報告された。また、2007年度研究大会の案内の送付及び出欠の確認について、一部、e-mail及びWebを用いて実施されたことが報告された。また、今後、経費削減等に鑑み、e-mail及びWeb-mail及びWebの活用を進めることが、了承された。

その他、中川理事より、Society of International Economic Lawに関する報告があり、総会で会員全体に対する情報提供を行うことが了承された。

(b) 2007年度の総会は、同志社大学において2007年10月20日（土）14:00から開催された。その概要は、以下のとおりである。

(1) 定足数の確認

(2) 決議事項

以下の議案について，理事長から提案があり，すべて承認又は決定された。

　(A) 新入会員の承認

　(B) 2006年度決算案の承認

　(C) 2008年度以降の活動方針の承認

　(D) 2008年度予算案の承認

(3) 報告事項

理事長から，理事会で審議されたその他の事項について報告があり，全会一致で，これを了承した。

4．本学会の申し合わせ事項

本学会の運営に関する申し合わせ事項のうち，2007年7月以降に新たに承認された申し合わせ事項は，以下のとおりである。

「会費滞納者の資格喪失手続に関する申し合わせ」

(2005年10月29日理事会承認，2007年10月20日理事会改正)

1　規約7条後段に従い、理事会は、3年以上の会費滞納者について資格喪失手続をとる。

2　3年以上の会費滞納者に対しては、警告を発した後、4年目の9月末日までに会費納入状況が改善されない場合には、当該滞納者はその日をもって資格を喪失する。

参考：改正前の「規約7条後段に従い、理事会は、3年以上の会費滞納者について（3年目の9月末日までに会費の納入がない場合）、資格喪失手続をとることができるものとする。」という申し合わせでは、3年間の滞納前に資格喪失の警告状の送付等の手続を行わなければならず、運用上、手続を実施しづらいという問題があったため、改正によって、3年間の滞納を確認してから警告書の送付等の手続を進め、4年目の9月末日をもって退会とすることとした。

5．学会誌への投稿について

学会では，年報論説欄を，学会での報告者に限らず，会員一般にも開放することにしている。論説の発表希望者は，理事または編集委員会へご連絡頂きたい。論説原稿の締め切りは4月末日である。編集委員会が決定する2名のレフェリーによる審査の上，掲載の適否を決定する。なお，投稿論文の字数は，20,000字程度とする。

以上

編 集 後 記

　昨年号に続き2回目の編集後記を書くこととなった。本号も，研究大会の報告者の原稿を中心として編集を行った。すなわち，2007年10月20日に同志社大学で開催された第17回研究大会（午前の部は「国境と知的財産権保護をめぐる諸問題」，午後の部は「国際投資紛争の解決と仲裁」）の司会者および報告者の全員から原稿をいただいた。また，自由論題については従来から活発な投稿を広く募っているところであるが，今回は自由論題について1件を掲載することができた。次年度も，とりわけ若手研究者から活発な投稿がなされ，学会誌の内容が充実することを期待する。また，自由論題については，複数の匿名のレフリーの方に査読をしていただいた。文献紹介については，今回も，理事の方に推薦をいただき，編集委員会においてその中から文献および執筆者を選定し，執筆を依頼している。諸事情から執筆いただけなかったケースはあったものの，7件の文献紹介を掲載することができた。なお，文献紹介については，その質を確保する目的から，大学院生およびオーバードクターに執筆を依頼する際には，査読と同様の手続を行うことを編集委員会で決定し，昨年度から試行していることを付記しておきたい。とりわけ，上記の執筆者の方々，および忙しい中で査読を快諾し厳正な審査をしていただいたレフリーの方について，編集作業へのご協力に厚く感謝を申し上げたい。

泉 水 文 雄

執筆者紹介（執筆順）

鈴木將文　名古屋大学大学院法学研究科教授
駒田泰土　上智大学法学部准教授
南　埜司　財務省長崎税関業務部長・元財務省関税局業務課知的財産専門官
稗貫俊文　北海道大学大学院法学研究科教授
森川俊孝　横浜国立大学大学院国際社会科学研究科教授
小寺　彰　東京大学大学院総合文化研究科教授
手塚裕之　西村あさひ法律事務所パートナー・弁護士
三宅保次郎　在インド日本国大使館一等書記官・元経済産業省通商政策局通商機構部参事官補佐
森下哲朗　上智大学法科大学院教授
児玉みさき　名古屋大学大学院国際開発研究科博士後期課程
小林友彦　小樽商科大学商学部准教授
曽野裕夫　北海道大学大学院法学研究科教授
富野敏勝　神戸学院大学法科大学院教授
柏木　昇　中央大学法科大学院教授
小寺智史　中央大学大学院法学研究科博士後期課程
川島富士雄　名古屋大学大学院国際開発研究科准教授
泉　克幸　徳島大学総合科学部教授

日本国際経済法学会年報　第17号　2008年
国境と知的財産権保護をめぐる諸問題

2008年11月5日発行

編集兼発行者　日本国際経済法学会
　　　　　　　代表者　柏木　昇
　　　　〒192-0397　東京都八王子市南大沢1-1
　　　　　　　　　　首都大学東京内

発売所　株式会社　法律文化社
　　　〒603-8053　京都市北区上賀茂岩ヶ垣内町71
　　　電話 075(791)7131　FAX 075(721)8400
　　　URL: http://www.hou-bun.co.jp/

©2008 THE JAPAN ASSOCIATION OF INTERNATIONAL ECONOMIC LAW, Printed in Japan
ISBN978-4-589-03122-8

日本国際経済法学会編
日本国際経済法学会年報

第10号（2001年） 非貿易的関心事項への取り組みとWTOの今後　世界経済の組織化と二国間経済協力　電子商取引の国際的課題　　　　　A5判・198頁・定価2940円

第11号（2002年） GATSと規制改革　マネー・ローンダリング規制の現状と課題　TRIPs協定の現代的展開と再検討　　　　　A5判・200頁・定価3150円

第12号（2003年） セーフガードの意義と課題　WTO新ラウンド　A5判・256頁・定価3465円

第13号（2004年） アジアにおける競争法の展開　アジアにおける国際取引紛争の処理　アジアにおける地域経済協力　　　　　A5判・242頁・定価3465円

第14号（2005年）　　　　　　　　　　　　　　　A5判・268頁・定価3675円
WTOの10年：実績と今後の課題——新分野を中心として　WTOの10年…松下満雄／サービス貿易協定（GATS）の評価と課題…岸井大太郎／WTO農業協定の問題点とDDA交渉の現状・展望…山下一仁／繊維・繊維製品協定（ATC）の果たした役割と評価…高橋岩和
WTO紛争解決手続きの理論的課題　WTO紛争解決手続における司法化の諸相…川島富士雄／ドーハ・ラウンドにおけるWTO紛争解決了解の「改善と明確化」…川瀬剛志
国際統一法と国際私法　統一私法とその適用…高桑昭／国際私法から見た統一法…櫻田嘉章／国際私法と統一法条約の関係について…多喜寛
自由論題　古典的国際経済法理論の形成…豊田哲也

第15号（2006年）　　　　　　　　　　　　　　　A5判・298頁・定価3990円
「国際経済法」・「国際取引法」のあり方を問い直す——法科大学院発足・新司法試験開始を契機として　座長コメント…道垣内正人／国際経済法の射程と研究・教育のあり方…中川淳司／国際経済法の射程と研究・教育のあり方…米谷三以／国際取引法の教育のあり方と射程…柏木昇／法科大学院と国際取引法の教育・研究…髙杉直
「法と経済学」の諸相　座長コメント…根岸哲／法と経済学の基本的な考え方とその手法…松村敏弘／独禁法における「法と経済学」…川濵昇／国際法における法と経済学…阿部克則／国際私法の経済学的分析…野村美明
自由論題　多数債権者間の国家債務再構築の法的枠組み…川名剛／ガット第20条における必要性要件…内記香子

第16号（2007年）　　　　　　　　　　　　　　　A5判・270頁・定価3675円
国際経済・取引紛争と対抗立法　わが国の対抗立法（損害回復法）の背景となる米訴訟…松下満雄／WTOの紛争処理における対抗立法の意義と射程…伊藤一頼／我が国の「対抗立法」…渡辺哲也／取引紛争と対抗立法…横溝大／実践的分析…佐久間総一郎
第1分科会：公法系　WTOにおける後発途上国問題…濱田太郎／経済制裁措置の合法性の再検討…松隈潤／TRIPS協定の解釈をめぐる論争…山根裕子
第2分科会：私法系　EUにおける競争法違反行為に係る民事的救済制度の新たな展開…宗田貴行／取り消された仲裁判断の承認執行…小川和茂／国際債権譲渡金融における準拠法決定ルール…藤澤尚江
自由論題　一般的経済利益のサービスの「阻害」に関する判例法理の展開と86条2項の機能…青柳由香

上記以外にもバックナンバー（第4号～第9号）がございます。ご注文は最寄りの書店または法律文化社までお願いします。　　TEL 075-702-5830／FAX 075-721-8400　　URL:http://www.hou-bun.co.jp/